SCH	= Schauhöhle (danach) 1. Öffnungszeiten (So = sonntags, W = werktags, F = feiertags, nB = nach Bedarf); 2. Anmeldungen sind zu richten an; 3. Eintrittspreise (Erw = Erwachsene, Ges = Gesellschaften, Ki = Kinder, Jg = Jugendliche, S… und Studenten, Ef = Einze… 4. Führungsdauer.
T	= Tiefe
Temp	= Temperatur
U	= Umfang

Zeichen

!	= Gefahr
*	= Namen oder wesentlicher Teil des Namens in der Karte erwähnt
o	= Zeichen für Höhle ohne Namensangabe
?	= keine Angaben möglich (z. B. ? l/s)

Untergliederung des Weißen Juras

ti	= Tithonium oder Weißer Jura ζ
ki 3	= Kimmeridge 3 oder Weißer Jura ε
ki 2	= Kimmeridge 2 oder Weißer Jura δ
ki 1	= Kimmeridge 1 oder Weißer Jura γ
ox 2	= Oxford 2 oder Weißer Jura β
ox 1	= Oxford 1 oder Weißer Jura α
ox 1/ox 2	= Schichtgrenze Oxford 1/Oxford 2
ki 2 + 3	= Massenkalk Kimmeridge 2 + 3
ki 2.3/4	= Schichtgrenze Kimmeridge 2, Stufe 3/4 = Weißer Jura δ 3/4
dol ki 2	= dolomitisches Kimmeridge 2

Natur – Heimat

Höhlenführer Schwäb

Höhlenführer Schwäbische Alb

Höhlen – Quellen – Wasserfälle

von
Hans Binder

Konrad Theiss Verlag
Stuttgart und Aalen

Herausgegeben vom Schwäbischen Albverein e. V., Stuttgart

ISBN 3 8062 0178 1

Gesamtherstellung Grafische Betriebe
Süddeutscher Zeitungsdienst, Aalen
Printed in Germany

Inhalt

Vorwort

Die Höhlen, die Erdfälle, die Quellen und Hungerbrunnen, die über Kalktuffklötzen versprühenden Wasserfälle, kurz, die mit der Verkarstung zusammenhängenden Erscheinungen, gehören für uns zum Bild der Schwäbischen Alb. Als sich vor nunmehr 100 Jahren viele Menschen für die Erscheinungen eingehender zu interessieren begannen, schrieb David Friedrich Weinland zunächst für seinen ältesten Sohn den »Rulaman«, eine Schilderung des Lebens der Steinzeitmenschen. Die Geschichte wurde gedruckt. Sie begeistert bis auf den heutigen Tag Buben und Mädchen im Schwabenland. Auf Rulamans Spuren durchstreifen sie die Alb.

Die zunehmende Höhlenbegeisterung veranlaßte Herrn Herbert Dörr, den damaligen Geschäftsführer des Verlags Schwabenwerk GmbH, 1962 ein Taschenbuch über Höhlen und Karsterscheinungen anzuregen. Meine Freunde und ich griffen diesen Gedanken gerne auf. Dabei schwebte uns von vornherein keine ausführliche und erschöpfende Darstellung aller Karsterscheinungen der Schwäbischen Alb vor, sondern ein praktisches, kurzgefaßtes Hilfsmittel zu deren Besuch. Die erste Auflage erschien im Sommer 1965, eine zweite, unveränderte Auflage folgte 1967. 1970, fünf Jahre nach dem ersten Erscheinen, konnte die dritte, erweiterte Auflage zum Druck gegeben werden. Sie war 1973 fast ausverkauft.

Für die fällige vierte Auflage überarbeitete ich das Manuskript im Winter 1973/74. Der Konrad Theiss Verlag war sehr darum bemüht, der neuen Auflage ein neues Gesicht zu geben. Hierfür möchte ich mich herzlich bedanken. Der Schwäbische Albverein hat durch die Aufnahme des Führers in seine Reihe »Natur – Heimat – Wandern« die Herausgabe unterstützt. Dafür sage ich Herrn Prof. Dr. Helmut Schönnamsgruber und Herrn Prof. Dr. Theo Müller herzlichen Dank.

Noch gibt es niemand, der behaupten könnte, er kenne alle Höhlen der Schwäbischen Alb aus eigener Anschauung. Darum wäre die Fülle der Informationen ohne die Mithilfe einer großen Zahl von Höhlenfreunden nicht zusammengekommen. Die meisten von ihnen haben auch zu dem von Helmut Frank und den Mitgliedern der Höhlenforschungsabteilung des Höhlen- und Heimatvereins Laichingen aufgebauten »Höhlenkataster Schwäbische Alb« beigetragen. Allen diesen Mitarbeitern möchte ich herzlich danken. Besonders zu nennen sind: R. Appel † (Unterhausen), E. W. Bauer (Esslingen), H. Baumeister (Zwiefalten), H. Berg mit seinen Freunden (Stuttgart), K. A. Bez (Erpfingen), R. Binder (Räterschen), K. E. Bleich (Wolfschlugen), G. Bronner mit seinen Freunden (Kirchheim u. T.), W. Buck (Urach), H. Dahlhelm (Reutlingen), A. Deissinger † (Heidenheim), G. Dittrich † (Sigmaringen), K. Dobat (Tübingen), H. Dürrschnabel (Heidenheim), H. Eberhardt (Biberach), L. Eberhardt (Hürben), O. Engelhardt (Neresheim), H. Federmann (Kleinengstingen), H. Frank mit seinen Freunden (Laichingen), P. Groschopf (Geislingen), J. Hahn (Tübingen), J. Hasenmayer (Pforzheim-Birkenfeld), R. Heclau (Göppingen), H. Heim (Stockach), L. Heit mit seinen Freunden (Geislingen), F. Huber (Nürnberg), M. Keller mit seinen Freunden (Gönningen), H. Keppler (Stuttgart), M. Kipp (Esslingen), O. Koeder (Neresheim), G. Köninger (Stuttgart), U. Köpf (Ehingen), E. Krauter (Stuttgart), R. Kreuz (Schwäb. Gmünd), E. Kühnel (Mittelstadt), F. Laaber (Leipheim), E. Mathias (Reutlingen), H. Matz (Eggenburg), R. Müller (Hochdorf), H. Müller-Beck (Tübingen), E. Pechhold (Ditzingen), J. Raff (Faurndau), R. Raible (Mainz), Th. Ratgeber (Ludwigsburg), H. Rempfer (Giengen), J. Scheff (Pfullingen), W. Schmid (Nürtingen), P. Schneck (Ebingen), H. Schön (Laiz), W. Schöll (Erbstetten), R. Sperner (Kirchheim u. T.), G. Strayle (Freiburg), H. Streng (Tuttlingen), W. Taute (Tübingen), Verkehrsverein Thayngen und Reiat, A. Vetterli (Winterthur), E. Villinger (Freiburg), E. Wagner (Stuttgart), Chr. Wegenast (Stuttgart), M. Wilhelm (Bingen), A. Wunsch (Stelle), R. Würth mit seinen Freunden (Stuttgart).

Dem Landesdenkmalamt Baden-Württemberg, der Zweigstelle Stuttgart des Geologischen Landesamtes Baden-Württemberg, dem Geologisch-Paläontologischen Institut der Universität Stuttgart und dem Zweckverband Landeswasserversorgung Stuttgart danke ich für die Erlaubnis, unveröffentlichtes Material einsehen zu dürfen.

Beim Lesen der Korrekturen halfen A. Gut (Nürtingen), U. Scherzer (Beuren), vor allem aber G. Seifert (Großbettlingen). H. Sollner (Reudern) hat das Register zusammengestellt. Hierfür bin ich ihnen sehr zu Dank verpflichtet.

Auf den Fahrten zu bekannten und unbekannten Höhlen der Schwäbischen Alb habe ich mit meiner Frau, meinen Kindern und meinen Freunden viel Schönes erlebt. Möge dieses Buch auch allen Lesern ein Wegweiser zu erlebnisreichen Ausflügen sein!

Glückauf!

Nürtingen, den 1. Mai 1977 — Hans Binder

Zur Einteilung des Führers und zur Auswahl der Höhlen und Karsterscheinungen

Als Kartengrundlage wurde die Topographische Karte 1:50 000 gewählt. Sie ist als Wanderkarte des Schwäbischen Albvereins weit verbreitet. Im gleichen Maßstab liegt auch die als Beilage zu den »Jahresheften für Karst- und Höhlenkunde« vom Landesvermessungsamt Baden-Württemberg hergestellte »Karst- und höhlenkundliche Karte« vor (die Blätter »Ostalb«, 1960, »Mittlere Schwäbische Alb/östlicher Teil«, 1963, und Blatt 7324 Geislingen, 1965). Die Blatteinteilung ist auf dem vorderen und hinteren Vorsatz wiedergegeben. Alle in der Topographischen Karte eingetragenen Höhlen werden im Führer erwähnt, dazu kommen weitere wichtige Höhlen und Karsterscheinungen.

Die neueren Topographischen Karten 1:50 000 enthalten die Wanderparkplätze. Es gibt aber auch eine besondere Karte des Landesfremdenverkehrsverbands Baden-Württemberg »Wander-Parkplätze Schwäbische Alb«, und im J. Fink Verlag Stuttgart erschien ein Führer »Wanderparkplätze zwischen Tauber und Bodensee (Wandergebiet des Schwäbischen Albvereins)«.

Da seit 1970 die internationalen Zeichen und Benennungen für die Juraschichten auch auf den geologischen Karten Baden-Württembergs verwendet werden (Hahn & Schreiner 1970), sind diese anstatt der bisher gebräuchlichen Zeichen und Benennungen nach Quenstedt verwendet.

Die Schwäbische Alb zieht sich über rund 180 km Länge »vom Riese bis zum Randen« hin, d. h. vom Freistaat Bayern über das Land Baden-Württemberg bis in den schweizerischen Kanton Schaffhausen. Das bedeutet gleichzeitig, daß die nachstehend aufgeführten Höhlen in drei verschiedenen Höhlenkatastern (= Höhlenverzeichnissen) registriert wurden. Der Unterschied in der Art der Erfassung, Zuordnung und Numerierung ist in den jeweils zur Zeit der Anlage des Katasters gegebenen Umständen zu suchen. Dieser Unterschied ist für die Praxis ohne Bedeutung. Es erweist sich, daß jedes System, wenn es nur konsequent eingehalten wird, seinen Zweck erfüllen kann.

Unter einem Höhlenkataster versteht man die geordnete Sammlung aller Unterlagen über die Höhlen (zum Teil auch über sonstige Karstobjekte) eines bestimmten Gebiets. In der Regel besteht er

1. aus dem Höhlenregister, in dem gebietsweise die Höhlen der Nummer nach aufgeführt sind,
2. aus dem alphabetischen Verzeichnis nach Höhlennamen,
3. aus dem alphabetischen Verzeichnis nach Gemeinden bzw. Forstbezirken (zum Teil auf der Fränkischen Alb),
4. aus dem eigentlichen Höhlenkataster.

Der Katasterbogen besteht aus einem Doppelblatt, das ein Schema für alle wissenswerten Angaben über eine Höhle enthält und das zusätzlich Einlagen aufnehmen kann (Pläne, Fotos, Veröffentlichungen). Bei den bekannteren Höhlen, über die schon zahlreiche Veröffentlichungen erschienen sind, oder bei Höhlen, von denen größere Pläne vorliegen, werden Beiakten angelegt.

Die erste solchen modernen Anforderungen entsprechende Zusammenstellung der fränkischen Höhlen, d. h. der Höhlen der Fränkischen Alb, worunter die gesamte nordbayerische Alb gemeint war, wurde von der 1921 gegründeten Sektion für Heimatforschung der Naturhistorischen Gesellschaft Nürnberg begonnen. Unter der Bezeichnung »Höhlenregistratur des fränkischen Karstes« wurde zunächst das gesamte Gebiet ohne Unterteilung bearbeitet. Als dann die Zahl der registrierten Höhlen das dritte Hundert überschritten hatte, entschloß man sich um der Übersichtlichkeit willen zu einer Aufteilung in zwölf »Karstplateaus« von A–M. Unter der Bezeichnung »Höhlenkataster Bayerische Ostmark« wurde von 1934 bis 1943 der Höhlenkataster fortgeführt. Da eine Ausfertigung durch Kriegseinwirkung verloren ging, die andere von 1945 bis 1966 in amerikanischem Gewahrsam unzugänglich war, begann F. Huber, der schon die erste Zusammenstellung gemacht hatte, 1956 mit der Neuanlage. Die Einteilung in zwölf »Karstgebiete« wurde beibehalten. Das für unsere Zwecke wichtige Karstgebiet M Nördlingen wird begrenzt im Osten von der Wörnitz, im Süden vom Albrand, im Westen von der Landesgrenze und im Norden vom Ries. Die Katasternummer besteht aus dem Kennbuchstaben des Karstgebiets und einer Ordnungszahl (z. B. Große Ofnet M 7). Huber 1959.

Der »Höhlenkataster Schwäbische Alb« wurde zu Beginn der 50er Jahre von H. Frank und der Höhlenforschungsabteilung des Höhlen- und Heimatvereins Laichingen aufgebaut. Da alle Blätter der Topographischen Karte 1:25 000 für die Schwäbische Alb vorlagen, wurde der Kataster auf ihrer Grundlage aufgebaut. Eine Katasternummer besteht aus der Blattnummer und einer Ordnungszahl (z. B. ist die Nummer der Falkensteiner Höhle 7422/02). Die Anschrift des Höhlenkatasters Schwäbische Alb lautet: Meisenweg 9, 7903 Laichingen.

In der Schweiz legte 1936 H. Stauber einen Höhlenkataster nach Kantonen an. Die Nummern 3001 bis 4000 sind den nördlichen Kantonen der Ostschweiz zugeteilt. Der Kanton Schaffhausen führt die Nummer 19, so daß z. B. das Keßlerloch die Katasternummer 19-3007 führt. Der Blattschnitt der Schweizerischen Landeskarte 1:25 000 stimmt mit dem der Topographischen Karte 1:25 000 der Bundesrepublik übrigens nicht überein. Vetterli 1972.

An den Anfang gestellt wurden zwei Abschnitte über allgemeine Dinge, die nicht bei jeder Einzelbeschreibung wiederholt werden sollten. Im Nordosten beginnend und im Südwesten endend, folgen die Einzelbeschreibungen nach Kartenblättern. Die verwendeten Abkürzungen sind auf den Vorsatzblättern aufgeführt. Ein alphabetisches Register erleichtert das Nachschlagen. Schließlich ist ein Schrifttumsverzeichnis angefügt.

Bei vielen Höhlen erübrigte sich eine Zugangsbeschreibung. Die mit dem Zeichen »!« versehenen Höhlen sind gefährlich und sollten nur von mehreren erfahrenen Höhlenfreunden gemeinsam »befahren« werden. Jede derartige Unternehmung sollte vor Beginn einer befreundeten Gruppe oder dem Höhlen- und Heimatverein Laichingen mitgeteilt werden. Telefon (0 73 33) 51 66 (Groß) oder sonntags 55 86 (Tiefenhöhle).

Höhlenschutz tut not

Immer mehr Menschen haben erkannt, daß die Aufforderung, sich die Erde untertan zu machen, für die Menschheit keinen Freibrief bedeutet, zu tun und zu lassen, was immer man mag, sondern im Gegenteil die Verpflichtung auferlegt, die Erde im Großen wie im Kleinen vor Zerstörung zu schützen. Wer über seltene Pflanzen, Tiere oder Mineralien, über Versteinerungen und geologische Besonderheiten oder wie in diesem Führer über Höhlen berichtet, den bedrückt immer wieder das Wissen darum, daß auch seine Veröffentlichung, wenn sie in falsche Hände gelangt, vielleicht zum Untergang des Beschriebenen beiträgt.
Seit dem ersten Erscheinen dieses Führers ist nur wenig mehr als ein Jahrzehnt vergangen, dennoch ist bei einer Reihe von Höhlen von Zerstörungen in jüngster Zeit zu berichten. Darum werden in dieser Auflage einige Neuentdeckungen von Höhlen und Höhlenteilen absichtlich nicht bekanntgegeben, um sie auf diese Weise zu schützen. Die eine oder andere Höhle ist auch auf Antrag der bearbeitenden Höhlenforschergruppe vom zuständigen Landratsamt unter Schutz gestellt und verschlossen worden. Ein Hinweis auf die Schutzwürdigkeit, der den Erlaß über die Unterschutzstellung und die Anschrift der betreuenden Gruppe enthält, wurde angebracht. Damit wird an das Verantwortungsbewußtsein und die Einsicht aller Höhlenfreunde appelliert.
Weil die Unbekümmertheit und Unachtsamkeit im Umgang mit der Natur, bei einigen wenigen wohl auch die Freude am Zerstören, eine weltweite Erscheinung ist, hat die Internationale Speläologische Union, der Dachverband der Höhlen- und Karstforscher, beim 6. Internationalen Kongreß für Speläologie 1973 beschlossen, das Jahr 1975, das »Europäische Jahr des Denkmalschutzes«, auch zum »Internationalen Jahr des Höhlenschutzes« zu erklären, denn auch Höhlen sind Teile unserer schutzwürdigen Umwelt. Sie sind Urkunden der Naturgeschichte, häufig auch der Geschichte des Menschengeschlechtes. Damit auch die nach uns Kommenden sich an den Höhlen und Karsterscheinungen erfreuen und an ihnen studieren können, muß über das Jahr 1975 hinaus bei jeder geeigneten Gelegenheit an den Höhlenschutz erinnert werden.

Als Motto für das »Internationale Jahr des Höhlenschutzes« hat Arrigo A. Cigna, Rom, der Präsident der Internationalen Speläologischen Union, ein Gebot bekanntgegeben, das in seiner ursprünglichen Fassung von amerikanischen Höhlenforschern stammt. Es lautet in freier Übersetzung:

»Wenn du eine Höhle besuchst,
– nimm nichts mit,
– laß nichts zurück,
– zerstöre nichts
– und schlag nichts tot!«

Nimm nichts mit

In dem am 1. Januar 1972 in Kraft getretenen baden-württembergischen *Denkmalschutzgesetz* (Gesetz zum Schutz der Kulturdenkmale v. 25. 5. 1971, Ges. Bl. S. 209) ist der 6. Abschnitt dem Fund von Kulturdenkmalen gewidmet. Jeder, der etwas findet, was vermutlich ein Kulturdenkmal ist, ist zur Anzeige an die zuständigen Behörden verpflichtet. Paläontologische Funde (Knochen, Zähne, Geweihe u. dgl.) sind wie urgeschichtliche Funde zu melden. Damit ein vom Landesdenkmalamt beauftragter Sachverständiger den Fund, sofern er ortsgebunden ist, überprüfen kann, muß die Fundstelle unverändert belassen werden (bei Baustellen vier Werktage lang). Geschützt ist außer den urgeschichtlichen und paläontologischen Funden auch der Höhlenraum an sich, mit Einschluß der ungestörten Schichtenfolge. Jede Grabung muß deshalb vom Landesdenkmalamt genehmigt sein. Das Landesdenkmalamt kann ein Gebiet zum Grabungsschutzgebiet erklären. Bei staatlichen Nachforschungen oder in Grabungsschutzgebieten entdeckte bewegliche Kulturdenkmale werden Eigentum des Landes, ebenso alle Kulturdenkmale, die einen hervorragenden wissenschaftlichen Wert haben. Im letzteren Fall ist eine angemessene Entschädigung vorgesehen.

Fundmeldungen sind zu richten an die jeweiligen Landratsämter oder direkt an das Landesdenkmalamt Baden-Württemberg, Abteilung Bodendenkmalpflege, Zentralstelle, Schillerplatz 1, 7000 Stuttgart 1, Tel. (0711) 2193-2980; an die Außenstellen Freiburg, Adelhauser Str. 33, 7800 Freiburg i. Br., Tel. (0761) 32719; Karlsruhe, Karlstr. 47, 7500 Karlsruhe, Tel. (0721) 26279; Tübingen, Schloß, 7400 Tübingen, Tel. (07071) 22990.

Nicht nur das unbefugte Graben, auch das Abschlagen und Mitnehmen von Tropfsteinen und sonstigen Sinterbildungen ist untersagt. Abgesehen davon werden Tropfsteine außerhalb der Höhlen infolge der Trokkenheit sehr schnell grau und unansehnlich.

Laß nichts zurück

Immer wieder dienen Höhlen oder Dolinen als Müllabladeplätze oder Schlucklöcher für Abwässer. Dabei sollte es jedem einzelnen von uns klar sein, und die zahlreichen Angaben über Markierungsversuche und über die Einzugsgebiete von Quellen lassen daran keinen Zweifel, daß äußerste Sorgfalt angezeigt ist, wenn Kanalisationen geplant werden. Wildes Ablagern von Müll oder unkontrolliertes Ableiten ungeklärter Abwässer sind im letzten Viertel des 20. Jahrhunderts keine Kavaliersvergehen mehr! Der Anstand gebietet es, den privaten Abfall, ob Einwickelpapier, Konservendose oder Blitzbirne, nicht in einer Höhle wegzuwerfen.

Am 1. Januar 1976 trat zudem das neue baden-württembergische *Naturschutzgesetz* in Kraft (Gesetz zum Schutz der Natur, zur Pflege der Landschaft und über die Erholungsvorsorge in der freien Landschaft v. 26. 9. 1975, Ges. Bl. S. 654). In § 3 heißt es: »Jeder soll durch sein Verhalten dazu beitragen, daß Natur und Landschaft pfleglich genutzt und vor Schaden bewahrt wird.« Das Betreten von nicht eingefriedeten Grundstücken in der freien Landschaft ist gestattet, soweit keine Schäden angerichtet werden können. »Wer die freie Landschaft betritt, ist verpflichtet, von ihm abgelegte Gegenstände und Abfälle wieder aufzunehmen und zu entfernen.« (§ 37, 4). Die Bestimmungen über Naturschutzgebiete und Naturdenkmäler (hierzu gehören u. a. die Höhlen usw.) entsprechen etwa den bisherigen; erweitert wurden sie bei den Landschaftsschutzgebieten; neu eingeführt wurden die Naturparke.

Zerstöre nichts

Wie der echte Blumenfreund sich ein Pflückverbot selbst auferlegt, so handeln auch die echten Mineralienfreunde. Ein Calcitkristall in einer Höhle erfreut noch nach Jahren andere Höhlenbesucher, wenn er unbeschädigt an Ort und Stelle bleibt.

Der herrlichste weiße Sinter verliert in kurzer Zeit seine Schönheit, wenn lehmverschmutzte Schuhe auf ihm herumtrampeln. Und wer glaubt, seinen Gestaltungsdrang durch Bemalen und Beschriften von Höhlenwänden ausleben zu müssen, zerstört Wertvolles.

Ein verantwortungsbewußter Höhlenforscher verzichtet auch auf die so romantischen Pechfackeln. Ihr Ruß schwärzt die Sinterbildungen und gefährdet die Kleinlebewelt der Höhlen. Auch das Feuermachen in Höhlen sollte man deshalb unterlassen.

Schlag nichts tot

Diese Forderung schließt an das oben Gesagte an und bezieht sich auf Kleinlebewesen und die Fledermäuse, die die Höhlen zum Winterschlaf aufsuchen. Weil diese nützlichen Tiere von der Ausrottung bedroht

sind, verzichten seit einigen Jahren die Fledermausforscher auf jegliche Untersuchung winterschlafender Fledermäuse. Es soll jede Störung und die damit verbundene Verringerung der Energiereserven der Tiere verhindert werden. Dieses Vorbild sollte jeder Höhlenbesucher nachahmen.
Wer glaubt, es handle sich bei all diesen Anliegen um unbedeutende Kleinigkeiten, der möge bedenken, daß auch auf diesem Gebiet viele Wenig ein großes Viel ergeben. Unser aller Ziel muß sein, die Schönheit und Ursprünglichkeit unserer Umwelt zu erhalten.
Hierzu kann und sollte jeder einzelne beitragen.

Von den Höhlen und von der Verkarstung

Nur wenige Höhlen sind gleichzeitig mit dem Gestein, das sie umgibt, entstanden (*Primärhöhlen*). Im Gebiet der Schwäbischen Alb gehören dazu die *Kalktuffhöhlen* (s. u.). *Sekundärhöhlen* sind jünger als das umgebende Gestein. Durch das Auseinanderweichen von Felsschollen an Zerrungsrissen längs der Talkante entstanden z. B. die *Höllöcher, Spaltenhöhlen* oder *Abrißklüfte* am Albrand (Abb. 1).
Die meisten Höhlen gehören aber zu den *Karsterscheinungen,* zu denen außerdem die *Dolinen* (s. u.), die *Flußschwinden* (s. u.), die *Karstquellen* (s. u.), die *Poljen* (s. u.) und die *Karren* (s. u.) gezählt werden. Die Bezeichnung Karsterscheinungen und einige Spezialbezeichnungen wurden von der »Karst« genannten Landschaft im Hinterland von Triest übernommen, wo sie zuerst untersucht worden sind. *Karstlandschaften* gibt es überall auf der Erde, wo *verkarstungsfähiges Gestein*

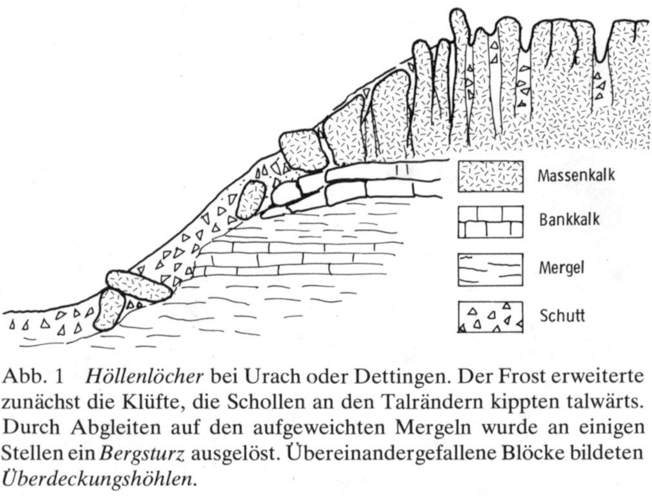

Abb. 1 *Höllenlöcher* bei Urach oder Dettingen. Der Frost erweiterte zunächst die Klüfte, die Schollen an den Talrändern kippten talwärts. Durch Abgleiten auf den aufgeweichten Mergeln wurde an einigen Stellen ein *Bergsturz* ausgelöst. Übereinandergefallene Blöcke bildeten *Überdeckungshöhlen.*

1 Kampf mit dem Höhlenbären. Illustration aus dem »Rulaman« von 1878

2 a Nebelhöhle bei Genkingen. Stich Mayer 1836

2 b Ausblick aus der Heimensteinhöhle auf den Reußenstein. Stich Mayer 1836

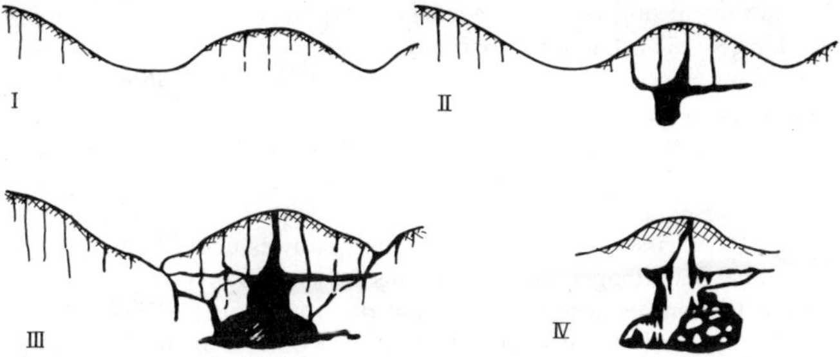

Abb. 2 *Höhlenbildung* unter einer Kuppe (Beispiel Charlottenhöhle nach Bleich 1968). I = Initialphase, II = Korrosionsphase, III = Erosionsphase, IV = Inkasionsphase.

vorkommt, d. h. ein Gestein, das wasserlöslich ist (Salz, Gips, Kalk, Dolomit) und das Klüfte und/oder Fugen aufweist, die wasserwegsam sind. Der Vorgang der *Verkarstung* hat die Umwandlung des oberirdischen Abflusses einer Landschaft in eine teilweise oder vollständige unterirdische Entwässerung zur Folge.

Jahrzehntelang galt als Maßstab für eine Einteilung der Karstlandschaften der Erde der jugoslawische Karst. Erst die vergleichende Untersuchung von Karstlandschaften aller Erdteile, vor allem auch in tropischen Gebieten, ergab, daß das unterschiedliche Zusammenwirken der an der Verkarstung beteiligten Faktoren (Klima, Gestein, Klüftung, Lage des Gesteinspakets als Folge von Bewegungen der Erdkruste) zu einer Reihe von charakteristischen Ausprägungen des Karstes geführt haben, die mit gleichem Recht als ausgereift zu bezeichnen sind wie der jugoslawische Karst, von dem sie sich unterscheiden. Lehmann 1967.

Der Obere Weiße Jura, aus dem die Schwäbische Alb besteht, setzt sich aus verkarstungsfähigen Gesteinen zusammen. Die Frage, wann die Verkarstung dieser Gesteine begonnen hat, also die Frage nach dem *Alter der Verkarstung,* läßt sich nur sehr allgemein beantworten. Die Schwäbische Alb ist zwar seit der *Kreidezeit* Festland, eine kreidezeitliche Verkarstung ist bisher aber nicht nachweisbar. Bleich 1965. Die über die ganze Alb verstreuten Funde von tertiären Tierresten in Karstspalten, allein 14 im Gebiet des ehemaligen Landkreises Ulm, sprechen nicht nur für günstige Lebensbedingungen für eine artenreiche Tierwelt im *Tertiär,* sondern auch für die in jener Zeit starke Verkarstung. Sie muß vor der Ablagerung der Unteren Meeresmolasse erfolgt sein, da deren Sedimente die alte Landoberfläche im Bereich der erwähnten Fundstellen weitgehend plombiert haben. Groschopf 1972 b. Tertiäre

Ablagerungen sind vor kurzem aus der *Burghöhle Dietfurt* bekanntgeworden (S. 151). Die datierbaren Sedimente aus der *Bärenhöhle* (S. 114), dem *Heppenloch* (S. 85) und der *Aufhausener Höhle* (S. 101) stammen aus dem *Pleistozän.*

Nach landläufiger Meinung ist der Jurakalk, aus dem z. B. Brunnentröge gefertigt wurden, weder wasserlöslich noch wasserdurchlässig. Das Niederschlagswasser kann in der Tat auch nur da eindringen, wo *Klüfte* (Bruchrisse als Folge der Hebung Südwestdeutschlands) oder *Fugen* (bei der Ablagerung des Gesteins zwischen Bänken oder Schichten entstanden) es gestatten. Nun hat das versickernde Wasser beim Durchgang durch den Boden *Kohlensäure* (Kohlendioxid = CO_2) aufgenommen. Damit kann es Kalk lösen (korrodieren). Bei Mischung von Wässern unterschiedlicher Kalksättigung tritt ein zusätzlicher Lösungseffekt auf (*Mischungskorrosion*, Bögli 1963).

Außer durch *Korrosion* (= Lösung) werden die Höhlen auch noch durch *Erosion* (= mechanische Ausräumung bzw. Abtragung) und durch *Inkasion* (*Versturz*) verändert. Wird das Kohlensäuregleichgewicht gestört, so wird der gelöste Kalk (250–300 mg/l) wieder ausgeschieden. Es kommt dann zur Bildung grobkristalliner *Tropfsteine* oder von *Sinterablagerungen* an den Wänden und auf dem Boden in vielfältigen Formen (Abb. 3). Der Vorgang hat nichts mit der Verdunstung zu tun, deshalb ist Sinterbildung auch unter Wasser möglich. *Knöpfchensinter* entstehen an Grenzschichten mit Temperaturunterschieden. Pechhold 1976.

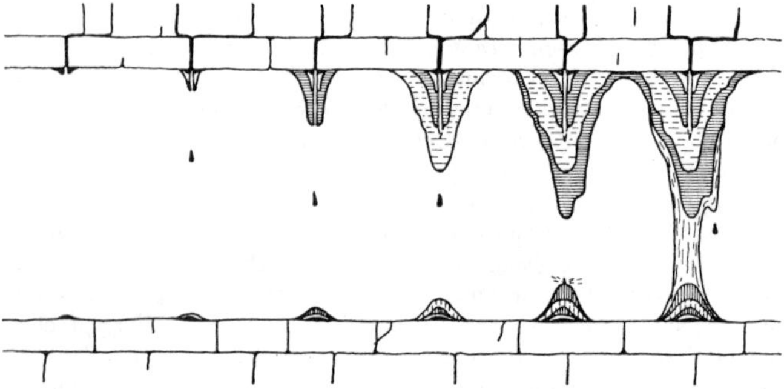

Abb. 3 *Entstehung von Tropfsteinen* (nach Wagner 1950). Oben *Stalaktiten* oder *Deckentropfsteine,* unten *Stalagmiten* oder *Bodentropfsteine.*

Die umkehrbare chemische Formel für den Vorgang lautet:

$$Ca^{++} + 2\,HCO_3^- \gtrless CaCO_3 + CO_2 + H_2O$$
(gelöster Kalk) (Kalk + Kohlensäure + Wasser)

Der Gehalt von Kohlendioxid im Sickerwasser ist abhängig von der den Boden bedeckenden Vegetation und natürlich vom Niederschlag. Deshalb erfolgt die Sinterbildung in Abhängigkeit vom jeweils über längere Zeiträume herrschenden Klima. An den palmstammähnlichen Tropfsteinen läßt sich so ein Wechsel von niederschlagsreichen und niederschlagsarmen Zeiten ablesen.
Die meisten Tropfsteine weisen eine konzentrische Schichtung auf (periodisch erfolgte Verunreinigungen durch Lehm u. a. und Beimengungen von Oxiden wechseln mit der Kalkabscheidung). Diese Oxidbeimengungen sind auch die Ursache für die *Färbung der Tropfsteine.* Eisenoxide lassen gelbe, gelbbraune oder braune Farben zustandekommen. Blutrote oder karminrote Sinter enthalten etwas Manganoxid. Dabei ist jedoch nicht in erster Linie die Menge des Oxids für die Färbung ausschlaggebend, sondern die Oxidationsstufe und die Kristallgröße. Král 1972. Die früher übliche Beleuchtung der Höhlen mit Fakkeln hat Rußschichten hinterlassen, die zum Teil durch jüngere Sinterbildungen eine an Zuckerguß erinnernde Glasur erhalten haben.
Eine auf der Schwäbischen Alb außerordentlich seltene Sonderform der Tropfsteine stellen die *Excentriques* dar, so benannt, weil sie unabhängig von der Schwerkraft wachsen. Ihre Entstehung darf jetzt durch die »erweiterte Kapillartheorie« als erklärt gelten. Danach ist die Zufuhr der Lösung durch eine Kapillare für das Längenwachstum, die Spreitung der Lösung über die Oberfläche für das Dickenwachstum ausschlaggebend. Reinboth & Göbel 1975.
Karren sind Korrosionsformen, die bei Benetzung von geneigten Gesteinsflächen durch das ablaufende Wasser entstehen. *Oberirdische Karren* auf nacktem Fels sind auf der Schwäbischen Alb sehr selten. *Höhlenkarren* sind in aktiven Höhlen anzutreffen.
Die oft gestellte Frage nach dem *Alter* und der *Wachstumsgeschwindigkeit* von Tropfsteinen läßt sich, von Ausnahmen abgesehen, bei denen eine Treppe, ein Treppengeländer oder eine Lichtleitung als datierbare Unterlage vorhanden ist, im allgemeinen nicht mit der wünschenswerten Genauigkeit beantworten. Einen großen Fortschritt auf dem Gebiet der Datierung brachte die Radiokarbonmethode. Die mit ihrer Hilfe durchgeführten Altersfeststellungen ergaben, daß im Vergleich mit der gegenwärtigen schwachen Tropfstein- und Kalktuffbildung in dem nacheiszeitlichen Wärmeoptimum zwischen 5000 und 3000 v. Chr. eine sehr starke Kalkausscheidung stattgefunden hat. Franke & Geyh 1969.

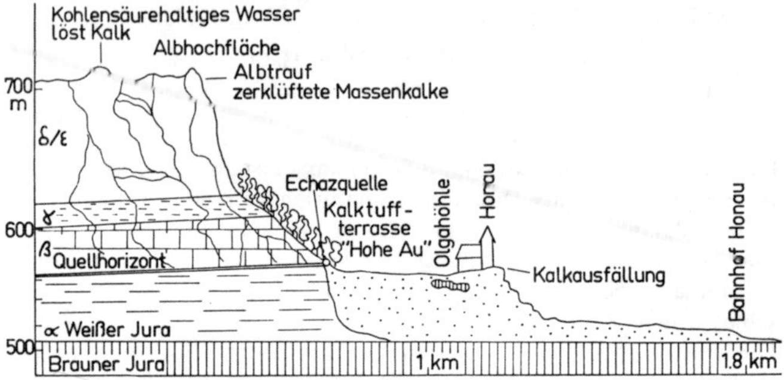

Abb. 4 Bildung von *Kalktuffterrassen* an Geländestufen (nach Stirn 1972).

In manchen Höhlen bildet sich in Eingangsnähe die pulvrige, oder pastöse, feinkristalline *Montmilch,* auch *Mondmilch* oder *Bergmilch.*
Der im Wasser gelöste Kalk wird auch als *Kalktuff* ausgeschieden. Neuere Untersuchungen haben ergeben, daß die Kalktuffbildung in erster Linie an Gefällstrecken gebunden ist. Die im Wasser der Bäche lebenden Moose und Farne geben für schleimige Algen die Unterlage ab, in deren Gallertsubstanz sich die Kalzitkristalle ansiedeln. Die inkrustierten Pflanzen wirken als Reusen für weitere Kalzitkristalle und verstärken das Gefälle des Kleinreliefs. Da die Kalktuffbarren in Schichten nach vorn wachsen (*Übergußschichtung*), können durch Raumaussparungen Höhlen entstehen (*Primärhöhlen*). Jedoch lassen sich so nicht alle Kalktuffhöhlen erklären. Grüninger 1965; Abh A 7, 1972.
Die Kalktufflager am nördlichen Albtrauf sind alle nacheiszeitlich. Auf der Donauseite finden sich auch Kalktuffe aus Zwischeneiszeiten. Früher wurde der Kalktuff als Werkstein viel verwendet. Auch der umgelagerte *Kalktuffsand* hatte wirtschaftliche Bedeutung. Abh A 7, 1972; Mitt 20, 1974.
Eine weitere Art der Kalkfällung kennen auch die Hausfrauen: als *Kesselstein* lagert sich der beim Kochen kalkhaltigen Wassers freiwerdende Kalk im Kochtopf ab.
Bei der Auflösung des Kalksteins durch das kohlendioxidhaltige Wasser bleibt das Unlösliche als unreiner Ton, d. h. als Lehm, zurück. Seine braune Farbe rührt von den in ihm enthaltenen Eisenverbindungen her (5–10%). Unter den Klimaverhältnissen der Kreidezeit, vergleichbar mit jenen der heutigen Subtropen, kam es auf den nur wenig über dem

Meeresspiegel liegenden Böden der damals noch sehr flachen Alb zu Konkretionen von Erbsen- bis Kindskopfgröße. Dieses *Bohnerz* besitzt einen Eisengehalt von in der Regel 30 bis 33%. Als sich in den folgenden Jahrmillionen die Alb anhob und die Verkarstung voll wirksam wurde, wurden die alten Verwitterungsböden mit den Bohnerzen in Vertiefungen, Dolinen, Spalten und Höhlen gespült. Diese Erzanreicherungen wurden schon in vorgeschichtlicher Zeit verwertet.
Der Abbau der Bohnerze und ihre Verhüttung in geschichtlicher Zeit begann auf der Ostalb im 14. Jahrhundert, auf der mittleren Alb und auf der Südwestalb im 17. Jahrhundert. Um 1860 wurden auf der Schwäbischen Alb zusammen pro Jahr ca. 6000 t Roheisen erzeugt. Die Bohnerzverhüttung kam im letzten Drittel des 19. Jahrhunderts, in Königsbronn sogar erst 1906, zum Erliegen. Die Lager waren erschöpft, die Beschaffung der benötigten Holzkohle war immer schwieriger geworden, moderne Verhüttungsverfahren auf der Grundlage der Steinkohle und unter Verwertung höherprozentiger Erze gestatteten die Erzeugung der für die zunehmende Industrialisierung gebrauchten Mengen von Roheisen.

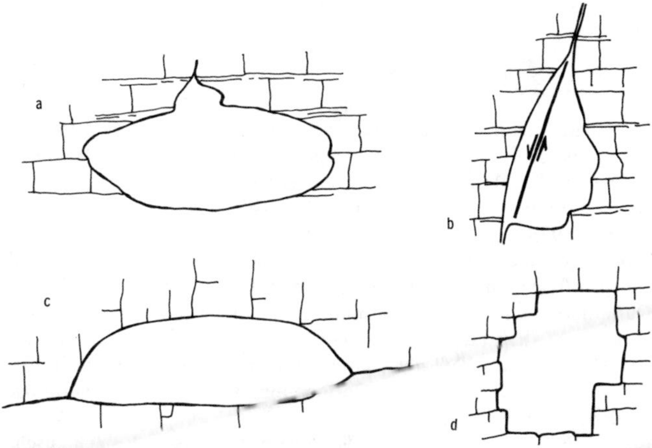

Abb. 5 *Höhlenformen.* Im gebankten Kalk: a = aus einer *Schichtfuge* entstanden, b = aus einer *Kluft* oder *Verwerfung* entstanden, d = *Verbruchform* nach Ausräumung; im Massenkalk: c = aus einer *Schichtfuge* entstanden.

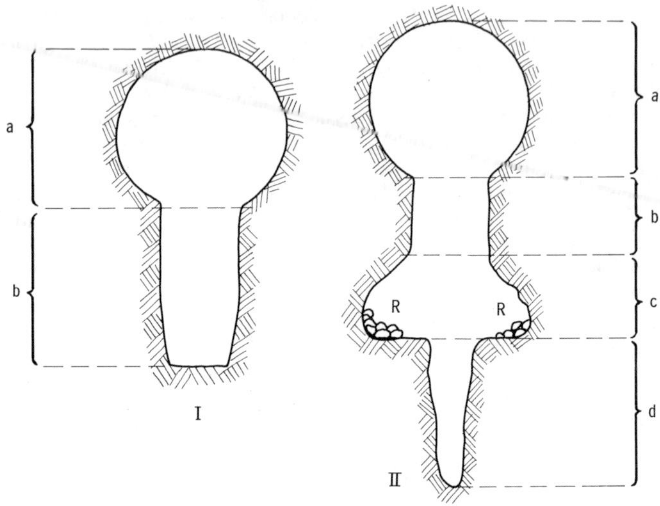

Abb. 6 *Schlüssellochprofile* (nach Spöcker 1962). Ia, IIa = *Druckleitungsprofil;* Ib, IIb = *Gravitationsgerinne;* IIc = gesteinsbedingte Raumerweiterung, IId = jüngeres Gravitationsgerinne.

Die wichtigsten *Bohnerzlagerstätten* befanden sich auf der Ostalb auf dem Härtsfeld und bei Heidenheim, auf der mittleren Alb um Willmandingen und bei Riedlingen, im Hohenzollerischen bei Veringenstadt, auf dem Heuberg und um Liptingen-Emmingen. KlSchr 11, 1971 Zillenbiller 1975.

Kluft- oder *Spaltenhöhlen* sind meist hoch und häufig sehr schmal, *Schichtenfugenhöhlen* haben eine flache Decke (Abb. 5). Wo sich Klüfte und Spalten kreuzen, kommt es zu einer Ausweitung des Höhlenraumes. Auch Gesteinsunterschiede beeinflussen die Formen der Höhlenräume. Sobald *Druckleitungsröhren* nicht mehr vollständig wassererfüllt sind, schneiden sich Gerinne ein. So entsteht das auffällige *Schlüssellochprofil* (Abb. 6).

Uferhöhlen (am Meer *Brandungshöhlen*) entstehen durch mechanische Auswaschung (*Erosion*). Erosion ist auch in anderen Höhlen an der Raumgestaltung beteiligt. Der Witterung ausgesetzte Felswände sind häufig von der Frostsprengung gestaltet worden. Das gilt besonders für *Felsüberhänge* (*Schutzdach* oder *Abri* genannt) und für *Nischenhöhlen*.

Abb. 7 Profil aus einer *inaktiven Höhle* (Beispiel Bärenhöhle bei Erpfingen). a = flach gespannte Urhöhle, b = Höhlenboden der Urhöhle, c = später entstandener Hohlraum mit Versturzblöcken.

Die durch Korrosion und Erosion entstandenen Höhlenräume werden häufig durch *Inkasion* oder *Verbruch* (auch *Versturz* genannt) bis zur Unkenntlichkeit verändert. Bögli 1969. Unter dem Begriff der Inkasion werden alle Arten des Hineinbrechens von Decken und Wänden in einen Höhlenraum zusammengefaßt, vom Deckenbruch bis zum völligen Einsturz.

Auch die *Versinterung*, die *Einschwemmung von Lehm* und andere *Ablagerungen* verändern die Raumgestalt einer Höhle (Abb. 7). Sind die Ablagerungen anhand von Feuersteingeräten, Knochen, Zähnen u. ä. datierbar, so können sie die Geschichte der Höhle und ihrer näheren Umgebung entschlüsseln helfen.

In ansteigenden Höhlen mit einem Eingang ist die Luft, vor allem im Winter, verhältnismäßig warm (*Backofentyp*). Sinkt der Höhlenraum dagegen ab, ist die Luft in der Höhle spürbar kälter als die Außentemperatur (*Eiskellertyp*). Bei Höhlen mit mehreren Öffnungen ist die *Wet-*

terführung von der Witterung außerhalb der Höhle abhängig. Die unterschiedlichen Lichtansprüche der *Pflanzen* führen im Eingangsbereich der Höhlen zur Ausbildung gewisser Zonen in der Reihenfolge Blütenpflanzen, Farne, Moose, Algen.
In der jüngsten Zeit hat die elektrische Beleuchtung mit Glühbirnen und Leuchtstoffröhren im Nahbereich der Lichtquellen zu einer mehr oder weniger ausgeprägten *Lampenflora* geführt, die von Algen bis zu fruchtenden Moosen und Farnen reichen kann. Dobat 1968; 1969 a; 1969 b.
Die in Höhlen vorkommende *Tierwelt* wird in *Zufallsgäste* (*Trogloxene*), *höhlenfreundliche Tiere* (*Troglophile*) und *Höhlenbewohner* (*Troglobionte*) eingeteilt. Zu den bekanntesten troglophilen Tieren gehören die *Fledermäuse,* die die Höhlen zum Winterschlaf aufsuchen. Frank 1966; König 1969.
Dauern die Verkarstungsvorgänge lange genug an, so weiten sich die senkrechten Klüfte zu *Vertikal-* oder *Schachthöhlen.* Das Wasser fließt

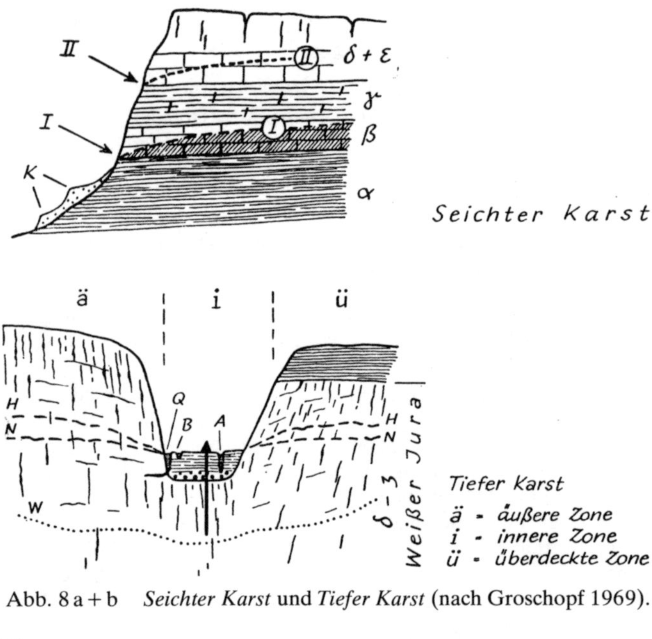

Abb. 8 a + b *Seichter Karst* und *Tiefer Karst* (nach Groschopf 1969).

entlang von Klüften und Fugen ab, tritt als *Schichtquelle* aus und fließt zum *Vorfluter,* d. h. dem aufnehmenden größeren Gewässer. Als stauende Schicht wirken manchmal Mergelschichten, manchmal aber auch der Kalkstein selbst. Im *Seichten Karst* auf der Traufseite der Schwäbischen Alb bilden die Oxfordmergel des Weißen Juras (ox 1) die stauende Schicht. Die meisten Quellen im Seichten Karst treten etwa an der Grenze Oxfordmergel/Oxfordkalke (ox 1/ ox 2) aus, häufig über der Talsohle (Abb. 8a). Im *Tiefen Karst* dagegen entspringen die Quellen praktisch in Höhe des Vorfluters, weil die stauende Sohlschicht tiefer liegt (Abb. 8b). Die Quellen des Seichten Karsts schwanken in ihrer Schüttung in der Regel stärker als die meist größeren Quellen (*Quelltöpfe*) des Tiefen Karsts.

Die wegsamsten Klüfte und Fugen entwickeln sich am raschesten zu *Gerinnen.* Sie sind *aktive Höhlen.* Starke Niederschläge lassen das Wasser in den Klüften, Spalten und Gerinnen rasch ansteigen. Die Karstwasserstände können daher beträchtlich schwanken (bis zu 30 m). Deshalb fließen nur die Quellen ständig, die unterhalb des Schwankungsbereiches liegen. Die anderen nennt man *intermittierende Quellen* oder *Hungerbrunnen,* weil sie nur in sehr regenreichen Jahren fließen, die früher in der Regel eine Mißernte und damit eine Hungersnot im Gefolge hatten.

Sinkt im Laufe einer längeren Zeit das Karstwasser in ein tieferes Stockwerk ab, so werden die bisher *aktiven Höhlen* zunächst zu *zeitweise aktiven Höhlen,* danach zu *inaktiven Höhlen.* Gleichzeitig fallen viele Täler trocken. Sie werden zu *Trockentälern* (Abb. 10).

Beim Vergleich der Lage der Quellen des Tiefen Karsts ist zu erkennen, daß sich bestimmte *Quellpositionen* wiederholen. Abgesehen von kleinen Schichtquellen auf lokalen Stauhorizonten über der Oberfläche des Karstwasserkörpers, lassen sich die einzelnen Quellpositionen einer Entwicklungsreihe zuordnen, die der fortschreitenden Verkarstung entspricht. Villinger 1969; 1972; 1975.

1. *Trockentalquellen* entspringen im Talboden von Trockentälern
   a) ungefähr in der Talachse (Kesselquelle im Tobeltal bei Zwiefalten, S. 129)
   b) seitlich aus dem Hangfuß (Schmiechquelle im Mühltal bei Springen, S. 131)
   c) an der Einmündung in ein Vorflutertal (Raintalquelle am Ausgang des Raintals in das Donautal bei Thiergarten, S. 154)
2. *Talrandquellen* entspringen randlich im Talboden von Vorflutertälern
   a) talabwärts von der Einmündung eines Trockentals (Blautopf unterhalb der Mündung des Galgentäles in das Achtal bei Blaubeuren, S. 98)

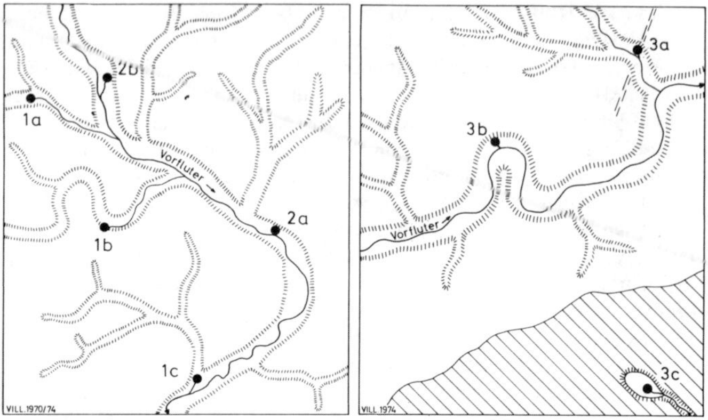

Abb. 9a + b *Quellpositionen* (nach Villinger 1974).

b) talaufwärts von der Einmündung eines Trockentals (Sebastiansquelle oberhalb der Mündung des Hettinger Tals ins Laucherttal bei Hettingen, S. 118)

3. *Talquellen* entspringen ohne sichtbare Beziehung zu einem Trockental, meist im Talboden von Vorflutertälern.

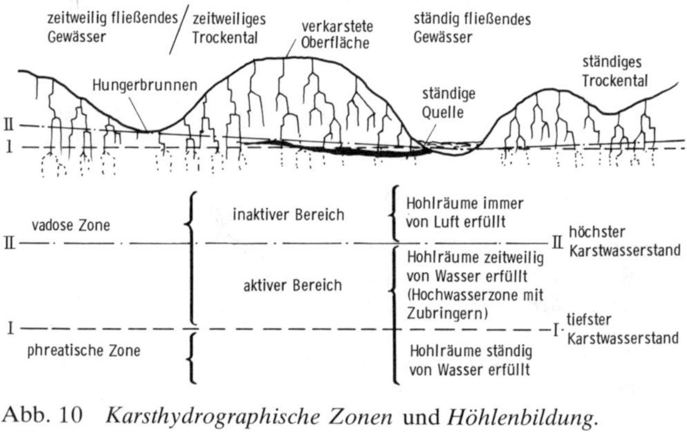

Abb. 10 *Karsthydrographische Zonen* und *Höhlenbildung*.

a) an Kluftzonen, Spalten, Verwerfungen (Nauquelle bei Langenau, S. 104)
b) in weit ausbiegenden Talschlingen (Urspringtopf bei Schelklingen, S. 136)
c) an Fenstern, Schwächestellen oder Passagen in der tertiären oder pleistozänen Überdeckung am Südrand der Alb (Buchbrunnen bei Dischingen, S. 59; Grimmensee bei Langenau, S. 104)

Den Bereich, in dem das Wasser die Hohlräume erweitert (*aktiver Bereich*), kann man unterteilen in die *phreatische Zone* (unter dem niedrigsten Stand der Karstwasseroberfläche, also ständig vom Karstwasser erfüllt), die *Hochwasserzone* (periodisch wassererfüllt) und die *Zubringer*. Vom *inaktiven Bereich* spricht man, wenn das Wasser bei der weiteren Formung der Höhlen keine Rolle mehr spielt. Inaktiver Bereich, Zubringer und Hochwasserzone zusammen bilden die *vadose Zone* (immer oder gelegentlich lufterfüllt). Bögli 1970. Dieser Schwankungsbereich ist für die gegenwärtige *Höhlenbildung*, aber auch für die Entstehung von *Flußschwinden* (*Versinkungen* und *Versickerungen*) von Bedeutung (Abb. 10).

Auf der Oberfläche eines verkarsteten Gebirges findet man gewöhnlich kein fließendes Wasser mehr. Lange Zeit war daher die *Wasserversorgung* der Albdörfer ein Problem. Auf der mittleren Alb liegen die meisten Siedlungen in den Maaren des längst erloschenen tertiären Vulkanismus. Auf dem *Vulkantuff*, dem *Wasserstein*, sammelt sich das Wasser. Sobald es auf Jurakalk kommt, verschwindet es sofort. Manchmal *versinkt* es in einem *Schluckloch*, manchmal *versickert* es allmählich.

Im Süd- und Ostteil der Alb können auch die tertiäre Überdeckung oder die Zementmergel des Weißen Juras örtlich kleine Wassermengen

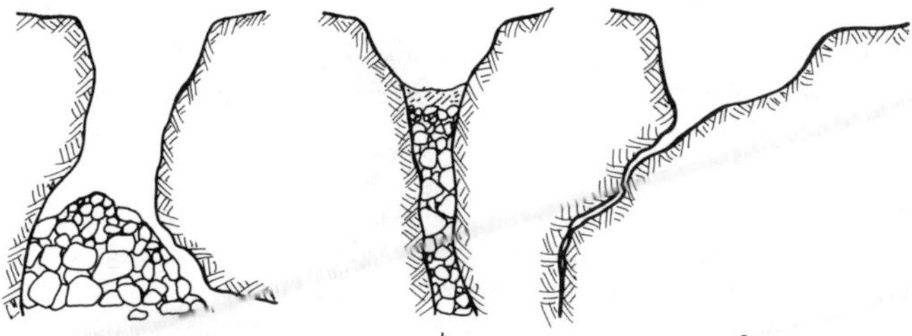

Abb. 11 *Dolinen*. a = offene *Einsturzdoline*, b = geschlossene *Einsturzdoline*, c = *Lösungsdoline*.

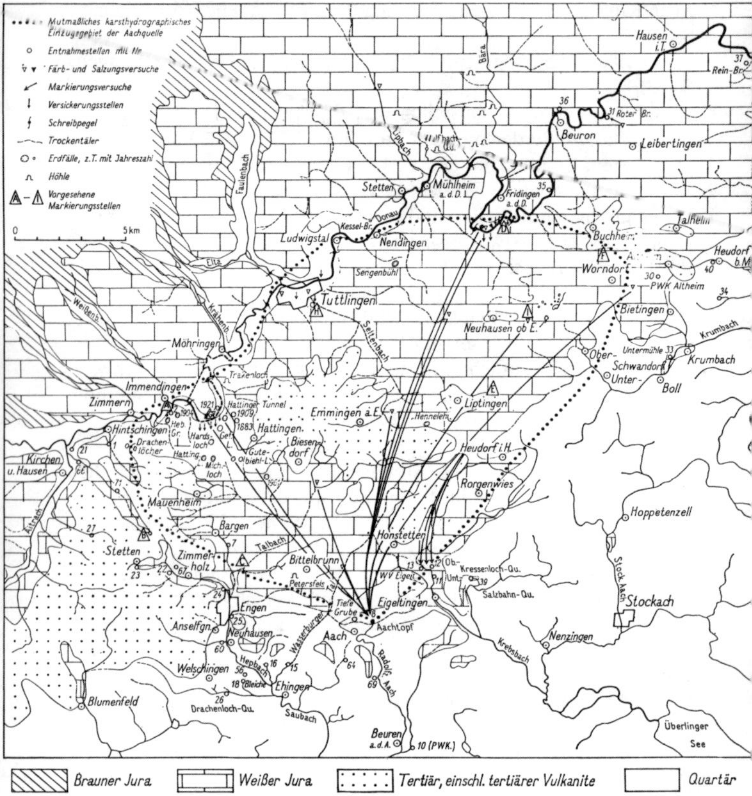

Abb. 12 Das *Versinkungsgebiet* der oberen Donau mit *Markierungsversuchen* und mit *Einzugsgebiet* des Aachtopfs (nach Käß 1969).

liefern. Viele Gemeinden waren jedoch bis zur Einführung der großzügigen Gruppenwasserversorgung (1866 von Karl Ehmann vorgeschlagen, 1870 begonnen) für den menschlichen Bedarf auf das Auffangen des Regenwassers in *Dachbrunnen* (*Zisternen,* in die das von den Dächern abfließende Wasser geleitet wurde) angewiesen. Für das Vieh benützte man *Hülen* (*Hülben, Wetten, Lachen* = abgedichtete Vertiefungen). In trockenen Sommern oder kalten Wintern mußten die Be-

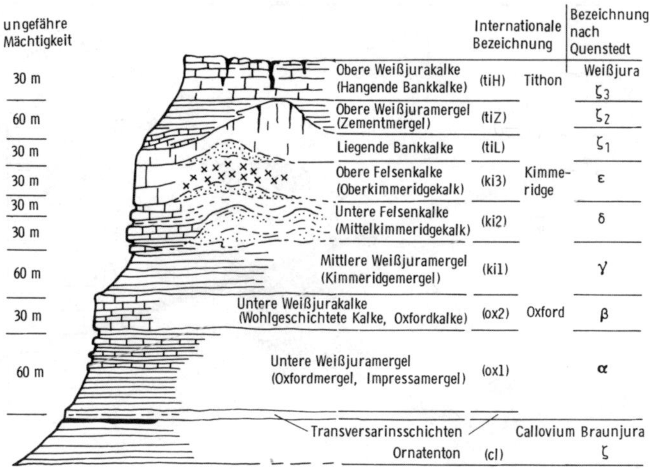

Abb. 13 Der *Weiße Jura* bei Reutlingen (nach Schädel 1975).

wohner der Hochalb das Wasser aus den tief eingeschnittenen, wasserreichen Tälern holen. Vedewa 1970.

Nur wenn der Boden gefroren ist oder die Niederschläge nicht mehr schlucken kann, fließen in den Trockentälern *Wildwasser*. Sonst verläuft die Entwässerung vorwiegend vertikal. Dabei können sich oberflächlich *abflußlose Gebiete* (*Wannen*) bilden. *Poljen* im eigentlichen Sinn gibt es auf der Schwäbischen Alb nicht. Die Entwässerung findet über *Lösungsdolinen* (*Schlucklöcher, Ponore*) statt. Über unterirdischen Hohlräumen brechen *Erdfälle* ein (*Einsturzdolinen*). Sie können in regelrechten *Dolinenfeldern* oder *Dolinenreihen* angetroffen werden (Abb. 11).

Es ist vor allem für die Ableitung von Abwässern wichtig, zu wissen, wohin das Wasser fließt. Darum wird die *Fließrichtung* des Karstwassers und gleichzeitig auch seine *Fließgeschwindigkeit* durch *Markierungsversuche*, meist mit *Farbe* oder *Salz*, festgestellt.

Dieser kurze Überblick sollte zeigen, wie eng die verschiedenen Karsterscheinungen zusammengehören. Sie verteilen sich mit wechselnder Häufigkeit auf die verschiedenen *Stufen des Weißen Juras*. Da deren Bezeichnungen in den Einzelbeschreibungen ständig genannt werden müssen, werden sie in Abb. 13 im Zusammenhang dargestellt.

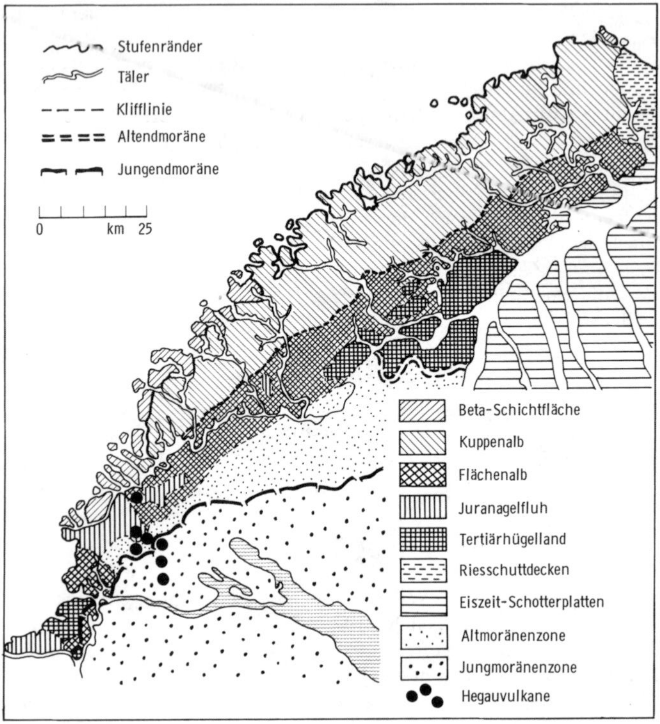

Abb. 14 Die *Oberflächenformen der Schwäbischen Alb* (nach Dongus 1968).

Wer sich der Schwäbischen Alb von Norden nähert, sieht die markanteste Schichtstufe des *südwestdeutschen Schichtstufenlandes,* den *Albtrauf,* vor sich. In seinem westlichen Teil, bis in die Gegend von Reutlingen, ist der Albtrauf zweigeteilt: auf den ersten Steilanstieg bis zur Höhe des Weißen Juras Beta (Oxford 2) folgt die verebnete *Beta-Schichtfläche,* erst einige hundert, öfters sogar einige tausend Meter südlich ist in Gestalt des Delta-Traufs (Kimmeridge 2) ein zweiter Steilanstieg zu bewältigen. Dies wird mit der größeren Mächtigkeit des

Weißen Juras Beta im westlichen Teil und mit der stärkeren Heraushebung der Schichten erklärt.
Wegen des kuppigen Reliefs, das in den Riffkalken der anschließenden Albhochfläche entstanden ist, wird diese Landschaft *Kuppenalb* genannt. Sie wird durch die teilweise als Steilstufe noch erkennbare *Klifflinie* des tertiären Meeres begrenzt. Dieses Meer hat die *Flächenalb* verebnet und mächtige Ablagerungen darüber ausgebreitet, deren Reste im Süden der Alb zum Teil erhalten sind. Das *Riesereignis,* der *Vulkanismus* im Bereich der mittleren Alb und im Hegau gehören ebenfalls in jene geologische Zeit, ebenso die Ablagerung der *Juranagelfluh.* Im *Pleistozän* wurden nur kleine Teile der Alb bei Sigmaringen und am Randen von den Gletschern der Riß- bzw. Würmeiszeit bedeckt (Abb. 14).

Der Mensch und die Höhlen

Höhlenbesiedlung

Höhlen bergen die Werkzeuge der auf Jagdzügen umherschweifenden Steinzeitmenschen, die Reste ihrer Mahlzeiten und ihre Feuerstellen. Auch später, als die Menschen längst seßhaft geworden waren und in Hütten und Häusern wohnten, suchten sie in Zeiten großer Unsicherheit die schutzbietenden Höhlen auf. Die Reihenfolge der wichtigsten Kulturen in ihrer Verknüpfung mit der jüngsten Erdgeschichte gibt die nachstehende Tabelle wieder.

Sagen und Namen

Das Unheimliche, das manche Höhlen an sich haben, verdichtete sich in vielen Sagen. Sie erzählen von guten und bösen Mächten, von Schätzen, die ein Drache oder ein großer Hund bewacht, von einer verschwundenen Gans, die auf der anderen Seite des Bergs wieder ans Tageslicht kam. Manche Höhlennamen erinnern an eine solche Sage. Sehr viele altbekannte Höhlen heißen aber auch einfach Hohler Stein oder Hohler Fels (etwa vor 500 Jahren trat die Bezeichnung Fels an die Stelle des älteren Stein). Die meisten der in neuerer Zeit entdeckten Höhlen wurden nach ihrem Entdecker oder einer zu ehrenden Person benannt, nach ihrer Form oder ihrem charakteristischen Inhalt oder eben nach der nächstgelegenen Ortschaft oder dem Flurteil, in dem sie liegen. Binder 1969; 1972.

Höhlennutzung

Heute versteht man unter wirtschaftlicher Nutzung von Höhlen ihre Erschließung und Betreibung als Schauhöhle. Früher war das anders: Schwefelkies (der von Laien für Gold gehalten wurde), Montmilch (die

3 *Mordloch bei Eybach*

4 *Falkensteiner Höhle bei Urach*

Jahrtausende vor heute	Zeitstufen	Kulturstufen	
		Metallzeit	
– 5	Holozän	Neolithikum	
– 10	…………………	Mesolithikum	
	Würm-	Magdalénien	JUNGPALÄOLITHIKUM
		Pavlovien	JUNGPALÄOLITHIKUM
– 20	Eiszeit	Aurignacien	JUNGPALÄOLITHIKUM
	Paudorf-		JUNGPALÄOLITHIKUM
– 30	Schwankung	Szeletien	JUNGPALÄOLITHIKUM
	…………………		
– 40		Moustérien	ALTPALÄOLITHIKUM
	Kalt-		ALTPALÄOLITHIKUM
– 50	zeit	Micoquien	ALTPALÄOLITHIKUM
	Brörup-Schwankung	Spät-Acheuléen	ALTPALÄOLITHIKUM
– 70	Amersfoort-Schwankung		ALTPALÄOLITHIKUM
	…………………		
	Eem-Warmzeit	Tayacien	

Zeitstufen	Faunen
(Würm-Ez.) Jung-Pl.	M. primigenius
Eem	P. antiquus
(Riß-Ez.) Mittel-Pl.	M. primigenius M. trogontherii
Holstein	P. antiquus
(Mindel-Eiszeit)	
	oberes Mosbach
Alt-	mittleres Mosbach
pleisto-	Mauer
	unteres Mosbach
zän	
Ältest-Pl.	Villafranchiano

M.= Mammut P.= Altelefant
Ez.= Eiszeit Pl.= Pleistozän

als Heilmittel Verwendung fand), Trippelerde (mit der man Metall reinigte), Ocker, Fegsand, ja sogar Phosphaterde (als Düngemittel) baute man in Albhöhlen ab. Jh 4, 1963.

Beginn der Erforschung von Höhlen

Von der 2. Hälfte des 15. Jahrhunderts an finden wir auch Höhlen in den Beschreibungen des Landes erwähnt. Diese Beschreibungen gleichen sich darin, daß das phantastische Beiwerk die Schilderung der tatsächlichen Verhältnisse fast ganz überwuchert. Erst aus dem 18. Jahr-

hundert liegen dann genaue Berichte, Vermessungen und sogar ein Höhlenplan vor.
Etwa zur gleichen Zeit, 1771, wurde auf der Fränkischen Alb die *Gaillenreuther Zoolithenhöhle* ausgegraben. Die gefundenen Knochen und Zähne gehörten zu Tieren, die es nicht mehr gab, dazwischen lagen menschliche Reste. Sofort begann ein Streit, ob diese so alt wie die Tierknochen seien. Diese Auseinandersetzung wurde noch heftiger, als dann 1856 die Funde aus dem Neandertal bei Düsseldorf bekannt wurden. In Württemberg gelang die Klärung dieser Frage durch die Ausgrabungen von O. Fraas im *Hohlenstein im Lonetal* (*Bärenhöhle* 1862) und die der Rentierjägerstation an der *Schussenquelle* (1866). Andernorts gingen die Auseinandersetzungen weiter und erst um 1900 herum zweifelte niemand mehr daran, daß der Mensch wirklich gleichzeitig mit dem Höhlenbären, dem Mammut und anderen eiszeitlichen Tieren gelebt hatte. Mitt 10, 1964.

Höhlen werden Ausflugsziele

In der Zeit der Romantik, zu Anfang des 19. Jahrhunderts, erwachte eine Begeisterung für die Albhöhlen, die bis heute nachwirkt. Aus dem Besuch der Nebelhöhle durch den damaligen Kurfürsten, späteren König Friedrich von Württemberg im Jahre 1803 entwickelte sich das Nebelhöhlenfest. Es findet bis auf den heutigen Tag alljährlich am Pfingstmontag statt. Das viel ältere Fest an der Sontheimer Höhle, ebenfalls am Pfingstmontag, war damals eben eingeschlafen. Schon 1825 wurde es aber wieder aufgenommen und wird heute meist im Juli oder August gefeiert. Auch an der Bären- und Karlshöhle findet noch immer das 1834 nach der Entdeckung eingeführte Höhlenfest statt. Ursprünglich wurde es am 25. Juli, an Jakobi, abgehalten, heute ist es an Himmelfahrt. Von der etwa gleichzeitig mit der Karlshöhle erschlossenen Schertelshöhle heißt es schon 1842, es finde alljährlich eine Höhlenbeleuchtung mit Bewirtung statt. Nach dem 2. Weltkrieg ist auch diese Tradition erneuert worden.
Am Hohlen Felsen bei Schelklingen wird seit 1871 unregelmäßig, seit dem Ende des 2. Weltkriegs jedoch alljährlich an einem Sonntag im Juli, August oder September ein Höhlenfest gefeiert. Schließlich versammeln sich die Festgäste aus nah und fern auch bei der Laichinger Tiefenhöhle seit deren Öffnung für das Publikum im Jahre 1920 in jedem Sommer einmal zu einem besonderen Fest. Binder 1969.
Wenn man weiß, wie weit verbreitet die Scheu vor dem Betreten von Höhlen um 1800 noch war, erkennt man die Bedeutung dieser Volks-

feste erst richtig. Einem weiteren Kreis hat 1823 Gustav Schwab mit seinem Führer »Die Neckarseite der Schwäbischen Alb« die Augen für die Schönheit des Gebirges, auch seiner Höhlen, geöffnet. Eine noch größere Wirkung hatte Wilhelm Hauffs historischer Roman »Lichtenstein«, der 1826 erschien. Seine Schilderung der Nebelhöhle, nicht zuletzt ihre Verknüpfung mit dem Schicksal des landflüchtigen Herzogs Ulrich (von Hauff frei erfunden), weckte in weiten Kreisen das Interesse an der Nebelhöhle, ja überhaupt an den Höhlen der Alb. Als dann auch noch die Eisenbahnen Wanderlustige von weit her zur Alb führen konnten, wurden die Höhlen immer beliebtere Ausflugsziele.

Wissenschaftliche Höhlenforschung

Zur gleichen Zeit wie G. Schwab und W. Hauff befaßte sich auch der Tübinger Professor Gustav Schübler mit den Höhlen der Alb, und zwar aus geologischer Sicht. Die erste paläontologische Höhlengrabung führte dann 1862 Oscar Fraas im Hohlen Stein im Lonetal durch. Daß diese Fundstätte auch für die Urgeschichte des Menschen bedeutsam ist, merkte er erst vier Jahre später, als er einen Rastplatz von Eiszeitjägern an der Schussenquelle ausgrub. Damit begann eine bis heute nicht mehr unterbrochene Reihe wissenschaftlicher Grabungen, deren Ergebnisse in den Einzelbeschreibungen mitgeteilt werden.

Höhlenfreunde schließen sich zusammen

Angeregt von den Nachrichten über die Höhlengrabungen verfaßte der Privatgelehrte Dr. David Friedrich Weinland, der in Hohenwittlingen lebte, den »Rulaman«, eine Geschichte aus der Zeit des Höhlenmenschen und des Höhlenbären. Das Buch erschien 1878. Viele Leser hat es zu eingehender Beschäftigung mit den Höhlen der Alb veranlaßt. Binder 1977. Das wurde ausdrücklich festgestellt, als Weinland zum Ehrenmitglied des Schwäbischen Höhlenvereins ernannt wurde. Zu diesem Verein hatten sich im August 1889 in Gutenberg einige Höhlenfreunde unter der Leitung von Pfarrer Karl Gußmann zusammengeschlossen – ein Jahr nach der Gründung des Schwäbischen Albvereins, der für den Höhlenverein und die Höhlenforschung stets etwas übrig hatte, und zehn Jahre nach der Gründung des ersten höhlenkundlichen Vereins der Erde, des Wiener Vereins für Höhlenkunde. Obwohl der Schwäbische Höhlenverein nur zwei Jahrzehnte bestand, wirkt er doch nach bis auf den heutigen Tag. Er gab das Vorbild ab für die Tätigkeit der höhlenkundlichen Vereinigungen unserer Zeit, nicht zuletzt auch für die gute Zusammenarbeit zwischen Laien und Fachleuten. Jh 4, 1963; Mitt 10, 1964.

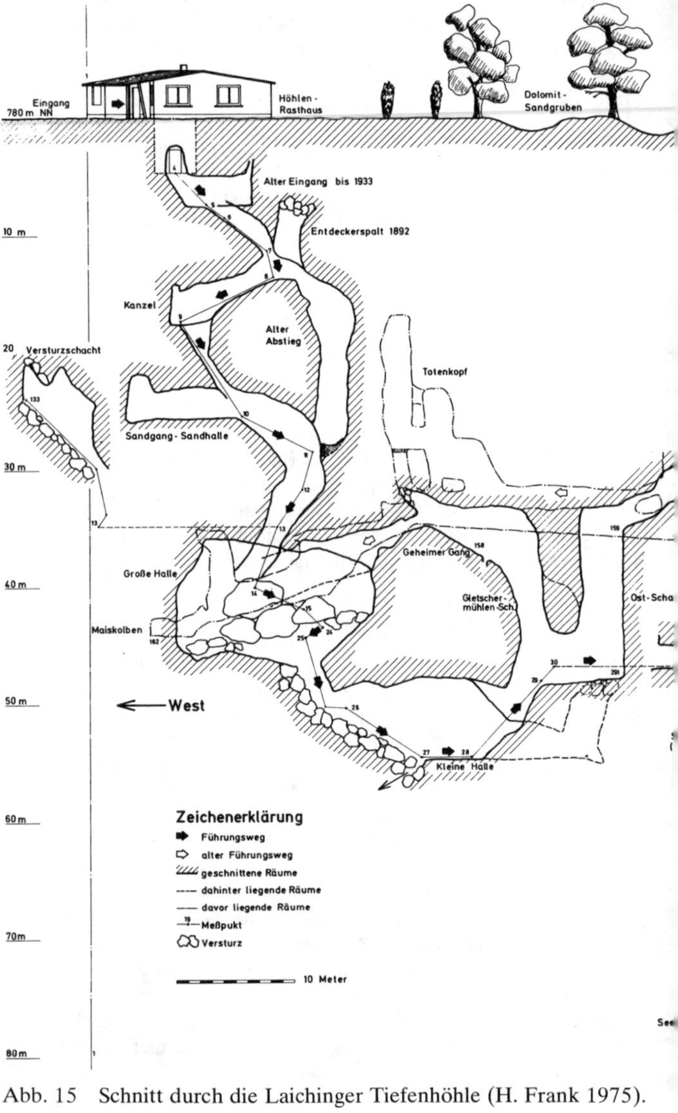

Abb. 15 Schnitt durch die Laichinger Tiefenhöhle (H. Frank 1975).

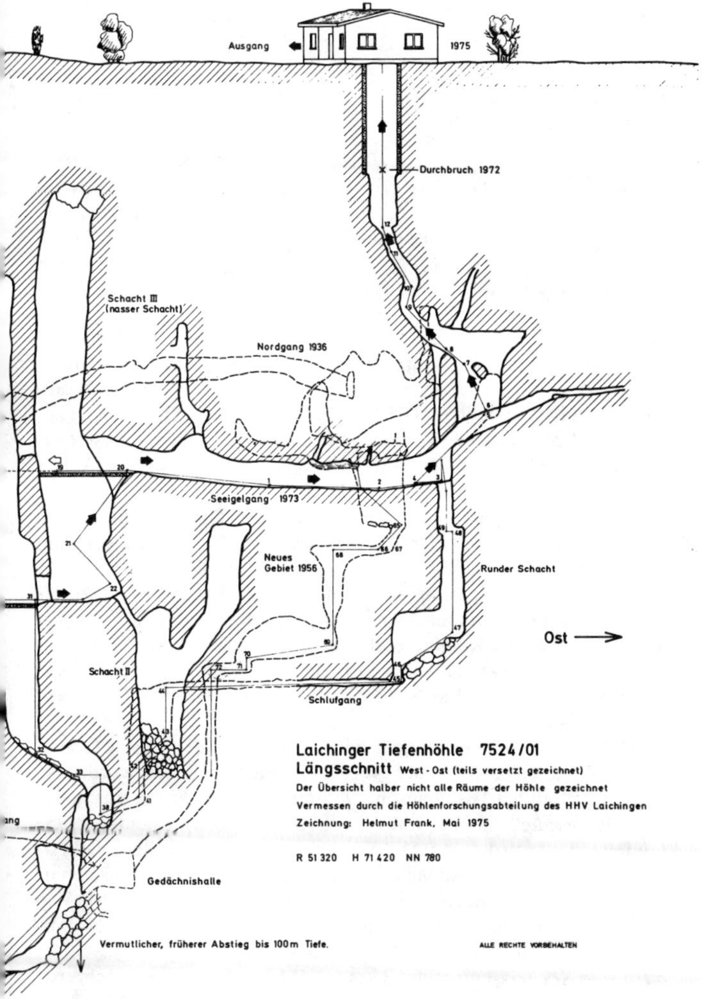
Ausgang
1975
Durchbruch 1972
Schacht III (nasser Schacht)
Nordgang 1936
Seeigelgang 1973
Neues Gebiet 1956
Runder Schacht
Ost
Schacht II
Schlufgang
Laichinger Tiefenhöhle 7524/01
Längsschnitt West - Ost (teils versetzt gezeichnet)
Der Übersicht halber nicht alle Räume der Höhle gezeichnet
Vermessen durch die Höhlenforschungsabteilung des HHV Laichingen
Zeichnung: Helmut Frank, Mai 1975
R 51 320 H 71 420 NN 780
Gedächnishalle
Vermutlicher, früherer Abstieg bis 100 m Tiefe.
ALLE RECHTE VORBEHALTEN

L 7126 Aalen

Der Albtrauf verläuft im Blattgebiet von der Südwestecke aus in Richtung Ostnordost, so daß nur ein kleiner Teil der Hochalb abgebildet ist. Das Gebiet um Aalen ist ausgesprochen höhlenarm. Interessant ist jedoch der *Geologische Lehrpfad*, der vom Stadtteil »Triumphstadt« durch den Braunen und Weißen Jura auf die Höhe des Langerts führt.

Wo das neue Forststräßlein von Unterkochen die Ruine Kocherburg*
7126 erreicht, ist der erste Wegweiser zum *Hohlen Stein**, 2 km OSO Unter-
01 kochen, angebracht. Auf der Höhe über der Glashütte*, wo die Waldabteilungen I 40 Schloßhau, I 41 Hohler Stein und I 42 Hesselhalde zusammentreffen, weist eine Tafel den Pfad zur Höhle. Bei den Resten einer Ruhebank klafft die Tagöffnung eines Kamins (T 6,5 m,!). Die Höhle (590 m NN, ki 2, EB 10 m, EH 4–5 m, L 7 m, B 16 m, H 3–10 m) ist längs einer hangparallelen Spalte entstanden. Das Gestein ist grob gebankt. In einem Teil der Höhle bildet eine Schichtfuge die Decke. Im unteren Teil des Felsen, der scherbig verwittert, schließt sich ein flachgewölbter Gang an (L 10 m, B 1–4 m, H 0,5–1,9 m). Außer dem erwähnten offenen Kamin führt ein zweiter bis knapp unter die Erdoberfläche hinauf. Beide Kamine enthalten alte Sinterkaskaden.
7127 Im Frauenholz, 4,5 km O Aalen-Waldhausen, brach 1961 der *Frauen-*
01 *holzschacht* ein (ca. 620 m NN, ki 2, D 1–2,5 m, T 12 m). Er ist sehr schmutzig. Mitt 12, 1966.

Zwischen Aalen und Bopfingen häufen sich *Erdfälle,* deren Gestalt durch das Graben nach Bohnerz verschiedentlich verändert worden ist. In einen Erdfall bei Waldhausen 1955 eingebrachte Farbe trat in der *Buchbrunnenquelle* im Egautal wieder aus (110 m/h). Ebenfalls 1955 konnten die unterirdischen Abflußbahnen von Simmisweiler* und Arlesberg* (Gemeinde Waldhausen) zu den Quellen des Weißen Kochers durch Färbversuche nachgewiesen werden (37 m/h; 42,5 m/h). Von Hülen floß bei einem 1964 durchgeführten Markierungsversuch die Farbe zur Fuchsmühlenquelle* bei Lauchheim ab (125 m/h).

Der *Weiße Kocher** entspringt 2 km ONO Unterkochen aus mehreren Quellen (505–515 m NN, ki 2, QM 420 l/s, QMin 100 l/s, QMax 2900 l/s, Pos 1 a). Der Kocher und sein von der Glashütte herkommender

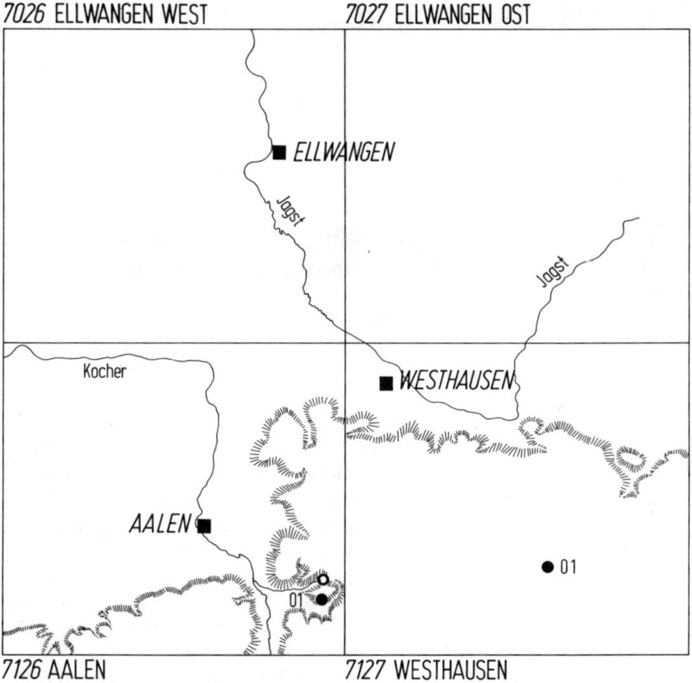

Blatt L 7126 Aalen

Zufluß lagerten *Kalktuff* ab. Auf dem Wanderweg von Aufhausen nach Kapfenburg (vor dem Sägewerk rechts), kommt nach dem Bahndurchlaß 1,2 km WSW Aufhausen die aufgestaute *Egerquelle** (512 m NN, ki 1, Q 6.6.65 170 l/s, 7.10.73 20 l/s). Im Ausfluß vereinigt sich die Eger mit dem von SO aus dem Hangschutt am Tierstein* kommenden Bächlein, das Kalktuffstufen gebildet hat.

L 7128 Nördlingen

Das Blatt bildet den Hauptteil des Rieskessels ab. In der Südwestecke reicht noch ein Teil des Härtsfelds herein. Darin liegen auf bayerischem Gebiet die erwähnten Höhlen.

4,5 km SW Nördlingen öffnen sich auf der Südseite des Himmelreichs
M 8 die *Kleine* (525 m NN, ki 2+3, L 15 m, EB 4 m, EH 2,7 m, B 7 m, H 3,2
M 7 m) und die *Große Ofnet** (520 m, NN, ki 2+3, L 30 m, 1. EB 6 m, EH 4
m, 2. EB 1 m, EH 0,9 m). Die Höhlen wurden 1875/76 durch O. Fraas, 1908 durch R. R. Schmidt, 1934/36 durch E. Frickhinger ausgegraben. Es wurden Werkzeuge vom Moustérien bis zum Magdalénien und aus der Mittelsteinzeit gefunden. In die Mittelsteinzeit gehören auch die von Schmidt ausgegrabenen Schädelbestattungen (27 bzw. 6 Schädel in Rötel gebettet, dabei Ketten aus Hirschgrandeln). Einige Scherben sind jungsteinzeitlich. Die gefundenen Tierreste stammen von Mammut, Nashorn, Wildpferd, Ren, Höhlenbär und Höhlenhyäne. Aus dem Magdalénien stammt eine Kalksteinplatte mit gravierten Frauengestalten. Funde aus den beiden Höhlen werden im Stadtmuseum Nördlingen gezeigt. Schmidt 1912; Frickhinger 1937; Paret 1961; FBer BW 1, 1974.

M 15 500 m NW des Hohlensteins (Bl. Höchstädt), 1 km WSW Talmühle*, liegt oberhalb eines Steinbruchs in Waldabt. V, 3 »Hölle« die *Höhle in der Hölle** (550 m NN, ti, B 5 m, L 8 m). Birkner und Frickhinger untersuchten sie 1913 und fanden eine Scherbe eines Rössener Kugelbechers, hallstattzeitliche und römische Gefäßreste. Birkner 1914; Dehn & Sangmeister 1954.

Auf dem Nordhang des Ipfs* fallen drei Trichter (Dolinen?) auf. Sie heißen von W nach O *Kessel, Pfanne* und *Löffel.* Zwei davon liegen im Wald (560 m NN), eine über dem Wald (620 m NN, D 15, 40, 50 m, T 2–3, 6–8, 6–8 m talseitig). Wais 1954 bezeichnet sie als Wasserschächte (periodische Quellen). Sie waren aber selbst in dem sehr nassen Jahr 1965 trocken.

5 *Brunnensteinhöhle unter dem Lichtenstein*
6 *Steinernes Haus bei Westerheim* ▶

7 *Sieben-Hülben-Loch bei Böhmenkirch*

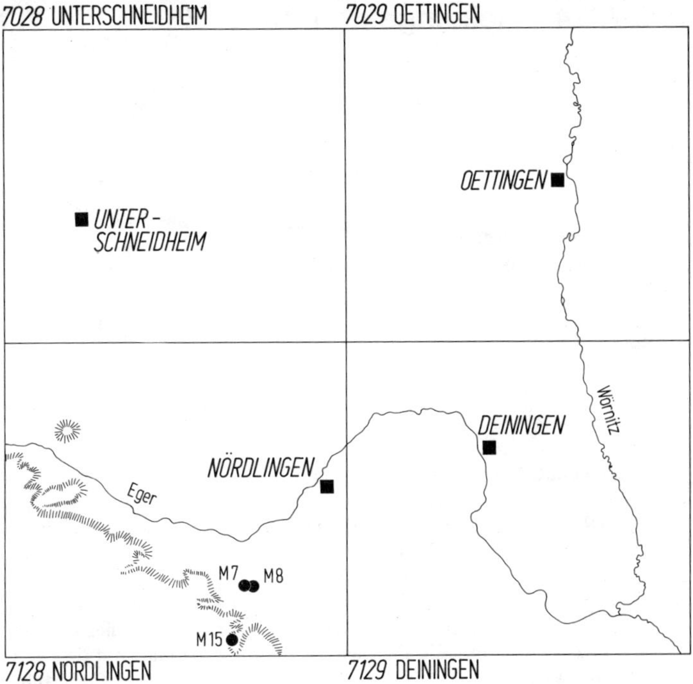

Blatt L 7128 Nördlingen

L 7324 Geislingen an der Steige

Ziemlich genau in der Diagonale von Südwest nach Nordost verläuft der nördliche Albtrauf im Blattgebiet. Eine Untergliederung erfolgt durch das Filstal und seine Nebentäler. Im Nordwesten ragen Staufen, Stuifen, Rechberg und Heldenberg als Zeugenberge auf.

1. Um Rosenstein und Scheuelberg

Von Heubach kommend, erreicht man auf bezeichnetem Wanderweg
7225 zunächst die *Kleine Scheuer*° (645 m NN, ki 2–3, EB 6 m, EH 8 m, L 23
10 m). In ihr wurden 1906 Werkzeuge aus dem Aurignacien und Magdalénien gefunden. Wertvollster Fund ist ein ursprünglich 4 cm langer Anhänger aus Gagat. Keller 1921; Jh 6, 1965.
7225 Auch die nur 300 m O liegende *Dreieingangshöhle*°, zu der man am So-
02 phienfelsen absteigt, lieferte Werkzeuge aus dem Magdalénien (678 m NN, ki 2–3, L 75 m). Ein Felsdach schützt den Vorplatz mit den drei Eingängen. Bei neueren Untersuchungen konnte eine ins Freie führende Fortsetzung freigelegt werden (EH 1,8 m, EB 1 m). Es wurden Scherben aus der Urnenfelderzeit und aus dem späten Mittelalter gefunden. Keller 1921; Jh 6, 1965; Mitt 20, 1974.
7225 Der Albvereinsweg führt durch eine Schlucht zur *Großen Scheuer** an
07 der Nordseite des Rosensteins (703 m NN, ki 2–3, L 44 m, B 6 m, H 7 m). Durch die drei Öffnungen erhält die tunnelartige Höhle sehr viel Licht. Jh 6, 1965.
7225 Auf der Westseite am Felsen abwärts gehend, gelangt man zum *Haus**
08 (696 m NN, ki 2–3, EB 6 m, EH 8 m, L 30 m). Die erzeugende Spalte ist gut zu sehen. Verschiedene schmale Spalten führen tiefer in den Fels. In der Höhle fanden sich Kulturreste aus der Bronze- und Hallstattzeit und aus dem Mittelalter. Keller 1921. – Große Scheuer und Haus gehören zu einem Höhlensystem, dessen größter Teil jetzt als eine 600 m lange Schuttmasse am Fuß des Nordhangs liegt. Bleich 1960; Jh 6, 1965.
Zu den *Pliksburggrotten*° führt von der Waldschenke aus ein bezeichne-

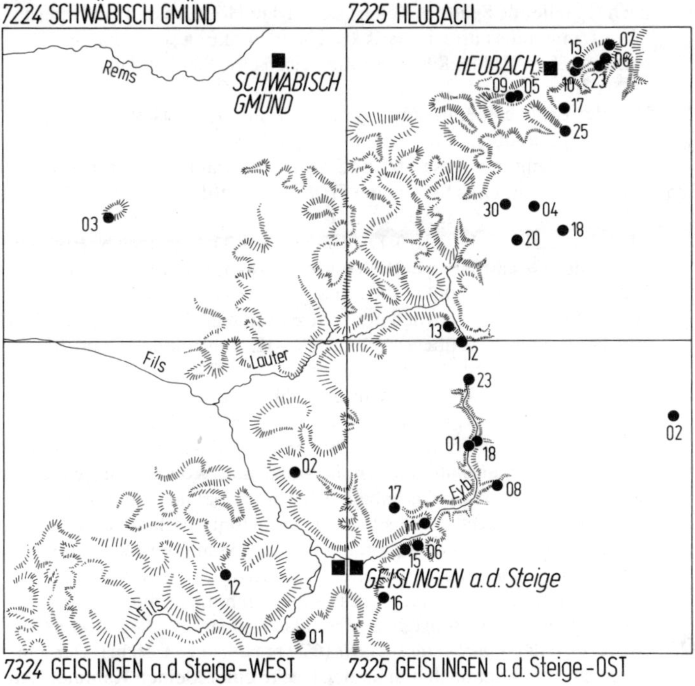

Blatt L 7324 Geislingen an der Steige

ter Wanderweg wenige Schritte nach NO, dann abwärts. Die *Obere* 7225
Pliksburggrotte (690 m NN, ki 2–3, EH 2,2 m, L 12 m, B 8 m, H 4 m) 14
weist im Eingangsteil einige hangparallele Klüfte auf. Zum Teil bedeckt Perlsinter die Wände. Nur wenige Meter tiefer öffnet sich als ein großes
Schutzdach die *Untere Pliksburggrotte,* eine Verwitterungshöhle (683 7225
m NN, EB 15 m, EH 7 m; L 8 m; + Gang, L 2,8 m, B 2 m, H 0,8 m). In 4 15
m Höhe ist auf der Ostseite eine größere Nische. Jh 6, 1965.
Vom Weg zur Ruine Rosenstein* oder vom Graben vor dem Lärmfelsen* aus führen Trampelpfade zum *Dampfloch,* das 70 m NW Wald- 7225
schenke am Hang klafft (685 m NN, ki 2–3, EB 0,8 m; L 30 m, T 10 m). 16
Man kann in die Spalte nur wenige Meter hineinsehen. 10 m vom Eingang ist es möglich, in einer Kammer (D 1,5 m) aufrecht zu stehen. Die

nach O ziehende Spalte erweitert sich in 4 m Höhe, so daß ein Gang auf
20 m Länge teils aufrecht, teils kriechend befahren werden kann. We-
gen des zähen Höhlenlehms empfiehlt sich eine Schutzkleidung. Keller
1921; Jh 6, 1965.
Von der Brücke über dem Burggraben, ist auf der Ostseite der Rest ei-
nes wohlgerundeten, aufgeschnittenen *Schachts* zu sehen.
Am Nordhang des Rosensteins, 500 m SSO Lautern, wurde erst vor
7225 kurzem das sehr enge System des *Fuchslochs* entdeckt (690 m NN, ki 2,
11 1. EB 0,7 m, EH 1,5 m, 2. EB 1 m, EH 0,5 m, 3. EB 0,5 m, EH 0,5 m, 4.
EB 1,2 m, EH 1 m, L 130 m). Die Eingänge 1–3 liegen nach N. Etwa ein
Drittel der Gesamtlänge entfällt auf den Ostgang, der wieder ins Freie
führt (zum 4. Eingang). Der Westgang endet in einer nicht schliefbaren
Spalte. In der Höhle wurden neben rezenten Knochen von Fuchs, Reh
und Hase auch bemalte Scherben (11.–12. Jahrhundert) und Mont-
milch gefunden. Mitt 20, 1974; KlSchr 15, 1974.
7225 Die letzte der größeren Rosensteinhöhlen ist das *Finsterloch**, eine
06 Durchgangshöhle (671 m NN, ki 2–3, EB 3,5 m, EH 2 m; L 133 m). Für
den Besuch dieser Höhle wird Licht benötigt (Taschenlampe!). Im In-
nern fallen Deckenspalten und hohe Kolke auf. Wo Querklüfte die er-
zeugende Spalte kreuzen, haben sich Hallen gebildet, deren Wände
z. T. mit Warzensinter bedeckt sind. Die Höhle verläuft parallel zur
wenige Meter entfernten äußeren Felswand. Man fand Bärenknochen
und spätrömische Scherben. Keller 1921; Jh 6, 1965; KlSchr 15, 1974.
– Den Rückweg nimmt man am besten durch die Höhle.
Am Südhang des Rosensteins, gegen das Lappental*, liegt 400 m SW
7225 Finsterloch der *Sandburrenschacht* (670 m NN, ki 2, T 10 m). Der Ein-
23 stiegsschacht endet nach 4 m an der Decke einer kleinen Kammer. An
ihrer tiefsten Stelle ist ein auf 4 m Länge befahrbarer Schluf. Jh 6, 1965.
Die drei Höhlen am steilen Südhang des Scheuelbergs (670 bis 680 m
NN, ki 2–3) sind von der Höhe aus auf einem bezeichneten Weg (rot >)
7225 zu erreichen. Die längste ist das *Enge Loch*° (L 23 m). Die Höhlendecke
03 senkt sich schon nach 20 m auf 35 cm Höhe herab, so daß man in den
über mannshohen abschließenden Raum nur auf dem Bauch kriechend
gelangen kann.
7225 Die benachbarte *Jakobshöhle** (L 26 m) ist ohne Schwierigkeiten be-
09 gehbar. Die nördlichste der Scheuelberghöhlen ist die *Fastnachtshöhle**
7225 (L 20 m). Auch sie kann mühelos begangen werden. Jh 6, 1965.
05 Am Hochberg 1,6 km SSO Heubach liegt über einem Felsriegel die
7225 schwer zu findende *Clemenshöhle*°. (650 m NN, ki 2–3, EB 0,8 m, EH
17 0,3 m; L 30 m). Von der Straße Heubach–Bartholomä geht es den
Holzabfuhrweg zwischen Hochberg und Heidenburren aufwärts bis zu
einem nach links abzweigenden, ungefähr auf gleicher Höhe bleiben-
den zweiten Holzabfuhrweg. An dessen Ende geht es weglos 50 m

hangabwärts (rechts halten), dann 50 m eben nach rechts zum Höhleneingang. Ihn verengt eine dicke Humusschicht. Nach einer Schliefstrecke von 3 m senkt sich der Boden und die Decke hebt sich. Nach weiteren 2 m ist der Gang mannshoch. Man befindet sich in einem zunächst abfallenden, dann ebenen Gang (L 6 m, H 3,6 m, B 2,7 m), der sich zu einer Halle erweitert (H 2,2 m, B 6–9,5 m). Die Decke und der versturzbedeckte Boden steigen an. Die Höhle endet in Schliefgängen. Sie weist nur wenige Sinterbildungen auf, dafür aber Montmilch. Jh 6, 1965.

2,5 km SSO Heubach entspringt in der *Teufelsklinge** der Tumbach 7225
(volkstümlich Daunbach). Nach starkem Regen bricht auf der Schicht- 25
grenze ox 1/2 (600 m NN) eine Quelle hervor, deren Wasser mit Getöse an der 30 m hohen Felswand herabstürzt (Wasserfall*). Dieser Hungerbrunnen tritt immer dann aus, wenn auch das intermittierende Gewässer im Wald Schorren (700 m NN) fließt und wenn es in der großen Doline 1 km SO Wasserfall versinkt. 1972 konnten Laichinger Höhlentaucher nach Abpumpen des Wassers im Eingangssiphon ca. 50 m in den z. T. sehr engen Höhlengang eindringen. Ein weiterer Siphon gebot Halt. LHF 14, 1972. – Die Sage erzählt: »Vor alters kam einmal der Heiland auf den Rosenstein bei Heubach und stritt hier mit dem Satan, besiegte denselben und bannte ihn in die schauerliche Teufelsklinge auf so lange, bis seine Zeit um wäre und er erlöst werden könne. Wenn der Teufel in seinem Gefängnis tobe, laufe der Kessel über. Schließlich soll die Teufelsklinge auch »solange die Welt stehet in ihrer alten Gestalt verbleiben und nicht eben werden«. Nach einer anderen Sage soll Baldur der Lichtgott, die Finsternis in diese Schlucht gebannt haben. Auch wurde erzählt, der Kessel der Teufelsklinge stehe mit der Brenzquelle in Verbindung. Man habe Spreu in eine Öffnung auf dem Albuch geworfen, die in beiden Quellen zum Vorschein gekommen sei. Richtig ist, daß die Wasserscheide zwischen Brenz und Tumbach zwischen Bartholomä und der erwähnten Doline verlaufen muß, denn zwei Färbungen (1955, 1968) in Bartholomä machten sich im Brenztopf bemerkbar (120 m/h; Groschopf 1972). G. Schwab (1823) berichtet, man glaube, es sei einst auf dem Albuch ein schöner Bach geflossen, der »böslicher Weise« mit Quecksilber versenkt worden sei. Nach einer anderen Version hat der Ritter vom Rosenstein, dem ein Sohn im Wasser der Teufelsklinge ertrunken war, Quecksilber in die Quelle gegossen und sie so zum Versiegen gebracht. BlSAV 15, 1903; 68, 1962; Jh 6, 1965.

Der *Ursprung der Rems** (550 m NN, ox 1/2, QM? l/s, Pos [1a]) liegt in der Nordostecke des Blatts.

Die *Falkenhöhle** 4,7 km WSW Bartholomä birgt kaum noch Sinter- 7225
schmuck (710 m NN, ki 2, L 90 m). In den Jahren 1970 bis 1972 wurde 04
die Höhle von R. Kreuz und E. Widder gründlich untersucht und neu

vermessen. Dabei wurde im Eingangsteil die »Neue Halle« entdeckt (L 9 m, B 7 m, H 2 m). Zahlreiche rezente Knochen von Reh, Hirsch, Schwein, Fuchs, Hase, Hund und Kleinsäugetieren, der Schädel eines etwa zwölfjährigen Jungen aus dem 14. Jahrhundert und mittelalterliche Tonscherben aus der gleichen Zeit wurden gefunden. Es konnte geklärt werden, daß der Schuttkegel unter dem Einstiegsloch (heute mit einer Treppe versehen) erst 1920/21 eingeschüttet worden ist. In der Höhle hielt 1530 der Stadtschreiber Halm aus Aalen, ein Parteigänger Herzog Ulrichs, den österreichisch gesinnten Pfarrer Degen aus Großbettlingen gefangen, der schließlich verhungerte. Halm wurde dafür 1531 in Villingen hingerichtet. Jh 1, 1960; Jh 6, 1965; Höhle 23, 1972; LHF 14, 1972; Kl Schr 15, 1974.

1 km W Falkenhöhle* liegt wenige Meter N des Waldwegs eine kleine
7225 Doline. In ihr befindet sich der unscheinbare Eingang des *Geisterlochs*
30 (730 m NN, ki 2, EB 1,2 m, EH 0,5 m, L 21 m). Der nach N ziehende
Höhlengang ist ziemlich schmal und durchweg niedrig (B 1–2 m, H
0,6–1,5 m). Mitt 20, 1974.

7225 Im Böhmenkircher Hau*, 5,5 km NNW Böhmenkirch, liegt das *Sie-*
20 *ben-Hülben-Loch* (749 m NN, ki 2, D 9 m, T 20 m). Im benachbarten
Linsemer* ist 1,6 km WSW Rötenbach eine weitere Schachthöhle, die
7225 *Linsemerhöhle* im Rehschlag (610 m NN, ki 2, L 16 m, T 12 m). Jh 6,
18 1965.

Böhmenkirch liegt auf der *Europäischen Wasserscheide,* deren ober- und unterirdischer Verlauf auf Bl. Geislingen annähernd übereinstimmen. Zwei Färbversuche im Steinbruch 1 km SO Böhmenkirch 1963 und 1964 haben die *Brunnenmühlquelle* in Heidenheim ansprechen lassen (Luftlinie 15,3 km; 23,5 m/h bzw. 2 m/h). Bemerkenswert ist die außerordentlich lange Laufzeit beim 2. Versuch (11 Monate bis zum Farbaustritt!). Groschopf 1972.

Die Farbe eines Markierungsversuchs von Gussenstadt trat 1969 ebenfalls in der Brunnenmühlquelle aus (195 m/h), während bei einem weiteren Färbversuch im selben Jahr in Waldhausen die starke Quelle an der Kirche in Eybach betroffen wurde (62 m/h). Groschopf 1965.

Im Gebiet der *Rauhen Wiese** häufen sich die Dolinen. H. Dongus (1962) deutete dieses Gebiet als einen früheren Poljenboden, d. h. eine unter wärmerem Klima, vielleicht im Pliozän, entstandene größere Karsthohlform. Jh 6, 1965. – Mit Hilfe geoelektrischer Messungen konnte festgestellt werden, daß unter einer bis zu 50 m mächtigen Schutt- und Lehmüberdeckung vom anstehenden Gestein ein sehr unregelmäßiges Relief gebildet wird. Nach Ansicht von P. Groschopf ist es im wesentlichen das Ergebnis der tertiären Verkarstung. Die Dolinen sind Schwunddolinen, die über tiefliegenden Ausräumungen nachsacken (vgl. Ebnater Karstwanne S. 56, Battenau S. 49). Mitt 20, 1974.

Im weithin sichtbaren Kahlenstein*, 1 km O Bad Überkingen, befinden
sich zwei Höhlen. Die *Kahlensteinhöhle*° (670 m NN, ki 2, L 70 m +30 7324
m) wurde um die Jahrhundertwende als Schauhöhle geführt, wovon 01
noch die rußbedeckten Tropfsteine zeugen. Dann blieb die Höhle bis
1971 sich selbst überlassen. Die Arbeitsgemeinschaft der Höhlen-
freunde Kahlenstein übernahm ihre Betreuung und hat sie wieder mit
einem Tor verschlossen. Jh 4, 1963. 1976 wurden bei der Untersuchung
der unteren Kammer eine altsteinzeitliche Schlagwaffe aus Horn, ein
Spinnwirtel aus der Latènezeit und römische Scherben gefunden. – Das 7324
Kahlenloch liegt direkt unter dem Hauptfelsen (660 m NN, L 17 m). 08
Mehrere Ausgänge und die zum Tal hin aufgeschnittene Halle lassen
erkennen, daß es sich nur noch um den Rest einer größeren Höhle han-
delt. Jh 4, 1963.
Am Michelsberg*, 950 m NW Oberböhringen, wurde 1971 am Hang
gegen Unterböhringen hin eine Spalte bemerkt, aus der ein kalter Luft-
zug blies. Nach Erweiterung des Spalts wurde dahinter das *Elchloch* 7324
entdeckt (710 m NN, ki 2, ED 0,4 m, L 61 m, T 8 m). In der Elchhalle 12
und in der Unteren Kammer wurden Knochen und eine Schaufel eines
Elchs gefunden. Alle Räume sind sehr niedrig. Mitt 20, 1974.
2 km OSO Gingen und 400 m SO Hohenstein* zweigt bei einer Eiche
mit drei Stämmen aus einer Wurzel zum Tal hin vom Albvereinsweg ein
Pfad ab, der im Zickzack zum etwa 25 m unterhalb der Hangkante gele-
genen *Oberen Rabenloch** führt (660 m NN, ki 2, EH 0,9 m). Der ur- 7324
sprünglich sehr enge Eingang wurde vor etwa 30 Jahren durch eine 02a
Sprengung erweitert. Leider wurden dabei die meisten Tropfsteine
stark beschädigt. Die Reste lassen die frühere Pracht aber noch ahnen.
Vom Vorplatz aus geht es auf glitschigem Boden etwa 5 m weit abwärts
zu einem Kessel (L 5 m, B 3,5 m, H 7,2 m), bis zu dem das Tageslicht
reicht. Hier zweigen verschlossene Schächte und Gänge ab (1. L 5 m;
2. L 20 m). Jh 6, 1965.
Vom Vorplatz des Oberen Rabenlochs aus geht es links abwärts, bis
man zwischen zwei Felsbrocken nach rechts queren kann. Nach etwa 25
m steht auf gleicher Höhe eine auffallende Buchengruppe. Dort öffnet
sich das *Untere Rabenloch,* eine Spaltenhöhle (EB 1 m, EH 3,5 m; L 9 7324
m). Aus dieser Höhle stammen vorgeschichtliche Scherben, angeblich 02b
aus der frühen Hallstattzeit. FBer. 15, 1907.
Im ganzen Rohrachtal wurde Kalktuff abgelagert. Geislingen liegt auf
mehreren Kalktuffterrassen, und beim Rötelbad in der Rorgensteig ist
ein stattlicher Wasserfall zu sehen. S der Stadt sind die Terrassen besser
zu erkennen als im bebauten Gebiet.
Hinter der Eybacher Kirche entspringt eine starke *Karstquelle,* deren

Wasser zur Eyb abfließt (461 m NN, ox 1–2, QM?, Pos [1c?]). In ihr trat die in Waldhausen eingegebene Farbe wieder aus (62 m/h). Groschopf 1965.

7325 Eine der interessantesten Höhlen der Alb ist das *Mordloch** bei Geis-
01 lingen-Eybach (514 m NN, ox 2–ki 2, EB 1 m, EH 7 m, L 2410 m, !, nur für gut ausgerüstete Höhlentaucher). Nach einer Sage sollen vor etlichen hundert Jahren Wilderer in der Nacht den Eybacher Schloßförster ermordet und in der Höhle versteckt haben. Der Hund des Försters suchte und fand seinen Herrn. Der Mörder stürzte kurz darauf am Ravensteiner Felsen ab und bekannte auf dem Sterbebett seine Tat. Seitdem trägt die Höhle ihren Namen. Ein erster Befahrungsbericht stammt aus dem Jahr 1800. BlSAV 22, 1910; Jh 6, 1965.

1833 hatten die beiden Roggenmüller das Mundloch der Höhlenquelle erweitern lassen, um das abfließende Wasser besser nutzen zu können. Ende der 50er bis Mitte der 60er Jahre unseres Jahrhunderts erforschte die Höhlenforschergruppe Eschenbach/Göppingen die Höhle. Sie ist auf einem Kluftnetz in den unteren Weißjurakalken (ox 2) entstanden, die hier nach W einfallen. Auffallend ist die enge Beziehung der Höhle zu einem trockenen Seitental. Durch eine von der Betahalle steil nach oben in den Kimmeridgemergeln verlaufende Halle, die Gammahalle, besteht Verbindung zu einer einsturzgefährdeten Halle in den Mittelkimmeridgekalken. Damit war erstmals im Gebiet der Schwäbischen Alb ein Höhlenraum in den Kimmeridgemergeln nachgewiesen. In der Betahalle teilt sich die Höhle in zwei Gänge. Die Gangquerschnitte zeigen teils linsenförmige Korrosionsprofile, teils rechteckige Versturzprofile. An einigen Stellen ist der Hauptgang sehr eng, weshalb nach einem Regenfall das Wasser sehr rasch ansteigt. Dann stehen längere Gangstrecken ganz unter Wasser. Häufig sehen sich auch der Hauptgang und die abzweigenden Nebengänge so ähnlich, daß es oft schwierig ist, sich zurechtzufinden. Die Endsiphone wurden 1964 und 1965 von Hasenmayer und Wunsch durchtaucht. Hinter dem Siphon des Nordganges (36 m) liegt ein geschlossener Versturz, hinter dem des Südganges (100 m) folgen nach 80 m unschlufbare Engstellen. Höhle 11, 1960; Mitt 9, 1963; Jh 6, 1965; Kettenmann 1975. – Vom 4. bis 7. Februar 1977 waren in der Höhle vier Höhlentaucher vom Hochwasser eingeschlossen, die unter schwierigen Umständen unversehrt geborgen werden konnten.

Wo die Straße vom Roggental nach Steinenkirch scharf nach O ab-
7325 knickt, geht man hangabwärts nach NW zur *Fronhaldenhöhle,* 1,1 km
18 WNW Steinenkirch (590 m NN, ki 2, L 18,5 m). Die Höhle durchquert einen Felsen. Kurz bevor der Weg vom Magentäle* zu dem nach SO
7325 führenden Nebental abzweigt, liegt wenige Meter über dem Weg der
08 sehr enge Eingang der *Magentalhöhle,* 1,5 km SSW Steinenkirch (570

m NN, ki 2, L 26 m). Die Höhle ist auch unter der Bezeichnung *Schatzkästle* bekannt.
Die *Frauenhaldenhöhle* (625 m NN, ki 2, EH 0,5 m, EB 4 m, L 13 m) er- 7325
streckt sich hinter einem niederen, jedoch breiten Eingang am Fuß ei- 15
ner Felsgruppe 1,8 km NNO Weiler o. H.
Von der alten Weiler Steige aus führt ein undeutlicher Pfad 400 m W
Weiler o. H. zur *Napoleonsfelsenhöhle* (590 m NN, ki 2, L 23 m, 1. EB 2 7325
m, EH 4 m; 2. EB 1,5 m, EH 2 m). Der Gang wird rasch niedrig und ist 16
nach etwa 10 m unschliefbar. Mit dem Nebengang besteht über einen Versturz eine unschliefbare Verbindung. Jh 6, 1965.
In der abflußlosen Wanne der *Battenau** 1 km OSO Weiler ob Helfenstein waren noch vor kurzem einige Dolinen anzutreffen. Sie sind größtenteils aufgefüllt worden. P. Groschopf berichtet über geoelektrische Messungen des Untergrunds, die ein tertiäres Karstrelief unter 20–25 m mächtiger Schutt- und Lehmbedeckung ergaben (vgl. Ebnater Karstwanne S. 56, Rauhe Wiese S. 46). Jh 6, 1965.
1 km SSW Stötten liegt am Steilrand am Ende des auslaufenden rechten
Seitentals des Eybtals die *Franzosenkübelhöhle* (610 m NN, ki 2, L 16, 5 7325
m). Im Tal ist jetzt die Geislinger Mülldeponie. Der Flurname Franzo- 17
senkübel geht auf Ereignisse zurück, die sich bei einem der Franzoseneinfälle im 17. oder 18. Jahrhundert abgespielt haben sollen. Kettenmann 1975.
Im Himmelsfelsen* bei Eybach befinden sich drei Höhlen, darunter der 7325
Himmelsfelsenschacht (Einstieg vom Wegrand auf dem Himmelsfelsen; 10
590 m NN, ki 2, T 38 m, ! – KlSchr 15, 1974) und der *Himmelsfelsen-*
wandschacht (H 20 m). Diese Höhlen sowie der auf der gegenüberlie- 7325
genden Talseite, 800 m SW Eybach, befindliche *Kapellen-* oder *Ey-* 11
bachschacht (644 m NN, ki 2, L 31 m, T 14 m) sind nur von geübten 7325
Kletterern mit entsprechender Ausrüstung zu befahren. Jh 6, 1965. 06

3. Übriges Gebiet

W Schloß Weißenstein öffnet sich das *Forellenloch** (600 m NN, ox 2, 7225
EB 1,6 m, EH 2,8 m, L ca. 420 m, !), eine aktive Höhle, deren Wasser 13
für das Schloß und einige weitere Gebäude gefaßt worden ist. Ein Eisentor versperrt den Zutritt. Die Höhle ist bergwärts zunehmend wassererfüllt und weist mehrere Siphone auf. Die Profile entsprechen denen des Mordlochs. Jh 6, 1965; KlSchr 15, 1974.
Am gegenüberliegenden Talrand entspringt 700 m OSO Schloß Weißenstein an der Weißensteiner Steige die *Ölklingenquelle* (590 m NN, ox 2, Q ?) aus einer ähnlichen, jedoch kleineren Höhle. Die Quelle ist für die Wasserversorgung von Weißenstein gefaßt, weshalb die Höhle nicht zugänglich ist. Mitt 22, 1976.

7325 Die *Eisrohrhöhle* in der Teufelsküche, 950 m SSO Schloß Weißenstein
12 (570 m NN, ox 2, EB 3,5 m, EH 1,5 m, L 60 m, !) gehört zu den aktiven
Wasserhöhlen. Schon nach wenigen Metern sperrt ein Siphon den Höh-
lengang, so daß nur gut ausgerüstete Taucher eindringen können. Die
Höhle ist stellenweise sehr eng und endet an einem Siphon. Mitt 13,
1967; 22, 1976.
7325 Die ca. 40 m NW Eisrohrhöhle gelegene *Quellhöhle* (573 m NN, ox 2, L
21 17 m) ist für die Wasserversorgung von Weißenstein gefaßt. Mitt 22,
1976.
7225 1,3 km ONO Schloß Weißenstein befindet sich das *Vesperstüble* (670 m
22 NN, ki 2, T 10 m, L 7 m). Jh 6, 1965.
7225 Im Sandelfelsen, 300 m W Lützelalb*, liegt die *Sandelfelsenhöhle* (680
53 m NN, ki 2, EB 5 m, EH 2 m, L 5 m). Die Höhle ist an einer Kluft ent-
standen. Mitt 22, 1976.
600 m NNO und 750 m NW Lützelalb* führt im Beutelfelsen ein enger
7225 Eingang in die *Beutelfelsenhöhle* (685 m NN, ki 2, ED 0,7 m, L 14 m, T
54 5 m).
140 m SO Kirche Treffelhausen entspringt die *Eyb** (Pos 1a). Das Was-
ser drückt am Fuße einer Felswand aus einer kleinen Spalte. 10 m N der
7325 Quelle befindet sich der Eingang zur *Eybquellenhöhle* (615 m NN, ki
23 1/2, EB 4 m, EH 0,6 m, L 18 m). Nach 5 m führt ein Gang auf 4 m nach
links ab, nach rechts geht es in der Schichtfuge ki 1/ki 2 noch 8 m weiter.
7325 Es folgt ein sehr enger, wassererfüllter Gang. Gegenüber liegt die 8 m
22 lange *Harthöhle*. Mitt 22, 1976.
7224 Die *Ruine* einer abgestürzten Höhle ist an der Spielburg*, 0,5 km SW
03 Hohenstaufen, zu sehen. Bleich 1960.
An dem O Söhnstetten gelegenen Stöckelberg* befindet sich die
7325 *Stöckel(berg)höhle*° (600 m NN, ti, L 21 m). E. Fraas machte in ihr 1897
02 paläontologische Funde. Jh. 1, 1960.
Bei Söhnstetten wurden im Mauertal* und im Eseltal* (an der Einmün-
dung des Benzenhauser Teichs*) *Rückhaltebecken* angelegt, die die ge-
fürchteten Wildwasser (Wedel) unmöglich machen sollen. Jh 1, 1960.

L 7326 Heidenheim an der Brenz

Ein in nordsüdlicher Richtung verlaufender Talzug teilt das Blattgebiet in zwei annähernd gleich große Teile. Er wurde von der Ur-Brenz geschaffen, deren ältere Ablagerungen und Terrassen im Gebiet um Heidenheim gut erhalten sind. Heute wird das Tal vom nach Norden fließenden Schwarzen Kocher und von der nach Süden fließenden Brenz benützt. Bis auf einen etwa ein Fünftel des Gebiets ausmachenden Teil im Südosten, der zur Flächenalb gehört, ist das Blattgebiet der Kuppenalb zuzurechnen.

1. Gewässer

N der kaum wahrnehmbaren Wasserscheide, die bei der Einmündung des Tiefen Tals* N Seegartenhof* verläuft, entspringt der *Schwarze Kocher** 1,25 km SSW Oberkochen (499 m NN, ox 1/2, QM 680 l/s, QMin 50 l/s, QMax 4180 l/s, Pos [2a]). Nach S entwässert die *Brenz**, die in Königsbronn entspringt (500 m NN, ki 2, QM 1200 l/s, QMin 230 l/s, QMax 10 600 l/s, Pos 2a). In der Brenzquelle traten die Markierungsstoffe von Versuchen bei Bartholomä (1955 und 1968; 120 m/h), Zang (1964; 105 und 110 m/h) und von Ochsenberg (1964; 52 m/h) aus. Groschopf 1972.
1904/05 versuchte der Schwäbische Höhlenverein, am Brenztopf durch einen Stollen die vermuteten Hohlräume hinter der Quelle anzufahren. Als man 57 m weit eingedrungen war, ging das Geld aus; der erhoffte Erfolg war ausgeblieben. Jh 1, 1960.
Auf der Ostseite des Tals entspringt in Königsbronn der *Pfeffer** (501 m NN, QM 310 l/s, QMin 13 l/s, QMax 700 l/s, Pos 3a). Die Schüttung der Pfefferquelle ist sehr ausgeglichen, während die der Brenzquelle stark schwankt. 1955 bei Ebnat und 1964 bei Ochsenberg eingebrachte Farbe trat in der Pfefferquelle wieder aus (112 bzw. 77 m/h). Das Gebiet zwischen Ebnat und Ochsenberg weist besonders viele *Erdfälle* auf. Sie sind oftmals deutlich in Reihen angeordnet. Auch W Königsbronn, bei Zang, häufen sich die Erdfälle.

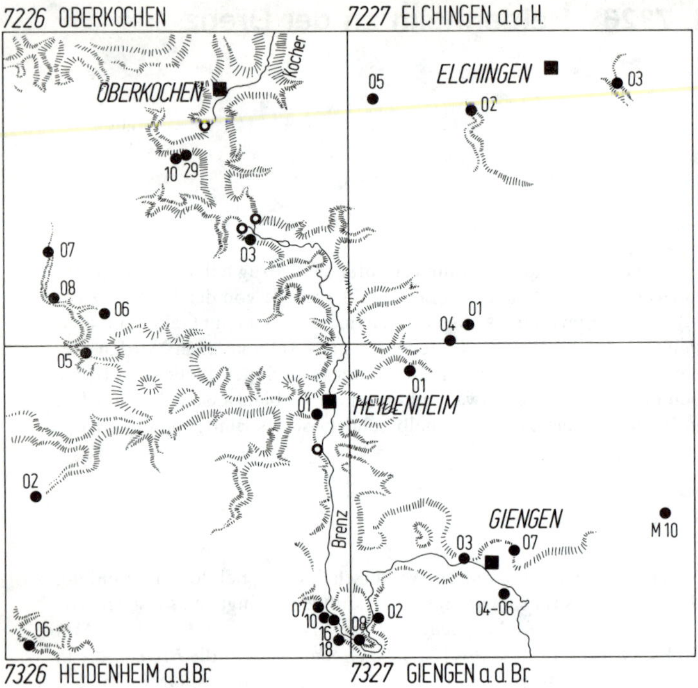

Blatt L 7326 Heidenheim an der Brenz

Im Zusammenhang mit dem Bau der Kläranlage im Kohlhau* 1 km SW Niesitz in der von zahlreichen Dolinen besetzten *Ebnater Karstwanne,* wurden in einem größeren Gebiet Bohrungen niedergebracht und geoelektrische Messungen vorgenommen. Sie ergaben, daß das anstehende Gestein unter einer Schutt- und Lehmbedeckung von 15–30 m Mächtigkeit eine sehr unregelmäßige Oberfläche hat, die P. Groschopf als Ergebnis der tertiären Verkarstung deutet (vgl. Rauhe Wiese S. 46, Battenau S. 49).

7227 Bei der Anlage der Baugrube für die Kläranlage wurde 1968 der *Kohl-*
05 *hauschacht* entdeckt (Gelände ursprünglich 603 m NN, Einstieg 588 m NN, ti, T 47 m). Die Höhle ist nicht mehr zugänglich. Mitt 20, 1974. Etwa 200 m N der Pfefferquelle ist links unterhalb der steilen Straßen-

böschung ein Bachbett zu sehen. In ihm fließt ein Hungerbrunnen ab, die *Leeraus* (Pos 3a?).
Am »Siebenten Fuß« auf der Südseite des Brünneleskopfs* zwischen Itzelberg und Aufhausen wurden 1952 und 1953 Tiefbohrungen niedergebracht. Es konnte Karstwasser für die Wasserversorgung von Heidenheim erschlossen werden (300 l/s). Weidenbach 1960.
Das in Heidenheim von W einmündende Stubental* brachte früher gefürchtete Wildwasser. Da sie meist aus dem Wental* NW Steinheim kamen, nannte man sie *Wedel*. Um für die Zukunft die Gefahr zu bannen, wurden in den letzten Jahren Rückhaltebecken im Eseltal*, Mauertal* bei Söhnstetten, Wental* und Ugental* gebaut. Wedeljahre unseres Jahrhunderts waren: 1905, 1906, 1908, 1909, 1929, 1937, 1947, 1951, 1955, 1956, 1958, 1959. Jh 1, 1960.
Eine weitere bemerkenswerte Quelle ist die *Brunnenmühlquelle* bei der Versuchsstation der Fa. J. M. Voith zwischen Heidenheim und Mergelstetten (485 m NN, ti, QM 1500 l/s, QMin 500 l/s, QMax 5000 l/s, Pos 2a). 1963 und 1964 wurde bei Böhmenkirch (Bl. Geislingen) Farbe eingebracht, die in der Brunnenmühlquelle wieder austrat (23,5 m/h; 2 m/h). 1969 floß in Gussenstadt eingegebene Farbe ebenfalls zur Brunnenmühlquelle ab (199 m/h).
Die Quelle wurde 1447 unter ihrem heutigen Namen erstmals erwähnt. 1603–06 wurde im Zusammenhang mit dem Bau des Schlosses Hellenstein nach Plänen Heinrich Schickhardts durch Johann Kretzmeier eine Bleirohrleitung von der Brunnenmühle zum Schloß gelegt und gleichzeitig die schon bestehende Teichelleitung zu den vier Röhrenbrunnen der Stadt erneuert. Über ein Stangenpumpwerk gelangte das Wasser in einen Zwischenbehälter, der am Platz der heutigen Zwischenstation gewesen sein muß. Von der Quelle bis zum Scheitelbehälter auf der Höhe mußte auf 223 m Länge ein Höhenunterschied von 89,18 m überwunden werden. Von diesem Hochbehälter, dessen Reste 125 m ONO Wbh Wasserhochbehälter der Fa. Voith noch erkennbar sind, führte die Leitung ca. 2100 m der Hangkante entlang zum Schloß Hellenstein. Nach 1634 sind keine Reparaturen mehr bezeugt und 1666–69 wurde im Schloßhof der 80 m tiefe Schloßbrunnen gegraben, so daß anzunehmen ist, daß das Pumpwerk und die beiden Behälter im 30jährigen Krieg zerstört worden sind. Vielleicht stand der Erneuerung auch die inzwischen bekanntgewordene gesundheitsschädliche Wirkung von Trinkwasser aus Bleirohren entgegen. 1904 wurde in der Brunnenmühlquelle gebohrt, um eine vermutete tieferliegende Wasserader zu fassen. Von dieser Bohrung rührt das bis 0,5 m unter die Wasseroberfläche reichende senkrechte Rohr her. 1907 kaufte die Fa. J. M. Voith die Mühle. Im Jahr darauf wurde der Hochbehälter im Wald Schwende errichtet. Meck 1904; Bittel 1976.

Gegenüber der Brunnenmühlquelle, auf der Ostseite des Tals, entspringt an der Straße der *Pflusterbach* (481,9 m NN, ti, QM 150 l/s, Pos 2a).

Bei Herbrechtingen nähert sich die Brenz, die den 8,5 km langen Umweg um den Buigen* durch das Eselsburger Tal gemacht hat, ihrem Lauf bei Bolheim auf 1,2 km. Ein Teil des Brenzwassers wählt den kurzen Weg und trägt so unterirdisch zur Vollendung des Umlaufbergs bei. Es tritt im *Stockbrunnen* (QM 136 l/s, Pos 3b), der für die Wasserversorgung von Herbrechtingen gefaßt ist, und im *Gänsebrunnen* (465 m NN, ti, Pos 3b) wieder aus, nachdem es sich mit Karstgrundwasser vermischt hat.

Unterhalb von Herbrechtingen, W Bernau* am Hang des Bauernhaus, lagerte eine kleine Quelle 30–40 m über der Talsohle ein *Kalktuffpolster* ab. Trautwein 1938.

Am Südrand von Neresheim wurden der *Egauursprung** (Q 28. 9. 1966 100 l/s, Pos 1a) und der *Finkenbrunnen* mit Natursteinen eingefaßt (500 m NN, ti, Pos 1a). Beide Quellen haben oft monatelang keinen Abfluß, sind also Hungerbrunnen. Erst talabwärts, bei Dischingen (auf Bl. Höchstädt), führt die Egau ständig Wasser.

2. Höhlen im Kocher-Brenz-Tal

7226 3,25 km N Königsbronn liegt auf dem Wollenberg* das *Wollenloch**
10 (690 m NN, ki 2, T 54 m, D 17 m, !). Jh 1, 1960; KlSchr 15, 1974. – Ein Schäfer, der seine Frau getötet hatte, soll ihren Leichnam ins Wollenloch geworfen haben. Ihre Schuhe seien in der Ziegelbachquelle bei der Ziegelhütte* herausgekommen. Daraufhin habe man mit Spreu und Tierblut den Nachweis des Zusammenhangs erbracht. Als man den Schäfer habe ergreifen wollen, sei er aber schon über alle Berge gewesen. BlSAV 41, 1929. –

Dieser *Ziegelbachursprung** bricht aus einer Felsspalte (H 2 m, B 0,6 m, L 3 m) kräftig hervor.

Eine große Doline ist das *Borzelloch* (D 30 m) 400 m NNW Wollenloch.

Etwa 100 m nach der ersten Haarnadelkurve des schmalen Sträßchens (Sperrung für 1,5 t), das vom Rathaus Königsbronn zum Stürzelhof*
7226 führt, geht links ein Fußweg zum verschlossenen Eingang des *Hessen-*
03 *lochs* ab (auch *Herwarthöhle* genannt; 560 m NN, ki 2–ti, L 140 m, T 44 m; Schlüssel beim Bürgermeisteramt). Der Eingangsstollen führt in die erste Halle. Über eine Treppe aus aufgeschichteten Steinen geht es rechts an dem massiven Bodentropfstein vorbei zum oberen Gang hinauf. Links vorbei, passiert man zunächst eine hohe Kluft, dann einen engen, gewundenen Gang mit einzelnen Sinterkaskaden, der nach ei-

nem Steilabfall in der Großen Halle (D 15 m, H 32 m) endet. Herrliche Sinterbildungen schmücken diesen durch große Versturzblöcke gekennzeichneten Teil der Höhle. Jh 1, 1960; KlSchr 15, 1974.

Rechts von dem Fußweg, der vom Wollenberg* nach Oberkochen
führt, liegt 0,5 km NO Wollenloch das *Kleine Wollenloch* (660 m NN, 7226
D 2 m, T 9 m). Mitt 20, 1974. 29

Unterhalb des Schlosses Hellenstein in Heidenheim öffnet sich 30 m
über dem Tal die *Heidenschmiede,* eine Nischenhöhle. Die Sage wußte 7326
von einem großen Schatz zu berichten, den ein Pudel daselbst bewache 01
(Meier 1852). Möglicherweise bezog sich die Sage jedoch auf eine größere Höhle, die bei der Anlage des südlichen Burggrabens zerstört worden ist. Vor einigen Jahren sollen noch Höhlenwandpartien zu sehen gewesen sein. Neuerdings wird der Name Hellenstein auf den von Holnstein bei Beilngries im Altmühltal (dort befindet sich eine große Kalktuffhöhle) stammenden Erbauer der Burg, Gozbert de Halinsteine, zurückgeführt. Es läge damit eine Namensübertragung vor. Bühler 1975. 1931 gruben H. Mohn und E. Peters Werkzeuge des Micoquien aus. Jh 1, 1960; KlSchr 15, 1974; KDBW 10, 1975.

Im Eselsburger Tal, auf der rechten Seite der Brenz, liegt zwischen An-
hausen und Falkenstein zunächst die *Spittelsteighöhle* (L 6 m) und we- 7326
nige Meter schräg unterhalb das *Spittelsteigtor.* 10

Etwa 30 m weiter folgt die zuweilen als Spitzbubenhöhle bezeichnete, 11
nun aber nach dem Uhrmachermeister Klemmer aus Herbrechtingen,
der sich mit ihr um 1894 erstmals befaßte, *Klemmerhöhle* genannte, 7326
versteckt in der Felswand liegende Höhle (500 m NN, ti, L 36 m, T 27 07
m). Beim Anblick der drei kleinen Löcher vermutet man keinen größeren Hohlraum. Der Eingangsteil führt ca. 7 m steil nach unten. Nach Passieren einer Engstelle gelangt man in die obere Halle. Es folgt ein z. T. sehr enger und steiler Abstieg zur großen Halle. LHF 18, 1974.

An der Südseite des selben Felsen liegt etwas höher das *Fuchsloch,* das 7326
schon nach 7 m unschliefbar endet. 13

Im nächsten Felsen folgen die *Burgholzhöhlen,* bestehend aus einer 7326
durch einen Felsüberhang mit einer Kleinhöhle verbundenen Durch- 12
gangshöhle.

Die *Rißdurchgangshöhle* liegt im Felsen vor der Bindsteinmühle (L 8 7326
m). Auch der erste Fels nach der Bindsteinmühle weist einige kleine 16
Höhlen auf, darunter die *Zweieingangshöhle.* 14

50 m S folgt mit der *Höllenhöhle* eine weitere Durchgangshöhle, zu der 7326
früher der Albvereinsweg hinführte. 15

Von einer Reihe von Höhlengängen ist der auf den ersten Anblick 7326
kompakt wirkende Fels N des Hirgensteins durchzogen. N liegt die *Ver-* 17
sturzhöhle (L 13 m), S der *Hohle Zahn* (L 25 m). Beide Höhlen hängen 18
wahrscheinlich zusammen.

7326 Am Felsen S des Hirgensteins sind das *Obere* und das *Untere Hirgen-*
19/20 *steintor* bemerkenswert.
Die Spitzbubenhöhle liegt in dem Teil des Eselsburger Tals, der zu
Bl. Günzburg gehört (vgl. S. 108).
1 km S Herbrechtingen sind in der Nähe der Steinernen Jungfrauen*
7327 zwei Höhlen eingetragen, von denen die unbedeutende *Bernhardshöh-*
02 *le** (500 m NN, ti) namentlich bezeichnet ist.
Kleinere Höhlen sind auch im Felsen, auf dem die Ruine Eselsburg
steht, sichtbar. Auf der linken Seite der Brenz, im Bachfelsen*, liegt die
7326 *Bachfelsenhöhle* (470 m NN, ti, EB 2 m, EH 3 m, L 4,5 m).
08 1892 entdeckte Oberförster Sihler am Südhang des Irpfelbergs die *Irp-*
7327 *felhöhle** (1,7 km WNW Giengen, 480 m, NN, ti, L 56 m). Die Höhle,
03 im vorderen Teil nur noch eine Höhlenruine zu nennen, öffnet sich etwa
15 m über der Talsohle. Nach den Knochenresten, die er 1892 ausgrub,
deutete E. Fraas die Höhle als Hyänenhorst. Die Nachbestimmung
durch F. Berckhemer bestätigte diese Ansicht, da die meisten der nicht
von Hyänen stammenden Knochen (u. a. von Mammut, Nashorn,
Pferd, Ren, Wisent, Bär) typische Nagespuren aufwiesen und zudem
überwiegend von Jungtieren stammten. Einige Funde aus dem Mouste-
rien belegen Aufenthalte von steinzeitlichen Jägern. Aus dem Jahre
1500 ist eine Sage überliefert, wonach eine Gans, die man in eine Höhle
am Irpfelberg eingelassen habe, in dem 8 km entfernten Nattheim in der
Kirche hinter dem Altar wieder ans Tageslicht gekommen sei. Jh 1,
1960; FBer NF 8, 1935; KlSchr 15, 1974.
7327 Eine bescheidene Höhle° ist die *Höllhöhle* 1 km N am Schießberg bei
07 Giengen (580 m NN, ki 3). In der Nähe wurde ein Rückhaltebecken an-
gelegt.
Am Bruckersberg* S Giengen grub G. Riek 1954 drei Kleinhöhlen aus.
7327 Sie sind 1932 entdeckt worden und waren in Gefahr, für die Wissen-
05 schaft verloren zu gehen. Die *Bärenfelsgrotte* (472 m NN, ti, L 5 m, B
06 6,5 m), die 150 m WNW liegende *Spitalhöhle* (477 m NN, L 4 m) und
04 das *Klingenfelsschutzdach* unmittelbar N der Spitalhöhle bargen Werk-
zeuge aus dem Magdalénien. Die Spitalhöhle war auch in der Mittel-
steinzeit bewohnt. F. Heller bestimmte die Tierreste. Zur Jagdbeute
zählte auch der Biber. An den Kleinsäugerresten läßt sich die Verände-
rung des Klimas ablesen. Riek/Heller 1957; Jh 1, 1960; KlSchr 15,
1974; Mitt 21, 1975.

3. Höhlen zwischen dem Brenztal und dem Ostrand des Blatts

7227 Nur zwei kleine Nischenhöhlen enthält der *Hohle Stein** bei Großku-
02 chen (550 m NN, ti) 2,5 km N Großkuchen. Der Sage nach soll ein klei-
nes Männlein, das »Herrle«, das den Hirten der Gegend guten Rat für

Mensch und Vieh erteilte, darin gewohnt haben. Alljährlich im Herbst mußten dafür der Kuhhirt dem »Herrle« einen Kuchen, der Jungviehhirt einen Silbergroschen und der Gänsehirt zwei junge Gänseriche bringen. Einen Gänserich verzehrte das Männlein, einen andern ließ es in der Höhle laufen. Bei Dischingen im Egautal soll er wieder ans Tageslicht gekommen sein. Dort konnte ihn der Gänshirt wieder holen. Im Mittelalter sollen sich Räuber in der Höhle versteckt gehalten haben. Schneider 1952; Jh 1, 1960.

Im Dossinger Tal, 1,2 km SW Dorfmerkingen, befinden sich in einem
Felsen zwei Höhlen, die in Dorfmerkingen *Fuchsstadel* genannt werden 7227
(560 m NN, ti, EB 1,6 m, EH 1,5 m; L 8 m, B 2 m, H 4 m; EB 1,5 m, EH 03
1 m; L 9,5 m, B 6,3 m, H 2,5 m). Etwa 300 m talab entstand ein Rück-
haltebecken.

Unter einer unscheinbaren Öffnung (D 0,5–0,7 m) befindet sich 2 km 7227
W Nattheim die *Wolfskehle**, eine Schachthöhle (T 13 m). 04

1,3 km NW Nattheim sieht man 30 m über der Straße den Ramenstein
mit der *Ramensteinhöhle** (570 m NN, ti, L 49 m). 1931 wurde die 7227
Höhle ausgegraben. Dadurch wurde eine Durchgangshöhle geschaffen. 01
Es sollen Reste von Höhlenbär und Ren gefunden worden sein. Jh 1,
1960; Mitt 12, 1966.

In einem linken Nebental des Lindletals* zwischen Heidenheim und
Nattheim liegt 3 km SO Schnaitheim die *Birkelhöhle** (580 m NN, ti, L 7327
36 m). Der Höhlengang biegt mehrmals fast rechtwinklig ab und ver- 01
liert sich in einer hohen, engen Spalte. Jh 1, 1960.

Im Steinbruch 0,5 km W Burghagel an der Straße von Burghagel nach
Bachhagel brachen in jüngster Zeit an der tiefsten Stelle zwei Löcher
ein. Sie bilden den Zugang zur *Steinbruchhöhle Burghagel* (477 m NN, M 10
ti, EB 0,9 m, EH 0,7 m, L 36 m, T 18,8 m). Der Eingangsteil fällt mit
nahezu 45° ab. Über eine 1,5 m hohe Stufe gelangt man in das an Klüf-
ten der schwäbischen Richtung (ONO) angelegte Schachtsystem. Die
Wände sind stark korrodiert. LHF 22, 1976.

4. Höhlen westlich der Brenz

Das unter Landschaftsschutz stehende Wental* birgt in seinen malerischen Dolomitfelsen eine Anzahl von Hohlformen, von denen die nördlichste das *Hexenloch**, eine Doline 6,5 km NW Steinheim, ist. 800 m NW ist noch eine weitere große Doline im freien Feld zu finden, das *Schlittenloch**.

1 km S liegt der *Spitzbubenstadel** (610 m NN, ti), 2 km weiter W Stein- 7226
heim das *Steinhüttle** (590 m NN) und 2 km W von Steinheim die *Höhle* 07/08
*im Hirschfelsen**, unbedeutende Kleinhöhlen. 7326

Als das Musterbeispiel einer Schichtfugenhöhle kann die 2,5 km NW 05

Steinheim in einem Steinbruch am Ende des Doschentals*, W P. 625,
7226 gelegene *Schreiberhöhle* bezeichnet werden (620 m NN, ti, L 210 m, T
06 16 m, !). Sie wurde nach dem 1960 verstorbenen Heidenheimer Höh-
lenforscher Walter Schreiber benannt. Ein Abstieg von 8 m führt in eine
Halle mit schönen Tropfsteinen, von ihr zweigen einige Gänge ab, die
die erzeugenden Klüfte gut erkennen lassen. Zwei Schächte führen wei-
ter in die Tiefe. Jh 1, 1960. – Bei einer gründlichen Untersuchung in den
Jahren 1971/72 wurden weitere Gänge und insgesamt 6 Schächte ver-
messen. In einem großen Versturz fand sich der Schädel und einige
Knochen eines Urs, was darauf schließen läßt, daß die Höhle früher frei
zugänglich gewesen ist. Mitt 20, 1974; KlSchr 15, 1974.
7326 Die im Volksmund *Mordloch* genannte *Heuchstetter Höhle** 3 km
02 NNW Gerstetten (590 m NN, ti, L 48 m, T 19 m, !) verläuft nach dem
niedrigen Eingang zunächst horizontal und führt dann 7,5 m senkrecht
in die Tiefe, wo eine stattliche Halle beginnt. Der Schlüssel zur Höhle
muß beim Bürgermeisteramt Gerstetten abgeholt werden. Jh 1, 1960;
KlSchr 15, 1974.
Im Wald Öllenstein, der schon 1374 nach dem darin liegenden »hohlen
7326 Stein« so hieß, findet man die *Öllensteinhöhle,* 2,25 km SSW Gerstet-
06 ten, 0,2 km W P. 551 (590 m NN, ti, L 10 m).

L 7328 Höchstädt an der Donau

Die Schwäbische Alb wird im Norden des Blattes vom südlichen Riesrand, im Süden vom Donautal mit den begleitenden eiszeitlichen Terrassen eingeengt. Die Klifflinie verläuft ungefähr von Westen nach Osten in der Blattmitte. Riestrümmermassen bedecken große Teile der Kuppen- und der Flächenalb, die von der Nordwestecke nach Südsüdosten vom Tal der Egau durchschnitten werden.

600 m WNW Hohlenstein ragt aus der leicht ansteigenden Feldflur ein bizarr verwitterter Fels mit einer kleinen Durchgangshöhle auf, der *Hohle Stein* (550 m NN, ti, ob. EH 1,2 m EB 0,5 m, unt. EH 1,2 m, EB 1 7228
m, L 6 m). 04
Der Wanderweg von der Talmühle* am W Ortsausgang von Ederheim (Bl. Nördlingen) führt in das Wasserschutzgebiet, aus dem die Stadt Nördlingen ihr Wasser bezieht. 1,3 km SW Talmühle, 3 km W Hürnheim, trifft der Wanderweg auf eine Felsgruppe mit mehreren Überhängen und einer Höhle, den *Hohlenstein** (570 m NN, ti, EB 5 m, EH M 5
2–3 m, L 23 m, B 5–6 m, H 2,5–8 m). 1911/12 gruben F. Birkner und E. Frickhinger Artefakte aus dem Magdalénien mit der zugehörigen Fauna aus. Besonders wertvoll war der Fund einer Kalksteinplatte mit eingeritzten, stark schematisierten Darstellungen weiblicher Figuren. Freund 1963; Narr 1965.
Das Übereich der *Buchbrunnenquelle* bei Dischingen (459 m NN, ti, QM 925 l/s, QMin 460 l/s, QMax 1420 l/s, Pos 3 c) wird seit 1956 vom Zweckverband Landeswasserversorgung in einem sehenswerten Förderwerk gewonnen (Maximum 800 l/s) und über den Scheitelbehälter Aufhausen der von Niederstotzingen kommenden Leitung nach Stuttgart zugeführt. Besonders bemerkenswert ist der außerordentlich gleichmäßige Gang der Schüttung der Buchbrunnenquelle, der von keiner anderen Karstquelle der Schwäbischen Alb erreicht wird (vgl. Villinger 1972). Zur Feststellung des Einzugsgebiets der Buchbrunnenquelle wurden seit 1953 mehrere Färbversuche durchgeführt. Es war zu erwarten, daß das Gebiet zwischen dem Egautal, Großkuchen, Auernheim und Fleinheim zu dieser Quelle und zur oberhalb im Egautal entspringenden *Gallengehrenquelle* (Pos 3 c) entwässert (56–210

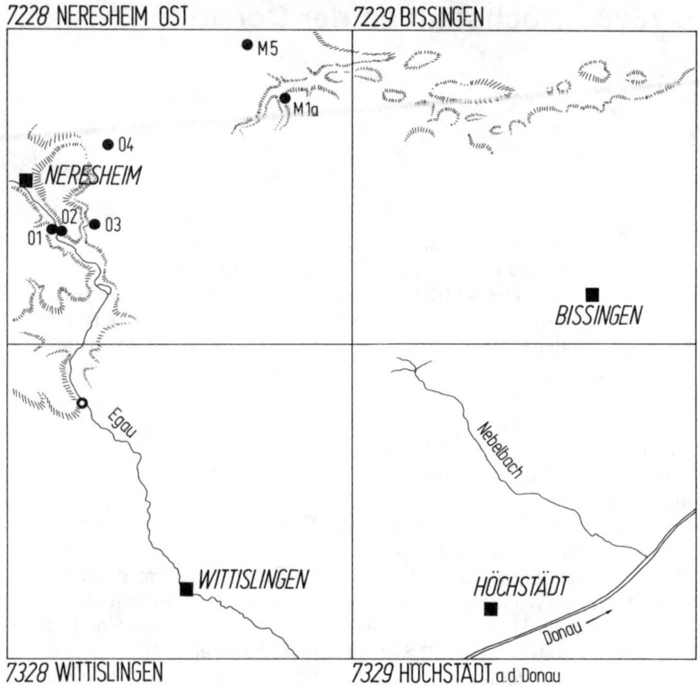

Blatt L 7328 Höchstädt an der Donau

m/h), dagegen war nicht von vornherein damit zu rechnen, daß auch das Wasser von Waldhausen zur Buchbrunnenquelle fließen würde (110 m/h). Weidenbach 1957; Groschopf 1972.

In einem großen Felsen knapp unter der Hangkante, 200 m WSW
7228 Steinmühle* im Egautal unterhalb von Neresheim, ist die *Steinmühlen-*
01 *höhle 1* anzutreffen (540 m NN, ti, EB 3 m, EH 2 m, L 5 m). Sie weist
7228 zwei Kamine auf. 150 m S Steinmühle liegt die *Steinmühlenhöhle 2* (530
02 m NN, EB 2 m, EH 2 m, L 5 m). – Auch die *Zinkenhohl* bei Iggenhau-
7228 sen, 1,2 km O Steinmühle, ist von etwa gleicher Größe (510 m NN, EB
03 1 m, EH 1 m, L 5 m).

Am Steilhang des Mühlbergs, 300 m SO Kapelle in Christgarten liegt in
M 1a einem Massenkalkblock die *Mühlberghöhle* (510 m NN, ti, EB 3 m, EH

2 m, L 7 m, B 5 m, H 3 m). In der Höhle stieß man auf latènezeitliche Siedlungsspuren. Etwas oberhalb der Höhle befindet sich das *Mühlbergfelstor*. M 1b

In der Nähe der Kapelle entspringt die *Karstquelle des Forellenbachs*.

L 7520 Reutlingen

Von Nordwesten nach Südosten folgen im Blattgebiet Schönbuch, Neckartal, Albvorland und Alb aufeinander. Der durch die Nebenflüsse der Steinlach und durch die Echaz mit ihren Zubringern stark gegliederte Albtrauf ist in diesem Raum zweigeteilt: in eine erste Stufe, gebildet von den Wohlgeschichteten oder Wohlgebankten Kalken des Weißen Juras Beta (ox 2), und in die weiter im Osten allein erkennbare der Unteren Felsenkalke des Weißen Juras Delta (ki 2). Südlich dieser zweiten Stufe folgt die Kuppenalb.

Der *Geologische Pfad* (Ströhmfeldweg) beginnt oder endet in Metzingen an der Kreuzung Nürtinger Straße – Stauferweg und in Neuffen am Wanderparkplatz beim Schwimmbad. Geol. Pfad 1973.

7521 Eine der schönsten Schauhöhlen der Alb ist die *Nebelhöhle** 3 km
01 WNW Honau. Die *Alte Nebelhöhle** war schon lange bekannt (1. Nennung 1486). Aber erst als Kurfürst Friedrich von Württemberg im Jahre 1803 die Höhle zu besichtigen wünschte, wurde sie mit einem bequemen Zugang versehen. Seit dieser Zeit wird am Pfingstmontag das vielbesuchte *Nebelhöhlenfest* gefeiert. Wilhelm Hauff hat durch seinen historischen Roman »Lichtenstein« die Höhle einem großen Leserkreis bekanntgemacht (vgl. S. 35). Von W. Kopp und K. Rau wurde 1920 eine Fortsetzung der Höhle entdeckt, die *Neue Nebelhöhle**. Ohne Seitengänge mißt die Höhle nun 380 m (Sohle 780 m NN, ki 2, Ges 450 m). Ihre prachtvollen Tropfsteinbildungen ziehen alljährlich Tausende von Besuchern an. Seit der Einführung der elektrischen Beleuchtung im Jahre 1924 erhielten viele der vom Ruß der Fackeln geschwärzten Tropfsteine in der Alten Nebelhöhle einen zuckergußähnlichen frischen Sinterüberzug. BlSAV 6, 1894; 9, 1897; 39, 1920; 33, 1921; Abh. A 4, 1969, 1973, 1976; Abh F 4, 1974; SW 33.

SCH 1. 4.–31. 10 tgl. 8.00–18.00 Uhr, Verwaltungsstelle Genkingen, 7411 Sonnenbühl, (0 71 28) 6 82, Höhle 605, Erw DM 2.–, Ki DM 1,50/– 50, Ges DM 1,50, 30 Min.

Auf dem Alteschbühl*, 1,4 km SSO Neue Nebelhöhle, liegt mit Stan-
7521 gen abgedeckt, der Eingang der *Alteschbühlhöhle* (820 m NN, ki 2, D 1
12 m, L 15 m, T 10 m).

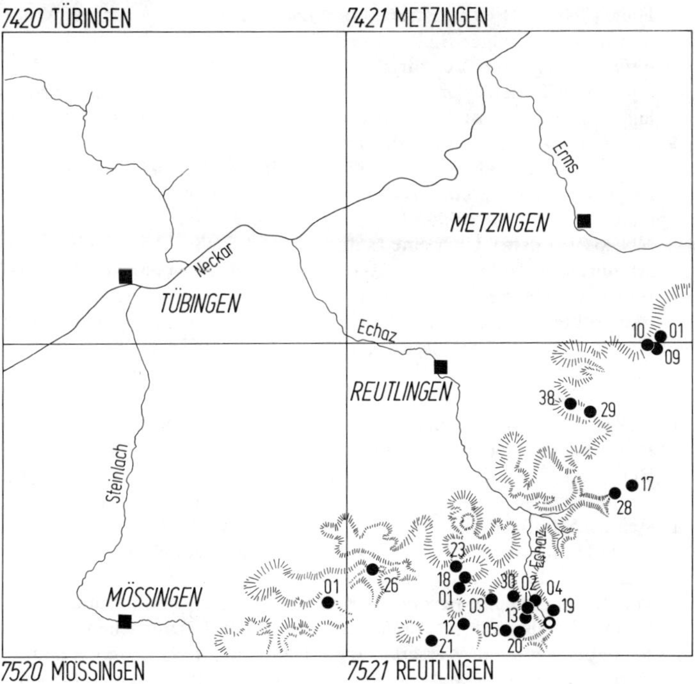

Blatt L 7520 Reutlingen

Halbwegs zwischen der Nebelhöhle und Honau liegt das *Goldloch** 7521
(770 m NN, ki 2, EB 3 m, EH 2,5 m, L 33 m). Der Albvereinsweg vom 03
Gießstein* S Oberhausen zur Nebelhöhle führt oberhalb der Höhle vorbei. Etwa 200 m vor dem Sträßlein, das von Oberhausen heraufkommt, steht am Weg ein gelb markierter Baum. Bei ihm geht ein wenig begangener Trampelpfad ab, der zum etwa 10 m unterhalb am Steilhang liegenden Eingang führt. Wie in Unterhausen erzählt wird, soll nach dem 1. Weltkrieg G. Eder aus Unterhausen den heutigen Eingang gegraben haben. Vorher mußte man wohl durch die noch sichtbare Spalte von oben her einsteigen. Der Name Goldloch oder Geldloch geht auf den Fund von etlichen hundert Münzen im Jahre 1778 zurück. Nach dem Eingangsteil (L 10 m, B 2–4 m) betritt man eine stattliche

Halle (L 15 m, B 10 m, H 5–6 m) mit flacher Decke im gebankten Weißen Jura. An einigen Stellen ist das Herunterbrechen von Blöcken zu befürchten. Älterer Versturz, z. T. übersintert, und zäher Höhlenlehm bilden den Boden. Vor der Rückwand der Halle ragen mächtige Stalagmiten auf. Unmittelbar neben dem größten (L 3 m, D 1 m) führt ein Gang im Lehm rd. 9 m in die Tiefe. Beitr 8, 1975.
An der Hangkante des Wons* zur Straße Pfullingen–Genkingen
(Stuhlsteige) hin, 1 km ONO Ruoffseck*, liegt der verschlossene Ein-
7521 stiegsschacht der *Hanneshöhle,* auch *Pfullinger Höhle* genannt (770 m
23 NN, ki 2, L 35 m). Über eine Leiter geht es 4,5 m hinab in die sinterge-
schmückte 1. Halle (H 7 m, B 4–5 m). Durch einen engen Schluf erreicht man einen etwa mannshohen Raum. Ein enger Durchlaß führt in den größten Raum der Höhle mit besonders schönem Sinterschmuck. (L 13 m, H 1,5–3 m). Beitr 8, 1975.
Etwa 300 m N Eingang der Alten Nebelhöhle liegt im Stellenwald in
den zum Reißenbachtal* abfallenden Felsen die horizontal verlaufende
7521 *Stellenwaldhöhle* (780 m NN, ki 2, EB 2 m, EH 3,5 m, L 24 m). Sie ist
18 nicht leicht zu finden. Der Eingang liegt in 3 m Höhe in der Felswand.
Beitr 8, 1975.
Normalerweise nur auf 40–80 m zugänglich ist die an der Schlößles-
7521 steige 0,5 km W Honau gelegene *Brunnensteinhöhle** (705 m NN, ki 2).
02 – Die Höhle ist zwar schon sehr lange bekannt gewesen, wurde aber
erstmals 1919 untersucht. Damals konnte die Höhle bis auf eine Länge von 450 m befahren werden. 1952 gelang es dann R. Appel und seinen Freunden, die weitere Fortsetzung der Höhle freizumachen, so daß heute bei niedrigem Wasserstand der Hauptgang 1397 m weit befahren werden kann. Das weitverzweigte Höhlensystem, dessen Befahrung wegen der unberechenbaren Wasserführung und extremen Engstellen sehr gefährlich ist, war deshalb früher durch ein Tor verschlossen. Zur Zeit der Schneeschmelze schießt der Wasserstrahl aus dem Mundloch über die Schlößlessteige hinweg. Beitr 10, 1976.
7521 1 km WSW Schloß Lichtenstein* liegt das *Aufberger Loch,* eine stattli-
05 che Doline (760 m NN, ki 2, D 40–45 m, T 17 m). Den Boden bedecken
grobe Felsbrocken. Nach dem Aussehen der Felswände ist zu vermu-
7521 ten, daß eine einst stattliche Höhle eingebrochen ist. An den Wänden
05b zweigen ab: die *Osthöhle* (= Höhle 2, L 12 m) zieht einer Kluft entlang
6 m nach NO in den Fels hinein und biegt dann entlang einer Nord-Süd-Kluft ab. Von der kleinen Kammer am Ende des Gangs führt ein Kamin 8 m in die Höhe; die *Höhle 1* entspricht dem Eiskellertyp und besteht aus einer versturzgefährdeten Halle (L 13 m, D 8–13 m, H 1,5–2 m) Beitr 11, 1976. Eine 1965 im Aufberger Loch durchgeführte Färbung betraf die Echazquelle (140 m/h) und die benachbarte Föhnerquelle (90 m/h).

8 *Söhnstetter Höhle*

9 a Aufhausener Höhle. Knochen von Mammut, Nashorn und Wisent
9 b Bärenhöhle bei Erpfingen. Höhlenbärenskelett

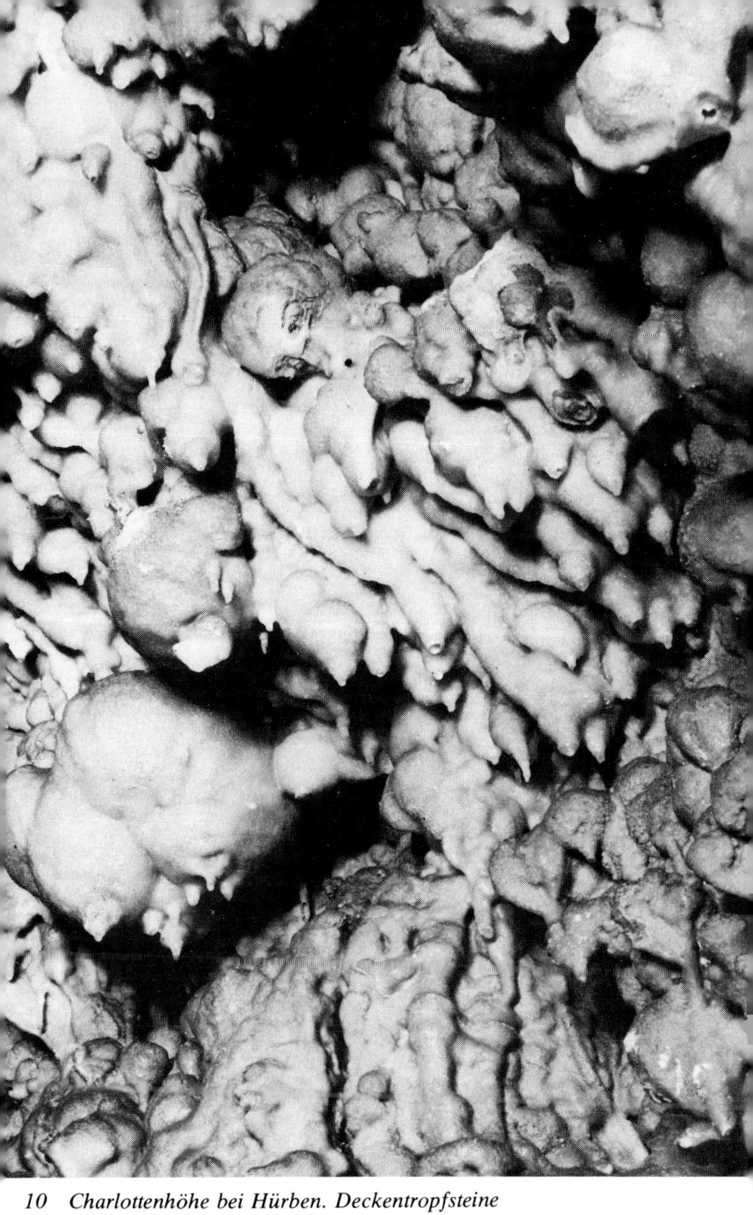

10 Charlottenhöhe bei Hürben. Deckentropfsteine

11 Charlottenhöhle bei Hürben. Der »Schiefe Turm«

12 Todsburger Schacht

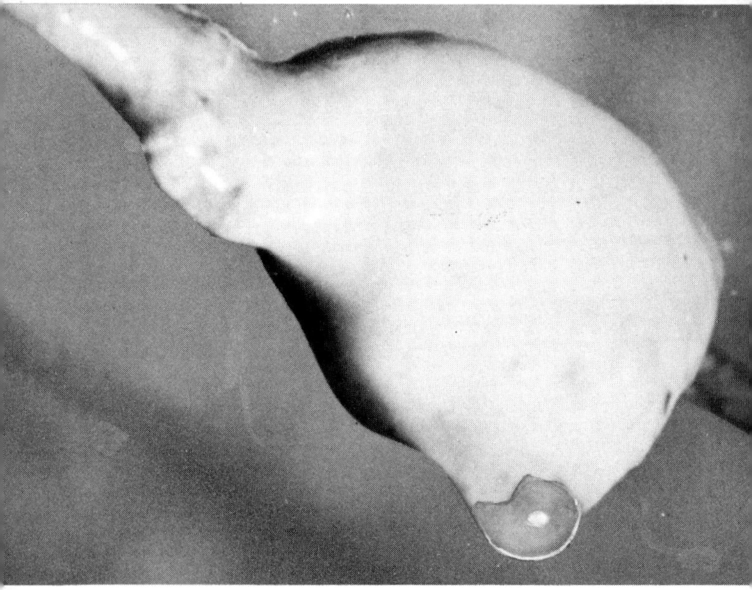

13 a Altheimer Klufthöhle. Makkaroni
13 b Söhnstetter Höhle. Excentriques
13 c Charlottenhöhle. Tropfstein auf der Lichtleitung von 1893

14 *Heimensteinhöhle gegenüber dem Reußenstein*

15 Elsachbröller gegenüber der Falkensteiner Höhle bei Urach. Im Untergang

In den bis zu 30 m hohen Breitensteinfelsen* 1,25 km NW Schloß Lich-
tenstein befinden sich die drei *Breitensteinhöhlen* (1. 755, 2. 760, 3. 780 7521
m NN, ki 2, 1. L 10 m, 2. L 28 m, 3. L 10 m). In ihrer Anlage folgen die 30–32
Höhlen deutlich erkennbar Klüften. Sie entwässerten in ihrer aktiven
Phase vermutlich zur Donau hin. Danach wurden sie vollständig mit
Lehm plombiert, der nun zu den jetzigen Eingängen hin wieder ausge-
räumt wird. Beitr 11, 1976.
250 m WSW Westende Parkplatz Lichtenstein führt am Rand einer Do-
line der *Dobelhaldenschacht* in die Tiefe (800 m NN, ki 3, D 2 m, T 14 7521
m, L 37 m). In der Höhle, die seit 1900 bekannt ist, findet man beson- 20
ders Warzensinter. Im November 1974 wurden in der Höhle Reste von
Mammut, Höhlenlöwen, Höhlenbären, Wolf, Wildpferd u. a. eiszeitli-
chen Tieren entdeckt. LHF 18, 1974; Beitr 10, 1976.
1 km NNO Stahleck* befindet sich im Jungholz* der 1901 entdeckte, 7521
eingezäunte *Jungholzschacht* (750 m NN, ki 2+3, D 1,5–2 m, T 28 m). 17
Der zweite Name der Höhle, *Kuhloch,* ist leider nur zu berechtigt, weil
immer wieder verendetes Vieh hineingeworfen wird. Deshalb lädt die
sich unten zu einer stattlichen Halle vergrößernde Höhle wenig zur Be-
fahrung ein. BlSAV 14, 1902; Beitr 10, 1976.
Die *Brudersteighöhle* in den Felsen unterhalb und N der Kläranlage 7521
Göllesberg* ist wegen des niedrigen Eingangs schwer zu finden (710 m 28
NN, ki 2+3, EB 2 m, EH 0,3 m, L 19 m). Beitr 10, 1976.
1 km NO Talgut Lindenhof* schüttet nach der Schneeschmelze der
Eisenlochbröller (580 m NN, ox 2, EB 1,2 m, EH 0,9 m, L 19 m). Die 7521
Höhle ist zum Teil außerordentlich eng und niedrig. Beitr 8, 1975. 29
500 m NNW Locherstein* am Traifelberg+ befindet sich unterhalb des
Wanderwegs die *Lochersteinhöhle* oder *Fledermaushöhle,* eine ausge- 7521
sprochene Klufthöhle mit Schlüssellochprofil (745 m NN, ki 2, L 73 m). 19
Am Ende der Höhle führt ein enger Kamin nach oben in eine Doline.
Beitr 10, 1976.
In den obersten Lochersteinfelsen* am Traifelberg* liegen die vom un-
teren Wanderweg aus zu sehenden und zu erreichenden *Traifelberg-* 7521
höhlen 1–3 (1. und 2. 770 m, 3. 775 m NN, ki 3, L 1. 33 m, 2. 6 m, 3. 12 06–08
m). In der 1. Höhle fanden 1930 G. Riek und 1934 A. Rieth frühbron-
zeitlichen Schmuck sowie Schmuck und Scherben des Neolithikums
und der Hallstattzeit (vielleicht als Grabbeigaben) und in der 1. und 2.
Höhle Scherben der Spätlatènezeit. Wais 1971; FBerBw 1, 1974.
Kalktufflager, die abgebaut werden oder wurden, gibt es im Wiesaztal
von Gönningen an aufwärts, mehr noch im Echaztal von Pfullingen an
aufwärts. Auf einer ausgeprägten Kalktuffterrasse liegt Honau. In die-
ser Terrasse wurde 1874 die nach der Königin Olga benannte *Olga-* 7521
höhle entdeckt (557 m NN, L 125 m). Sie zieht sich in zwei parallelen 04
Gängen ungefähr bis zur Echaz hin, ist jedoch völlig trocken und erhielt

schon 1884 elektrische Beleuchtung. Die bei der Entdeckung sehr niedrigen Gänge wurden im standfesten Kalktuffsand etwas tiefer gelegt. Darüber wölbt sich der Kalktuff in halbkugelförmigen Blaualgentuff-Kalotten. An einigen Stellen schmücken Stalaktiten Decke und Wand. Tuffe aus inkrustierten Moosen bilden häufig die Wände. An der Entstehung der Höhle waren vermulich auch Verschiebungen oder Verwerfungen beteiligt.

Die Höhle war einige Jahre nicht zugänglich, seit 1972 ist sie mit neuer elektrischer Beleuchtung wieder zugänglich. Abh A 7, 1972; F 4, 1974. SCH 1. 4.–31. 10. tgl. 8.00–18.00 Uhr, Pilgerheim 7417 Lichtenstein-Honau, (0 71 29) 74 07, Erw DM -.50, Ki DM -.40, Ges DM -.30, 10 Min.

7521 Die auf ca. 70 m begehbare *Tuffhöhle Rieger* (500 m NN, 70 m) in Ho-
36 nau ist leider durch Auffüllen mit Abfällen aller Art unbegehbar geworden.

Im oberen Echaztal entspringen aus dem Seichten Karst mehrere starke Karstquellen: S Honau die stärkste Karstquelle der nördlichen mittleren Alb, die *Echazquelle* (577 m NN, ox 1/2, QM 830 l/s, QMin 230 l/s, QMax 2700 l/s, Pos 1a) und 350 m NW davon die intermittierende *Föhnerquelle* (575 m NN, ox 1/2, Q 0–ca. 800 l/s), 400 m S Bahnhof Honau *der Neue Brunnen* (540 m NN, ox 1/2, QM 80 l/s) und NW Bahnhof Honau die Quellengruppe aus *Sitterequelle* und *Jockelesbrunnen* (512 m NN, Kt, QM 510 l/s, QMin 80 l/s, QMax 1500 l/s). 800 m ONO Neue Nebelhöhle liegt die stark schwankende *Reißenbachquelle* (575 m NN, ox 1/2, QM 45 l/s). N Genkingen entspringen die ebenfalls intermittierenden *Wiesazquellen* (665 m NN, ox 1/2, QM ca. 100 l/s, Pos 1a) und die *Ramstelquelle.* Echazquelle und Neuer Brunnen werden zur Wasserversorgung von Honau und Unterhausen genutzt, Sitterequelle und Jockelesbrunnen für Reutlingen und Pfullingen. Neue Bohrungen im Echaztal zwischen Honau und Unterhausen haben ergeben, daß dort die Talfüllung (Kalktuff und Schotter) bis zu 33 m mächtig ist.

1954 und besonders in den Jahren 1965–67 wurden im Rahmen umfangreicher karsthydrologischer Untersuchungen zur Ermittlung der Einzugsgebiete dieser Quellen über 20 Markierungsversuche durchgeführt (17–240 m/h). Dabei zeigte es sich, daß sich die Einzugsgebiete der verschiedenen Quellen weitgehend überlappen. Die Echazquelle besitzt mit 90 qkm das größte Einzugsgebiet. Es reicht nach SW bis jenseits von Undingen und Genkingen, nach S bis in die Nähe von Meidelstetten, nach O bis kurz vor Offenhausen und das Gächinger Lautertal und nach NO bis fast nach Würtingen. Ostwärts des Echaztals deckt es sich weitgehend mit dem 50 qkm großen gemeinsamen Einzugsgebiet von Neuem Brunnen, Sitterequelle und Jockelesbrunnen. Bei der Un-

dinger Färbung sprachen außer der Echazquelle auch die Wiesaz- und die Ramstelquelle im N an. Bei allen übrigen Versuchen trat die Farbe in einer, meist aber in mehreren Quellen des oberen Echaztales aus. Bemerkenswert ist, daß die von W kommenden Wässer die auf der Ostseite des Tals gelegene Echazquelle nicht auf geradem Weg erreicht haben können. Schulz 1957; Villinger 1969, 1974.
Mit den Markierungsversuchen wurde nachgewiesen, daß auf der Reutlinger Alb die *unterirdische Wasserscheide* zwischen Rhein und Donau gegenüber der oberirdischen »Europäischen Wasserscheide« bis zu 6 km nach S verschoben ist, d. h. der Neckar und seine Nebenflüsse haben unterirdisch große, früher zur Donau entwässernde Gebiete erobert. NW Bahnhof Lichtenstein hat die Echaz mit ihrem tief eingekerbten Tobel das von Genkingen herkommende ehemalige Tal der Ur-Lauter (Talzug Flossental – Eichhalde – Kohlstetter Tal) entzweigeschnitten.
Mit der Stillegung des Steinbruchs im Wiesaztal ist nun in allen großen Tuffsteinbrüchen am nördlichen Albtrauf der Abbau eingestellt. Er lieferte zuletzt noch Kalktuffplatten für Wandverkleidungen. Mitt 20, 1974. – Es ist geplant, aus dem aufgelassenen Gelände ein Naherholungsgebiet Oberes Wiesaztal zu machen. – In diesem Gelände befindet
sich die *Gönninger Tuffhöhle* (607,2 m NN, EB 2,5 m, EH 1 m, L 18,5 7521
m), die *Wiesazhöhle* mit dem *Wasserfall* (625,6 m NN, EB 7,9 m, EH 26a
2,4 m, L 8 m) und die einsturzgefährdete, durchweg sehr niedrige 26b
Schatzkammer (629,3 m NN, EB 4 m, EH 0,4 m, L 14 m). 26c
Am Fuße des Höllenlochfelsen* 1 km SO Glems klafft ein schmaler
Spalt (B 1 m), das *Glemser Höllenloch* (720 m NN, ki 2, T 12 m, L 180 7521
m. Der beste Zugang ist von oben, vom Albvereinsweg aus). Hier ist ein 09
Schacht angeschnitten, der einige Meter nach oben reicht und 8–10 m in die Tiefe führt. Am Seil oder an der weniger zuverlässigen Baumleiter(!) klettert man hinab. Die Wände des Schachts weichen zurück und öffnen sich zu einer weiten Kuppel (H 12 m, D 5 m). Die vom Eingangsloch nach S einfallende Schutthalde verschüttet fast den breiten, niedrigen Durchschlupf einer kleinen Halle. Versturzblöcke bedecken den Hallenboden. Es zweigen drei schmale Gänge ab, die bald unwegsam werden. Gleich nach dem Durchschlupf windet sich links eine Röhre empor, die sich ebenfalls verzweigt. Ein Gang führt in die Eingangshalle zurück. Ein waagrechter Gang in diesem 1. Stock ist über der Eingangshalle durchgebrochen. Nach oben führt ein Kamin, von dem aus in einem 2. Stockwerk ein blind endender Gang abgeht. Dort sind gut erhaltene Tropfsteine. – Am Pfingstmontag zogen früher die ledigen Burschen von Glems zum Höllenloch, um dort mit dem »Lotterseil« aus der väterlichen Scheuer eine Höhlenfahrt zu wagen. Nur wer diese Probe
abgelegt hatte, wurde von den Kameraden anerkannt. Beitr 6, 1975. 7521
Die *Quellhöhle des Einsiedelbachs** (im Volksmund *Einsiegel*) 1 km S 10

Glems (unter dem Wolfsfelsen* an der Kehre des neuen Holzabfuhrwegs) ist ein Hungerbrunnen (570 m NN, ox 2). H. Matz konnte die Höhle 1960 erstmals befahren. Am Grunde eines 4,5 m tiefen Schachts im Hangschutt stieß er hinter einer nur 30 cm hohen Öffnung auf einen bergwärts ziehenden waagrechten Gang (L 6 m, B 1,5 m, H 0,5 m). Die waagrechte Decke (Schichtfuge) weitet sich dann zu einer glockenförmigen Kammer aus (H 2,5 m). Hinter dem Versturz, der von der Decke der Kammer stammt, setzt sich etwas tiefer der Gang fort, nun mit Schlüssellochprofil. Der Schacht im Hangschutt wurde bei der Anlage des Holzabfuhrwegs aufgeschnitten.

Anfang 1954 wurde vom Lager 1,7 km WNW St. Johann aus eine Färbung durchgeführt. Die Farbe kam in den Quellen S Glems wieder zum Vorschein (28 m/h). Schulz 1957. – Das Gebiet St. Johann–Albgut Lindenhof entwässert dagegen schon zum Uracher Wasserfall, wie Färbversuche 1966/67 ergeben haben (43 und 80 m/h).

Am Dettinger Roßberg*, 1 km SO Glems, liegt am Weg unter dem
7421 Grünen Felsen* die *Grüner-Fels-Höhle* (790 m NN, ki 2, 1. EB 1,5 m,
01 EH 4,5 m, 2. EB 1 m, EH 4 m, L 10 m).

In den Felsen am Nordhang des Drackenbergs*, 1,5 km SO Eningen,
7521 wurde 1975 in einer Nische (B 6 m, H 3 m) der Zugang zum *Dracken-*
38 *bergschacht* entdeckt (700 m NN, ki 2, EB 0,8 m, H 0,7 m, L 21 m). Der mäßig ansteigende Gang führt zum eigentlichen Schacht (D 2,5–3 m, H 13 m), der oben offen ist. Man findet den Schacht, wenn man von der Einschnürung des Bergkamms (beim »k« von Drackenberg) am Nordhang etwas absteigt und an der Unterkante des Felsmassivs nach W geht. Neben dem Schachteingang steht ein älterer Baum inmitten des Jungwalds. Die Höhle liegt in einer Weißjurascholle über einem Vulkanschlot. Beitr 8, 1975.

Etwa 200 m NO Ruine Hohengenkingen* stößt man auf die schmuck-
7521 lose *Hohengenkinger Höhle* (840 m NN, ki 2, EB 0,8 m, EH 1,5 m, L 10
21 m). Die Kreuzung einer hangparallelen Spalte mit der erzeugenden Kluft hat in Eingangsnähe einen größeren Raum entstehen lassen. FlR 1974; Beitr 10, 1976.

Zwischen Roßberg* und Rinderberg* hat sich die Schlucht des Kühlen Lochs* nach S ins Roßfeld* eingeschnitten. Darin liegt 2,25 km WNW Genkingen die in der Karte als Quelle eingezeichnete Quellhöhle des
7520 *Kühlen Lochs* (690 m NN, ox 2, EB 1,5 m, EH 0,5 m, L 31 m). Der el-
01 lipsenförmige Gang mündet nach etwa 20 m in einen größeren Raum (H 2,5 m), in dem das ganze Jahr über der Höhlenbach fließt. Nach wenigen Metern endet die Höhle im Versturz. Meist entspringt der Bach aus einer Spalte 1 m unterhalb des Höhleneingangs, nach stärkeren Niederschlägen jedoch aus der Höhle. – In der Schlucht unterhalb der Höhle hat sich *Kalktuff* gebildet. Beitr 6, 1974.

In den gegen das Echaztal abfallenden Felsen des Linsenbühls* wurden
die vier *Linsenbühlhöhlen* entdeckt (780 bzw. 4. 775 m NN, ki 2, L 30, 7521
15, 16, 116 m). FlR 1974; Beitr 10, 1976. 13–16

L 7522 Urach

Das Blattgebiet umfaßt neben einem kleinen Anteil am Albvorland in der Nordwestecke den vielbesuchten Abschnitt des Albtraufs vom Dettinger Roßberg über den Jusi, den Hohenneuffen, die Baßgeige, die Teck, den Breitenstein bis zum Erkenberg. Er wird durch die Täler der Erms und der Lenninger Lauter gegliedert. In der Nordostecke trägt auch noch das obere Filstal zur Unterteilung bei. Die ganze Südhälfte des Blattgebiets wird von der Kuppenalb eingenommen.

1. Ermstal und Seitentäler

Die längste Höhle der Schwäbischen Alb und sicherlich die bekannteste
7422 unter den unausgebauten, den »wilden Höhlen«, ist die *Falkensteiner*
02 *Höhle** (572 m NN, ki 2, EB 12 m, EH 9 m, L 2857 m + 50 m, !), 4,5 km NO Urach. Aus dem mächtigen Portal fließt nur noch bei Schneeschmelze oder nach Dauerregen das Wasser der Elsach ab (QMax 1200 l/s), das sonst innerhalb der Höhle 85 m vom Eingang entfernt in einem Schluckloch verschwindet, um ca. 200 m unterhalb der Höhle als *Elsachhangquelle* aus dem Hangschutt auszutreten (Q 5–100 l/s). Das Einzugsgebiet der Elsachhangquelle reicht Markierungsversuchen zufolge bis gegen Erkenbrechtsweiler hinauf. – Von 1770 an wurde einige Jahrzehnte hindurch in dem damals bekannten Höhlenteil von Goldgräbern erfolglos geschürft. Einer kam 1776 dabei um und wurde auf Geheiß des Herzogs in der Höhle begraben. – E. Stockmeyer (1904) und G. Fahrbach (1932) waren die ersten, die tauchend über den 8. See hinaus vordrangen. Auf 460 m Länge war die Höhle damit bekannt. Dann wurde 1953 der bis dahin Halt gebietende Siphon von F. Dümmel und W. Eisele durchtaucht. Eine Zeit der Entdeckungen und Vermessungen durch die Arbeitsgemeinschaft um F. Bänisch setzte ein. Schon im September 1959 wurde bei einem Vorstoß unter Führung von J. Hasenmayer ein nicht zu bezwingender Versturz erreicht. 1967 unternahmen H. Meister, R. Müller und E. Thomanetz den Versuch, an dieser Stelle weiterzukommen. Weil ständig Gestein nachbrach, wurde das

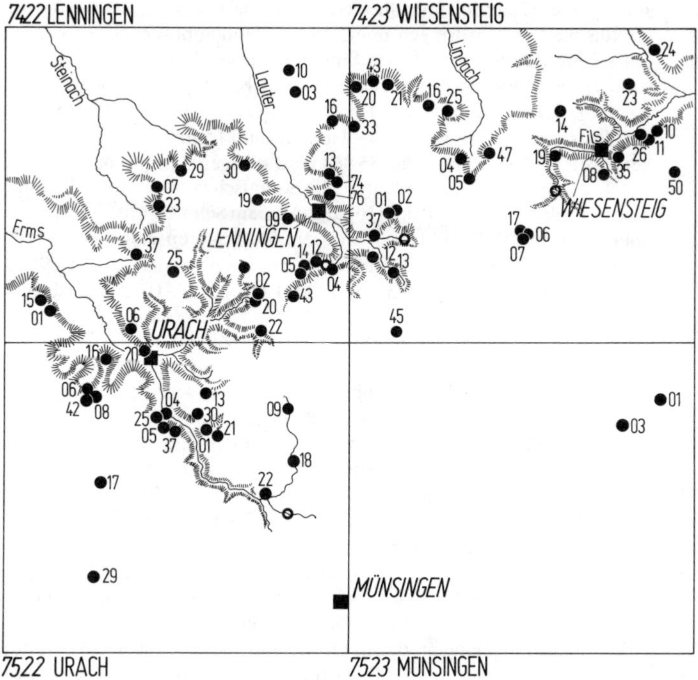

Blatt L 7522 Urach

Unternehmen am 3. Tag abgebrochen. Das Höhlenende liegt 72 m höher als der Höhleneingang.

In den Jahren 1972–74 wurde die Höhle in rund 600 Stunden vom Höhlen- und Heimatverein Laichingen mit dem Theodolit und Romalit, zur Kontrolle auch mit dem Kompaß, neu vermessen und ausführlich beschrieben. Die zum Teil starken Abweichungen der Kompaßnadel werden mit Einschwemmungen von Magnetiten erklärt, die vom Grabenstetter Vulkanschlot stammen. Diese Ablenkungen hatten bei früheren Vermessungen zu Fehlern geführt.

Ausdrücklich sei darauf hingewiesen, daß schon die ersten 460 m bis zum Siphon mit tiefen Löchern am Grund des Höhlenbachs und mit zähem Höhlenlehm ihre Tücken haben. 1976 wurde auch die den Auf-

stieg in die »Reutlinger Halle« erleichternde eiserne Leiter entfernt, um das weitere Vordringen unerfahrener Höhlenbesucher zu verhindern. Eine Befahrung über den Siphon hinaus sollten nur gut ausgerüstete Höhlenforscher unter Führung eines Kenners der Höhle unternehmen. Unterrichtung des Bürgermeisteramts Grabenstetten, der Landespolizei in Urach oder des Höhlen- und Heimatvereins Laichingen (Tel. 07333/5166 oder 5586) wird dringend empfohlen.
Am 1. 2. 1964 sind vier Studenten, die botanische und zoologische Studien betreiben wollten, in der Höhle von einem Schmelzwassereinbruch überrascht und eingeschlossen worden. Sie konnten erst nach einem Aufenthalt von 66½ Stunden am 4. 2. geborgen werden. Bauer 1961; Mitt 10, 1964, 12, 1966; Beitr 1, 1973; LHF 16/17, 1973/74; BlSAV 1977.
Hinweis für Gruppen, die zelten wollen: Das Zelten auf der Wiese bei der Elsachwiesenquelle ist nicht gestattet. Der Zeltplatz befindet sich ca. 200 m talabwärts. Die Erlaubnis ist rechtzeitig schriftlich beim Bürgermeisteramt 7419 Grabenstetten zu beantragen.
Schon vor 1956 war bekannt, daß gegenüber der Elsachhangquelle aus dem Hangschutt zeitweise ein Hungerbrunnen austrat. Nach dem Weg-
7422 räumen des Schutts wurde 1961 der *Elsachbröller* geöffnet (567 m NN,
20 ki 2, EB 0,7 m, EH 0,6 m, L ca. 1800 m, !). Noch im selben Jahr wurden die ersten 200 m der Höhle bis zum sogenannten Schattensiphon von Mitgliedern der Arbeitsgemeinschaft Höhle und Karst befahren. Die Höhlenforscher mußten sich dabei zunächst durch extrem enge Schichtfugen zwängen, um nach 55 m in einen geräumigen, nach SO führenden Höhlengang zu gelangen, der in Größe und Form seiner Querschnitte stark an die Falkensteiner Höhle erinnert und nach 100 m auch etwas Wasser führt. Es lag nahe, an eine Verbindung zu der kaum 200 m entfernten Falkensteiner Höhle zu denken. Deshalb wurde schon bald die Vermutung geäußert, Falkensteiner Höhle und Elsachbröller seien Teile einer früheren »Grabenstetter Großhöhle«, die heute durch den Taleinschnitt getrennt sind. Daß ein Zusammenhang beider Höhlen in ihren unzugänglichen aktiven Teilen heute noch besteht, bewiesen auch die Ergebnisse eines 1966 im Elsachbröller durchgeführten Färbversuches, bei dem nicht nur Quellaustritte auf der linken Seite der Elsach bis hinab zum 600 m entfernten Wadelbrunnen ansprachen, sondern auch Farbe in der Elsachhangquelle und in der Elsachwiesenquelle austrat. Da der enge Eingangsteil des Elsachbröllers nicht die Fortsetzung der Falkensteiner Höhle gewesen sein konnte, suchte man die Verbindung zunächst höhleneinwärts. Tauchvorstöße durch J. Hasenmayer und A. Wunsch ließen die Gesamtlänge der Höhle bis 1971 auf ca. 1420 m anwachsen. Dabei wurden hinter dem Schattensiphon noch eine ganze Reihe gefährlicher und stark verschlammter Siphone, darunter die 90 m

lange Blindschleiche, durchtaucht und über 1000 m Höhlengänge entdeckt.
Eine weitere wichtige Entdeckung gelang Hasenmayer und Wunsch im vorderen Teil der Höhle: Sie fanden unmittelbar nach den Eingangsengstellen den Zugang zum nach S führenden Untergang, der in spitzem Winkel von dem nach SO führenden, bisher bekannten Höhlengang abzweigt und dessen eigentliche Fortsetzung ist. Der Untergang versinkt in zwei völlig verschlammten, flachen Siphonen, dem 1. und 2. Untergangsiphon, die von einer kleinen Quelle gespeist werden. Hasenmayer tauchte den ersten der Siphone, im zweiten kehrte er nach 25 m um, da der Unterwassergang zu flach und unübersichtlich wurde. Die nächste wichtige Entdeckung gelang außerhalb der Höhle: Mitglieder der Arbeitsgemeinschaft Berg, Stuttgart, entdeckten nach einem Flutausbruch, der die Geröllhalde vor dem Eingang des Elsachbröllers vorübergehend von Laub und Humus befreit hatte, Karrenfelder im anstehenden Fels, die auf einen ehemaligen Höhleneingang etwa 15 m W des Elsachbröllereingangs schließen ließen. Da innerhalb des Elsachbröllers keine Abzweigung in W Richtung gefunden werden konnte, mußte eine Verbindung zu dem vermuteten Gang jenseits der Untergangsiphone zu suchen sein. Im Oktober 1975 wurden deshalb mit großem technischem Aufwand die beiden Untergangsiphone leergepumpt. Dahinter wurde ein großer, in SW Richtung verlaufender Höhlengang entdeckt, der nach 130 m in die größte Halle des Elsachbröllers, die 20x10x8 m große Lehmhalle, mündet. Neben gewaltigen Lehmablagerungen, deren zum Bachbett hin abfallende Wände nur mit Mühe zu ersteigen sind, gibt es dort auch Tropfsteinbildungen. Die Wiederholung der Pumpaktion im Sommer 1976 brachte dann die Entdeckung der 120 m langen, bergauswärts führenden Fortsetzung des bei der ersten Pumpaktion entdeckten Höhlenganges. Diese Fortsetzung führt genau auf die Stelle W des Elsachbröllereinganges zu, die bereits von außen als verstürzter ehemaliger Höhleneingang erkannt worden war. Ein Durchkommen nach draußen ist wegen riesiger Versturzblöcke und Lehmeinschwemmung nicht möglich.
Es besteht kein Zweifel, daß der bei den beiden Pumpaktionen entdeckte Höhlengang, der Ur-Falkensteiner-Gang, tatsächlich die ehemalige Fortsetzung der Falkensteiner Höhle ist. Ein Niveauvergleich zwischen dem verstürzten Eingang und dem Eingang der Falkensteiner Höhle ergab 5 m. Dies entspricht dem mittleren Gefälle der Falkensteiner Höhle. Der Elsachbröller ist bis auf den Ur-Falkensteiner-Gang als heute noch aktives Seitensystem der ehemaligen Grabenstetter Großhöhle anzusehen. Auch das Flutverhalten des Elsachbröllers, seltene, aber sehr heftige Ausbrüche, läßt sich mit der Speicherwirkung des sehr geräumigen Ur-Falkensteiner-Ganges erklären. Mitt 10, 1964, 12,

1966, 14, 1968, 17, 1971; LHF 16/17, 1973/74; Nt. Ztg. 21. 7. 76.
Im Felsen über dem Elsachbröller befindet sich die verbruchgefährdete
7422 *Elsachhöhle 1* (600 m, NN, EB 3 m, EH 2 m, L 8,7 m). LHF 16/17,
51 1973/74.
Im Büchelbrunner Tal, einem linken Seitental des Elsachtals, liegt 1,2
km S der Falkensteiner Höhle unmittelbar am Fahrweg auf der rechten
7422 Talseite der *Büchelbrunner Bröller* (560 m NN, ki 2, L 35 m, !). Nur gut
22 ausgerüstete, erfahrene Höhlentaucher können diese in der Regel ganz
von Wasser erfüllte Höhle befahren. Der Höhleneingang wurde in den
letzten Jahren immer wieder nach stärkeren Regenfällen oder nach der
Schneeschmelze verschüttet. Mitt 10, 1964; Beitr 1, 1973; LHF 16/17,
1973/74.
In der ersten Spitzkehre der Straße von Grabenstetten nach Urach ragt
7422 das *Spitzige Felsle* auf. Es enthält eine *Durchgangshöhle* (670 m NN, ki
44 2, L 25 m). LHF 16/17, 1973/74.
In den Uracher *Höllenlöchern**, 1 km NW Urach an der Eichhalde, er-
reichen die bis zu 10 m tiefen Spalten eine Breite von 6–8 m. Auf ihrer
7422 Westseite ist der sehr enge *Uracher Höllochschacht* (T ca. 50 m).
06 Am Südende der größten Eintiefung der Uracher Höllenlöcher, führt
auf der Westseite des Weges ein Pfad nach rechts. Er erreicht nach etwa
7422 50 m links eine Mulde. An ihrem Grund liegt der Eingang zur *Stein-*
65 *schlaghöhle* (690 m NN, ki 2, EB 0,8 x 2,4 m, L 28 m, T 15 m, !). Die
Höhle ist an einer Verwerfung entstanden. Die Harnischfläche ist gut
7422 erhalten. Die 100 m langen *Dettinger Höllenlöcher** 2 km S Dettingen
08 klaffen bis in eine Tiefe von 30 m. Der Wanderweg führt hindurch. In
den Höllenlöchern gehen einige kleinere Höhlengänge nach N und S
7422 ab. Eine größere Höhle liegt an der Ostseite, der *Dettinger Hölloch-*
15 *schacht* (773 m NN, ki 2, T 73 m, !). An der Einstiegsstelle ist die
Schlucht 3 m tief und 10 m breit. Mit Seilleitern kann man auf etwa 40 m
Tiefe absteigen, danach wird die Spalte für Leiterbenützung zu eng.
Mitt 20, 1974; LHF 16/17, 1973/74.
Zwischen dem Sonnenfelsen und dem Gelben Felsen*, 1 km S Dettin-
7422 gen, liegt etwa 50 m unterhalb des Steilabfalls die *Gönningershöhle**
01 (740 m NN, ki 2, EB 0,8 m, EH 2 m, L 68 m, T 21 m, !). Ohne Ausrü-
stung ist die Höhle kaum zu befahren, da ein etwa 12 m tiefer Schacht
von der Eingangshalle nach unten führt, wo sich weitere, mit schönen
Sinterbildungen geschmückte Gänge und Räume befinden. LHF
16/17, 1973/74.
Am heutigen östlichen Ortsrand von Hülben senkte sich 1927 in einer
Wiese der Boden (720 m NN, ki 2). Nach einer Grabung stieß man auf
einen Schacht von 15 m Tiefe. Interessant ist eine Schicht aus faustgro-
7422 ßen Kieselknollen in 12 m Tiefe. Der obere Teil des *Wiesenschachts* ist
25 ausgemauert. LHF 16/17, 1973/74.

Im Seizenfels* 1 km NW Hülben ist die *Seizenfelshöhle* (700 m NN, 7422
ki 2, L 18 m). LHF 16/17, 1973/74. 37

Am Fuß der Eichhalde* liegt im Stadtgebiet von Urach rechts der Erms
die Firma MAGURA. In ihrem Hof befindet sich der verschlossene
Zugang zur *Eckishöhle* (460 m NN, ox 2, L 145 m). Die in ihr entsprin- 7522
gende Quelle diente früher der Wasserversorgung von Urach. Weil je- 20
doch Markierungsversuche bewiesen, daß die Abwässer von Hülben in
der Eckisquelle wieder austreten (1938; 108 m/h), wird sie nur noch zur
Speisung des Marktbrunnens und für Kühlzwecke verwendet. Diese
frühere Verwendung erklärt auch den zweiten Namen, unter dem die
Höhle bekannt ist, *Egisbrennenkammer*. Beitr. 1, 1973; Schulz 1957.

3,5 km WSW Urach entspringen in 635 m NN die Quellen des *Gütersteiner Wasserfalls** (ki 2). Die Bildung von Kalktuffpolstern ist sehr gut zu sehen. Früher war die heute zweistufige Terrasse ungeteilt und auf dem Niveau der oberen Terrasse lag das 1226 gegründete Zisterzienserkloster, das 1439 in eine Kartause umgewandelt und 1442 zur Grablege der Uracher Linie des Hauses Württemberg bestimmt wurde. 1534 wurde die Kartause aufgehoben. Ihre Steine fanden u. a. auf Hohenurach und Hohenneuffen Verwendung, Die Kalktuffterrasse wurde anschließend teilweise abgebaut. Wais II, 1971.

Im Auftrag des Herzogs Eberhard Ludwig von Württemberg baute 1715 der Ulmer Stück- und Glockengießer Thodosius Ernst eine Brunnenstube, um dem 161 m höher gelegenen Gestütshof St. Johann gutes Trinkwasser zuführen zu können. Die Pumpe wurde durch ein oberschlächtiges Wasserrad von 7 m Durchmesser angetrieben. 1865 wurde die Brunnenstube von Karl Ehmann überholt. Bei dieser Gelegenheit faßte er den Plan für die Albwasserversorgung. Kromer 1962; Jh 4, 1962.

Wie notwendig gerade in diesem Fall eine Klärung der Abwässer ist, bewies ein 1953 durchgeführter Salzungsversuch. Die beim Vorderen Fohlenhof* 1 km W Güterstein versickernden Abwässer brachten das Salz in die Quellen des Gütersteiner Wasserfalls (56 m/h). Schulz 1957; Grüninger 1965.

Auch die Färbversuche im Längental (1967) und in der *Doline am Eulenbrunnen* SW Fohlenhof (1968) gingen zu den Quellen des Gütersteiner Wasserfalls (65 und 23 m/h). Villinger 1974 a.

Im Kalktuff unterhalb der oberen Gütersteiner Wasserfälle befindet sich eine *Durchgangshöhle* (600 m NN, EB 2 m, EH 3 m, L 7 m).

Am Wanderweg vom Eppenzillfelsen* zum Uracher Wasserfall* befin-
det sich 300 m SO Wasserfall wenige Meter über dem Weg die *Kalk-* 7522
waldhöhle (640 m NN, ki 2, EH 3,2 m, EB 2,3 m, L 65 m). Nach 6 m 42
scheint der Gang in einem Versturz zu enden, nur ein enger Schluf führt
weiter. Ein Kamin reicht 15 m in die Höhe. Beitr 3, 1974.

An der Grenze ki 1/2 tritt die Quelle des *Uracher Wasserfalls** in den Hangschutt aus (623 m NN). Von der Stelle an, wo der Bach endgültig im Freien fließt, hat er sich eine gewaltige Kalktuffbarre, die Hochwiese (2,75 km SW Urach, L 250 m, B 125 m), geschaffen. 30 m tief stürzt der Fall hinab, bei großer Schüttung, die aber nur sehr selten ist, ein eindrucksvolles Bild (QMin 5 l/s, QMax mehrere 100 l/s). Kleinere Kaskaden schließen sich im Brühlbachtal* an. Dort treten noch weitere, z. T. starke Karstquellen aus, die von der Grenze ox 1/2 her gespeist werden (z. B. *Quelle am Brühlbach* 350 m NO Wasserfall, Q 50–200 l/s). Gwinner 1959; Schwenkel 1935; Wagner 1958; Grüninger 1965. – 1936 wurde bei Würtingen in das Marienloch, das Gänseloch und den Saraisenbrunnen* Farbe eingespült. Sie floß zur Quelle des Uracher Wasserfalls ab (114–136 m/h). 1952 wurde der Versuch vom Marienloch aus wiederholt. Die Abflußrichtung bestätigte sich (91 m/h). Schulz 1957. Weitere Färbversuche bei Bleichstetten (1957), SO Albgut Lindenhof (1966) und bei St. Johann (1967) gingen ebenfalls zur Quelle des Uracher Wasserfalls (50, 80, 43 m/h), während von Sirchingen (1951, 1965) und Upfingen (1964) mehrere Karstquellen im Ermstal oberhalb von Urach betroffen wurden (6–400 m/h). Villinger 1974 a.

7522 In der Wand befinden sich die *Große Elefantenhöhle*° (580 m NN, Kt,
06a EB 7 m, EH 4 m, L 42 m) und die *Kleine Elefantenhöhle,* die zwei Ein-
06b gänge besitzt (585 m NN, Kt, 1. EB 8 m, 1. EH 7 m, 2. EB 5 m, 2. EH 5 m, L 22 m).

Eine interessante Erscheinung ist der nie versiegende *Rutschenbrunnen* (745 m NN, Vt) in einem Erdfall (ti, 2,5 km N Bleichstetten). Sein Wasser diente früher dem Rutschenhof und bis vor kurzem der Rohrauer Hütte der Naturfreunde. Es versickert im gleichen Erdfall wieder.

2,5 km SW Urach öffnen sich etwa 300 m SW Eppenzillfelsen* die
7522 *Montmilch-* oder *Eppenzillhöhlen*° (700 m NN, ti). Die südliche ist eng
08 und reich an Sinter und Tropfsteinen, die nördliche teilt sich in zwei
07 Gänge, die mühsam zu befahren sind.

Am Westabhang unter der Ruine Hohenurach* liegt das große Portal
7522 der *Felsenhöhle*° (630 m NN, ki 2, L 54 m, B 3,5 m, H 7 m). Das Innere
16 der Höhle ist teilweise verrußt. Ein Gang soll von der Höhle in den Burghof geführt haben. Der Fußweg zur Höhle ist ziemlich eingewachsen. – Etwa in gleicher Höhe, jedoch ca. 25 m N, klafft die an einer
7522 Verwerfung angelegte *Hohenuracher Spaltenhöhle* (L 9 m). Die Har-
33 nischflächen sind sehr gut erhalten.

7522 Unterhalb der Spaltenhöhle, am unteren Fußpfad, führt die *Schicht-*
32 *höhle* in den Felsen (EB 1 m, EH 2 m, L 35 m). Nach einem aufrecht zu befahrenden abgewinkelten Eingangsteil folgt eine Schlufstrecke, die sich erst kurz vor dem Höhlenende wieder erweitert.

Das Ermstal von Urach an aufwärts und seine Seitentäler weisen *Kalk-*
tufflager und *-terrassen* auf. In einer solchen Terrasse wurde 1898 in ei-
nem Steinbruch bei der Kunstmühle* die *Uracher Tropfsteinhöhle* ent- 7522
deckt (496 m NN). Sie ist auch unter dem Namen »*Tropfsteinhöhle* 04
Beck am Grünen Weg« bekannt. Die sehenswerte Höhle (L 15–25 m,
B 5–6 m), ist leider seit 1964 wegen Überflutung unzugänglich. Sie ent-
stand im wesentlichen durch Überwölbung des Bachlaufs bei der Bil-
dung der Kalktuffbarre (Primärhöhle).
750 m S Kunstmühle ragt der Schorrenfels* auf, unter dem sich das
Venedigerloch (früher auch *Schorrenhöhle* genannt) hinzieht (695 m 7522
NN, ti, EB 4 m, EH 4 m, L 30 m). Venediger ist eine alte Bezeichnung 05
für Bergleute, der Name weist also auf Schatzgräber hin (vgl. Groß-Ve-
nediger). 14 m vom Eingang entfernt spaltet sich die Höhle in zwei
Gänge. Links ist eine 7 m hohe Halle mit fensterartiger Öffnung nach
außen, rechts geht es aufwärts, ist aber nach 10 m unbefahrbar eng.
Etwa 100 m NW des Venedigerlochs, dicht unter der Hangkante, be-
findet sich der *Sirchinger Schacht 2°* (720 m NN, ti, T 23 m, !). Die bei- 7522
den Eingänge des Horizontalsystems liegen an einem Felsen von 6–8 m 26
Höhe (1. EH 1,5 m, EB 1 m, L 30 m; 2. EH 5 m, EB 1–2 m). Der
Hauptgang wird rasch höher und trifft nach etwa 7 m am tiefsten Punkt
auf den Einstieg in das danebenliegende Schachtsystem. Zunächst
steigt man etwa 10 m in einem Schacht ab, der sich zu einer Kammer
weitet und gelangt von deren tiefstem Punkt nach Passieren einer Eng-
stelle (loses Geröll, !) in den geräumigen unteren Teil der Höhle (T 11
m, D 3 m). – Von der Befahrung des *Sirchinger Schachts 1* (660 m NN, T 7522
25 m, !) ist wegen des wenig stabilen Zustands abzuraten. Mitt 12, 25
1966; LHF 10, 1970.
Ebenfalls am Schorrenfelsen wurde 1971 die *Sirchinger Höhle* entdeckt 7522
(700 m NN, ti, EH 2,8 m, EB 0,3 m, L 19,5 m, Seil, !). Nach der Eng- 37
stelle des Eingangs kommt ein kleiner Absatz, der zu einem größeren
Raum gehört. Nach wenigen Metern führt ein Schacht 5 m in die Tiefe.
Die Höhle endet mit Versturz. Beitr 1, 1973.
1,8 km N Sirchingen oberhalb der Kunstmühle Urach* im Kaltenrank-
felsen, fällt 30 m S der Ruhebank der Hang zwischen den Felsen steil ab.
Hangabwärts liegt links ein Felsen, der einem Kamel gleicht. Ihm ge-
genüber, rechts, öffnen sich die beiden Eingänge des *Hohlen Jo* (660 m 7522
NN, ti 1. u. 2. EB 0,5 m, EH 2,2 m, L 18,8 m). Nach wenigen Metern 38
laufen die sehr engen Eingänge zu einem geräumigen Gang zusammen.
Beitr. 7, 1975.
An der Straße von Seeburg nach Münsingen, wo der Albvereinsweg die
Straße nach W (Rietheim) verläßt, gibt es eine *Naturbrücke* als letzten
Rest einer ehemaligen Höhle. Darauf weist auch der Name *Hohler Fels* 7522
oder *Ungerloch* hin (B 5 m, H 5 m, L 4,5 m). LHF 10, 1970. 27

Der *Sirchinger Wasserfall* (*Fischerbrunnen**, 1 km O Sirchingen, 595 m NN, ki 2) stürzt sich 4 m hinab. Auch am Jakobsbrunnen* 1,2 km NW Seeburg und bei den Quellen im Nottental an der Hanner Steige* bildeten sich *Kalktuffpolster.* Grüninger 1965.
800 m NNW Seeburg stürzt der *Fleinsbrunnenbach** über einen Kalktuffklotz von 7 m Höhe. Gewöhnlich versiegt der Bach, ehe er die Erms erreicht. Ein herabgestürzter Kalktuffklotz ist so mit seiner Unterlage und der von oben kommenden »Schnauze« verwachsen, daß eine kleine Höhle entstanden ist. Sie bietet das Modell für die Entstehung kleiner Kalktuffhöhlen an. Stirn 1964.
Zwischen Seeburg und der Einmündung des von Gruorn herkommenden Bohnentals* staute sich früher im Fischburgtal* der *Bodenlose See.* Von ihm hat Seeburg seinen Namen. Die Übergußschichtung, die gegen das Fischbachtal einfällt, ist in den ehemaligen Kalktuffbrüchen gut zu sehen. Kalktuffleisten an den das Tal säumenden Felsen markieren den ehemaligen Wasserstand (Spiegelhöhe rund 595 m NN). 1616 ließ Herzog Johann Friedrich die Kalktuffbarre von Seeburg durch einen 415 m langen, 2,5 m hohen Stollen durchtunneln. Bis 1763 wurde der See regelmäßig gefüllt. 60 Jahre später war er meist leer. Nur im Frühjahr, wenn man für die Flößerei Schwellwasser brauchte, wurde er noch aufgestaut. Als die Flößerei abging, blieb er trocken; Gwinner 1959; Schwenkel 1935; Grüninger 1965. – Leider blieben alle Versuche erfolglos, den Kalktuffsteinbruch zwischen Straße und Seeburger Kirche zu erhalten. Es ist jedoch beabsichtigt, eine charakteristische Steinbruchwand in der Nähe der Kirche als Naturdenkmal auszuweisen.
In der Trailfinger Schlucht, 1,5 km SO Seeburg, entspringt die zur Wasserversorgung von Seeburg und zur Elektrizitätsgewinnung genutzte *Ermsquelle* (617 m NN, ki 2, 1954–69: QMax ca. 1000 l/s, QM 335 l/s, QMin 67 l/s, Pos 1 a). Ihr Einzugsgebiet konnte noch nicht genau eingegrenzt werden. Es deckt sich wohl im NO größtenteils mit dem des 1 km oberhalb von Seeburg im Fischburgtal austretenden, für die Albgruppe 13 gefaßten *Siebenbrunnens* (596 m NN, ki 2, Q 20–80 l/s, Pos 2 a). Zwei Färbversuche im Jahr 1952 1 km NW Trailfingen betrafen allein die Ermsquelle (44 und 40 m/h; Schulz 1957), während bei einem Versuch SO Gruorn (1963) die Farbe zur Ermsquelle (13 m/h), zum Siebenbrunnen (11 m/h) und zu einer kleinen Quelle im Katzental (10 m/h) abfloß. Ein Färbversuch 1965 im Gebiet des Truppenübungsplatzes am Nordostfuß des Grimmelberges* hatte ein überraschendes Ergebnis: Die Hauptmenge der Farbe gelangte mit außergewöhnlicher Geschwindigkeit zum 12 km entfernten Urspringtopf bei Schelklingen (480 m/h), ein kleiner Teil zur Schmiechquelle bei Springen (290 m/h), zur Ermsquelle (110 m/h) und zum Siebenbrunnen (180 m/h). Demnach wurde mit diesem Versuch ziemlich genau die unterirdische Was-

serscheide zwischen Rhein und Donau getroffen. Villinger 1974 a, 1974 b.
Eine weitere interessante Quelle, der für die Vordere Albgruppe gefaßte *Forstbrunnen*, entspringt unterhalb von Seeburg an der Enge* am Fuß einer der Kalktuffterrassen des Ermstals (1968: QM 118 l/s). Der Zufluß des Forstbrunnens stammt aus dem Talgrundwasser in der bis zu 30 m mächtigen Talfüllung (Kalktuff und Schotter), das seinerseits durch Zuflüsse aus dem Tiefen Karst bei Seeburg gespeist wird. Talabwärts bis Urach liegen noch weitere z. T. für die Wasserversorgung genutzte Karstquellen (z. B. Georgenau, Kunstmühle). Talgrundwasser und Karstwasser wird im Ermstal zwischen Seeburg und Urach aus insgesamt vier Bohrbrunnen zur Wasserversorgung entnommen.
An der Straße von Hengen nach Seeburg im Fischburgtal bemerkt man
1 km SSO Hengen auf der rechten Seite die *Henger Steighöhle* (685 m 7522
NN, ti, EH 1,1 m, EB 1,3 m, L 16 m). Beitr 3, 1974. 09
Im Kapuzinerfelsen* und an anderen Felsen im Fischburgtal befinden 7522
sich eine Reihe von *Felsüberhängen*. – E. Peters fand 1934 bei einer 18
Grabung unter dem *Rappenfelsschutzdach* im Brucktal*, 0,5 km W 7522
Aglishardt*, mittelsteinzeitliche Werkzeuge (670 m NN, ki 2). Peters 15
1935.
400 m S Aglishardt entspringt in nassen Jahren ein *Hungerbrunnen* (Pos 1 a), dessen Wasser jedoch nach kurzem Lauf wieder versickert. BlSAV 74, 1968. – Ganz in der Nähe, 400 m S Aglishardt, fand 1972 ein Färbversuch statt, bei dem das Markierungsmittel zu den starken Karstquellen im Lautertal bei Schlattstall geflossen ist.
Am Mockenrain*, 800 m NNW Hofgut Hohenwittlingen*, liegt die
Mockenrainhöhle (630 m NN, ti, L 22 m, B 6 m, H 4 m). 1908 soll in ihr 7522
Keramik aus der Latènezeit gefunden worden sein. 30
Etwa 50 m vor dem unteren Eingang der Wolfsschlucht, auf deren Westseite, 200 m NO Hofgut Hohenwittlingen*, befindet sich am oberen Ende einer Rutsche die *Wolfsschluchthöhle* (600 m NN, ti, EH 3 m, 7522
EB 0,5 m, L 20 m). Die zunächst enge Höhle wird später breiter, dafür 21
niedriger, besitzt jedoch zwei Erweiterungen, deren Wände von Montmilch bedeckt sind. Mitt 12, 1966.
Am Nordhang des Bergvorsprungs, auf dem die Ruine Hohenwittlingen liegt, findet man die *Schillerhöhle** (*Schillingshöhle*, 640 m NN, ti, L 7522
120 m, B 1–2 m, H 3–4 m). Es ist die »Tulkahöhle« in Weinlands »Ru- 01
laman«. 1341 soll ein Herr von Schilling bei der Bärenjagd im Schillingsloch verunglückt und beim anschließenden Heimtransport auf dem Paß zwischen Dettinger Hörnle und Karlslinde gestorben sein (Schillingskreuz). Der Name Schillerloch tritt seit rund 200 Jahren auf (nach einer Familie Schiller in Wittlingen?). In der Zeit der Franzoseneinfälle sollen die Einwohner von Wittlingen immer wieder in der Höhle Schutz

gesucht haben. – Angeregt durch die paläontologischen Grabungen in den »Knochenhöhlen« der fränkischen Alb, nahm der Uracher Oberförster Graf von Mandelsloh 1834 eine Ausgrabung vor, die Knochen von Braunbär und Luchs sowie einen gut erhaltenen Menschenschädel erbrachte. Nach Kulturresten wurde nicht gesucht, der Aushub kurzerhand den Hang hinabgeworfen.

Der eigentliche Eingang der Höhle liegt hinter einer kleinen Naturbrücke. Nach etwa 40 m erreicht man das Törle. Der folgende klammartige Abschnitt reicht 8–10 m in die Höhe. Nach einer Engstelle liegt links die von Weinland beschriebene Wasserspalte. Von hier an fällt die Höhle stark ab. Dieser letzte Teil ist stark verlehmt. LHF 10, 1970; Wais 1971; Binder 1977.

7522 Schon vom Ermstal aus ist auf der Westseite der Felsen von Hohenwitt-
02 lingen das *Steffesloch*°, die »Staffahöhle« Weinlands, zu sehen (630 m NN, ki 2, L 20 m + 25 m). Weinlands Schilderung trifft heute noch zu: ». . . Mit Hilfe eines Baumes kann man zur Höhle aufsteigen.« (Jetzt sind Steigeisen eingemauert.) Von dem schmalen Eingang aus, durch den ein Mann eben aufrecht hineinschlüpfen kann, führt nur ein enger, unbequemer Gang auf glattem Fels steil abwärts, wie in einen düsteren Schacht hinunter. Ist man einmal unten angekommen, so tritt man in eine schöne, große, trockene Felsenhalle, hochgewölbt wie die Spitzkuppel eines gotischen Domes. – Über einen zunächst ziemlich engen Schluf führt vom hinteren Teil aus eine Fortsetzung (L 20 m, B 3 m, H 2 m). – Der Pfad zur Höhle geht von der vorletzten Kehre des Albvereinswegs von der Georgenau zur Ruine Hohenwittlingen ab (auf der Seite der Ruine).

An der Brunnhalde, durch die der Sieben-Ränke-Weg zur Georgenau
7522 hinabführt, liegt unweit der 2. Kehre auf der Seite der Georgenau die
40 enge *Brunnhaldenhöhle* (650 m NN, ki 2, EB 0,6 m, EH 0,8 m, L 22 m).

1,5 km N Hohenwittlingen liegt am Nordhang des Hochbergs* gegen
7522 die Zittelstatt* hin am oberen Ende einer kleinen Felsschlucht die *Was-*
13 *sersteinhöhle**, in der früher ein schönes Sinterbecken klares Wasser enthielt (680 m NN, ti, EB 3,2 m, EH 3,5 m, L 22 m). Die Erweiterung des Höhleneingangs nahm der Höhle ihren besonderen Reiz.

Im Felsen der Ruine Baldeck* befindet sich eine Höhlenruine, ein *Felstor* (H 6 m, B 2–3 m).

7522 Von der Straße Seeburg–Wittlingen erreicht man die N Seeburg gele-
22 gene *Hartbergfelsenhöhle* nach 8 m Aufstieg nach der ersten Felsgruppe (620 m NN, ki 2+3, EB 3 m, EH 1,5 m, L 22 m). Der Eingang verengt sich trichterförmig, nach kurzem Schluf kann man wieder stehen. Bei etwa 10 m führt die Höhle spitzwinklig, fast parallel, zurück und endet als verschüttetes Felsdach (rechts anstehender Fels, links Hangschutt, !). Beitr 6, 1975.

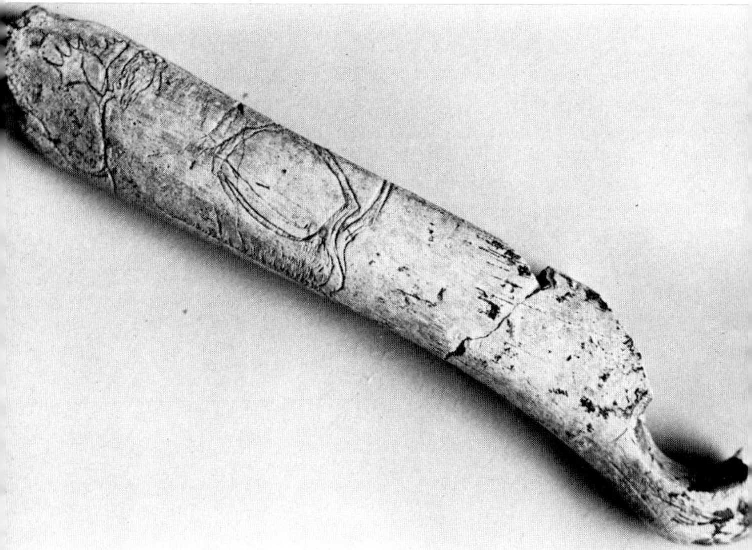

17 a Geißenklösterle bei Blaubeuren. Mammutfigur (Mammutelfenbein)

17 b Keßlerloch bei Thayngen. Äsendes Ren auf einem Lochstab

◀ *16 Vogelherdhöhle im Lonetal. Wildpferdfigur aus Mammutelfenbein*

Die größeren *Dolinen* im Ackerfeld zwischen Hengen und der B 28 wurden 1972 z. T. aufgefüllt.

2. *Hochalb westlich der Linie Münsingen–Urach*

Am Osthang des Banholzes* 1 km SSW Upfingen liegt die *Klopfjörg-* 7522
leshütte (740 m NN, ti). Der 1. Weg, der von der Straße Upfin- 17
gen–Bleichstetten abzweigt, führt zum Banholz. Im Wald geht nach etwa 50 m ein Trampelpfad nach rechts zur Höhle hinauf. Ihr Vorplatz, den man nach Durchschreiten eines Felsentores betritt, mißt etwa 6x6 m. Auf den schön gewölbten Eingang (H 2,6 m) folgt ein Raum von 4,5 m Länge (B 4 m, H 3,5 m), dem sich ein niedriger Gang anschließt (L 4 m, B 0,7 m, H 0,9 m). 1934 konnte R. Kapff mittelsteinzeitliche Werkzeuge bergen. Nach Paret (1961) sind auch Geräte aus dem Magdalénien, dazu Reste von Ren und Wildpferd, gefunden worden.
Eine unscheinbare Vertiefung, in der einige Steine aufgehäuft sind, ist im Lonsinger Tal* anzutreffen (680 m NN, 2,25 km SSW Lonsingen). Dort entspringt in nassen Jahren der *Lonsinger Hungerbrunnen** (1939, 1965, 1967, Pos 1 a). BlSAV 74, 1968.
Etwa 400 m oberhalb der Einmündung des Lonsinger Tals in das Gächinger Lautertal verliert die *Gächinger Lauter* Wasser, in trockenen Jahren versickert sie ganz. Da das Einzugsgebiet der Quellen im oberen Echaztal bis in diese Gegend reicht, ist zu vermuten, daß die Gächinger Lauter unterirdisch von der Echaz angezapft wird. Villinger 1974 b.
Die *Gächinger Steinbruchhöhle* befindet sich in dem Steinbruch 1,3 km 7522
SSW Gächingen an der Straße nach Gomadingen (680 m NN, ti, EB 3 29
m, EH 3,5 m, L 5 m).
Die *Dolinen* in der Senke zwischen Kleinem und Großem Föhrenberg* wurden 1970 aufgefüllt. In einer von ihnen brach jedoch 1972 ein Schacht ein (D 2 m, T sichtbar 7 m).
Im Europäischen Naturschutzjahr 1970 hat die Stadt Münsingen die unmittelbar S gelegene Erhebung des Beutenlay* zum *Reservat für die typische Flora der Schwäbischen Alb* bestimmt und hergerichtet. Es handelt sich beim Beutenlay um eine der typischen Kuppen, nach denen der nördliche Teil der Alb zwischen Albtrauf und der Klifflinie des tertiären Meeres seinen Namen *Kuppenalb* hat (südlich der Klifflinie findet man die Flächenalb). Dongus 1973; 1974.

3. *Höhlen am Neuffen*

Oberhalb des »Blauen Ranken« an der Steige Neuffen–Hülben, 2,4 km
SO Neuffen, liegt am Fuß eines Felsen die *Barnberghöhle*° (680 m NN, 7422
ki 2, EB 3 m, EH 2 m, L 46 m). Kommt man von unten, geht 300 m nach 23

der 3. Spitzkehre halblinks ein Fußweg ab (nicht der ebendort nach N führende Holzabfuhrweg), von oben geht der zwischen den Grenzsteinen 23 und 24 abgehende Fußweg an zwei Nischenhöhlen vorbei zur Höhle. F. Losch fand 1890 in einer Lage von Kohle und Asche einen Schädel. In gestörten Schichten fanden G. Riek und H. Stoll 1938 Werkzeuge aus dem ausgehenden Magdalénien. Die Sinterleisten an den Wänden zeigen noch die Obergrenze der entfernten Ablagerungen an. Zürn 1956.

Vom Spielplatz auf der Molach geht ein Pfad zum Bauerloch hinab. Auf
7422 der Seite gegen den Hohenneuffen ragen Felsen auf, in denen die *Mo-*
79 *lachhöhle* liegt (710 m NN, ki 2, EB 2 m, EH 3 m, L 12 m).

Der Albvereinsweg von Hülben zum Hohenneuffen führt an abgesunkenen Felsmassen (ki 2), Spalten und eingeschrankten Löchern vorbei.

1,25 km W Erkenbrechtsweiler wurde 1958/59 von R. Wahl und seinen
Freunden in mühevoller Arbeit die seit den 40er Jahren bekannte
7422 Höhle in der Nähe des Marienfelsen*, die *Wilhelmshöhle,* zugänglich
29 gemacht (670 m NN, ki 2, EB 1,2 m, EH 0,8 m, L 168 m). Die Höhle ist
am besten zu erreichen, wenn man am Marienfelsen vom Wanderweg von Erkenbrechtsweiler zum Hohenneuffen über den Steilhang zum Fuß des Felsen absteigt.

Durch den 4 m langen Eingangsschluf erreicht man einen kleineren Raum, in dem man stehen kann. Nach SW geht ein blind endender Gang ab (L 15 m). Nach NO schließt sich die Lehmhalle an (in einem 5 m hohen Kamin an der Decke besteht Sprechverbindung zur Marienfelshöhle 2). Einige enge Partien führen zu einem ständig mit Wasser gefüllten Sinterbecken von 0,5 m Tiefe und zur Hohen Halle, wo sich der Höhlengang wieder teilt. Nach O führt eine verhältnismäßig geräumige Kluft (L 17 m). Über weitere Engstellen gelangt man zur Reiterhalle, danach wird der mehrfach abgewinkelte Gang wieder enger. Das Ende der Höhle bildet eine weitere kleine Halle, von der einige kurze Gänge abzweigen. Ein Schacht führt 5 m in die Tiefe.

Um den Tropfsteinschmuck der Höhle zu schützen, wurde sie mit einem Tor verschlossen. Interessenten werden geführt (U. Scherzer, Panoramastr. 30, 7444 Beuren). LHF 16/17, 1973/74; Beitr 11, 1976.

7422 Im selben Felsmassiv sind noch weitere Höhlen bekannt, die *Klingen-*
62 *berghöhle 1* (680 m NN, EB 10 m, EH 4,5 m, L 30 m), die *Klingenberg-*
63 *höhle 2* (690 m NN, EB 4,2 m, EH 5,5 m, L 20 m), die *Marienfelshöhle 1*
58 (670 m NN, 1. EB 3,5 m, EH 0,7 m; 2. EB 0,4 m, EH 1,5 m, L 16 m), die
59 *Marienfelshöhle 2* (680 m NN, EB 0,7 m, EH 1,2 m, L 10 m), die *Ma-*
61 *rienfelshöhle 3* (670 m NN, EB 0,6 m, EH 1,7 m, L 19 m) und die *Ma-*
80 *rienfelshöhle 4* (680 m NN, EB 2 m, EH 0,8 m, L 7 m). Beitr 7, 1975; 8,
7422 1975.
07 2 km OSO Neuffen befindet sich das *Bauerloch**, zu dem der Weg von

der Straße Neuffen–Hülben und vom Albvereinsweg Hülben–Hohenneuffen bezeichnet ist (590 m NN, ox 2, L 142 m, !). Die Grenze ox 1/2 ist an den steilen Wänden der Bauerlochschlucht gut zu erkennen (eine Verwerfung ist am rechten Hang N zu bemerken). In Zeiten hohen Wasserstandes fließt der Dürrenbach aus dem Mundloch der Höhle. Der Eingangsteil ist durch hangparallele Klüfte bestimmt. Zwar behält der Höhlengang diese Richtung nicht bei, die Bindung an führende Klüfte ist aber durchweg sehr eng. Die Profile im hinteren Teil haben die für Höhlen im ox 2 typische Kastenform. Die Decke ist zum Teil versturzgefährdet. In den 30er Jahren soll die Höhle noch das ganze Jahr über Wasser geführt haben. Der hintere Teil (ab 65 m) ist immer trocken. Die Quelle des *Dürrenbachs** trifft man üblicherweise in etwa 520 m NN an. Die Temperatur in der Höhle liegt etwas über der mittleren Jahrestemperatur, was durch die bei Neuffen festgestellte geringere geothermische Tiefenstufe erklärt werden könnte. Bauer 1965; LHF 16/17, 1973/74.
Der *Geologische Pfad* (»Ströhmfeldweg«) des Schwäbischen Albvereins von Metzingen bis Neuffen wurde 1973 fertiggestellt. Er ist durchweg mit Erläuterungstafeln versehen und beginnt oder endet in Metzingen an der Kreuzung Nürtinger Straße–Staufenstraße und in Neuffen am Wanderparkplatz beim Schwimmbad. Der Pfad führt über Florian, Jusi, Dettinger Hörnle und Hohenneuffen. Geol. Pfad 1973.

4. Teck und Tal der Lenninger Lauter

Unmittelbar unter dem Teckturm öffnet sich das weithin sichtbare Portal der *Sibyllenhöhle* (763 m NN, ki 2, L 23 m). Da aller Frostschutt in 7422
die Tiefe stürzte, konnte der große Eingang entstehen. Man kann die 10
Höhle in die Vorhalle und die Hintere Halle unterteilen. Letztere ist ein schmuckloses Loch, das stark verlehmt ist und nach oben führt. Ein heute mit mittelalterlichem Schutt aufgefüllter Gang soll bis in den Burghof führen. Daß die Sibyllenhöhle einst ein Bärenschlupf war, ergab die Ausgrabung von 1898/99. E. Fraas konnte über 2000 Skelettreste von Höhlenbär, Höhlenlöwe und Höhlenhyäne aus dem Lehm bergen. Hinweise auf eine Besiedlung der Höhle durch die Menschen der Steinzeit wurden nicht gefunden.
In der Höhle hauste einst die Sibylle, eine weise und gegen jedermann hilfreiche Frau, so erzählt die Sage. Ihre drei Söhne, die in Burgen auf dem Rauber, auf der Diepoldsburg und auf dem Wielandstein hausten, waren dagegen gefürchtete Übeltäter. Die Sibylle schämte sich der mißratenen Söhne und fuhr deshalb eines Abends auf einem feurigen Wagen, von zwei Wildkatzen gezogen, durch die Lüfte davon. Wo der Wa-

gen die Erde gelegentlich noch berührte, wächst das Korn üppiger als anderswo. Jh 4, 1963. – Im Sommer 1976 war die Sibyllenspur besonders deutlich zu sehen. Der Schwäbische Albverein veranlaßte eine Ausgrabung, über die es noch keinen abschließenden Bericht gibt.
Der Sibyllenhöhle genau gegenüber auf der anderen Seite der Teck
7422 wurde 1937 bei Wegearbeiten die *Sibyllen-Gegenhöhle* entdeckt (769
17 m NN, L 22 m). Auch in ihr verläuft der Gang am Ende nach oben und
soll in den Burghof münden. Nur noch 4 m Versturz trennen die beiden
Höhlen voneinander. Der Zugang ist durch eine Tür versperrt. Unter
7422 den Ruinenmauern auf der Westseite führt die niedrige *Kleine Teck-*
34 *höhle* 16 m unter die Burg.

Von der Teck gelangt man in wenigen Minuten (800 m S) zum Gelben
7422 Felsen*, unter dem sich die *Veronikahöhle** befindet (725 m NN, ki 2,
03 EB 3 m, EH 6 m; L 31 m, H 45 m). Sie verengt sich wenige Meter nach
dem Eingang zu einem schmalen Spalt, den man gebückt befahren
kann. Verschiedene Deckenkolke führen am Deckenspalt entlang in
die Höhe. Nach 10 m kommt man in einen kleinen, ansteigenden Raum.
Nach rechts schlüpft man durch eine Spalte, dann wird die Höhle plötzlich sehr hoch. Wie Rauchversuche ergeben haben, münden die nach
7422 oben führenden Spalten in das *Verena-Beutlins-Loch*, das auf dem
18 Gelben Felsen seinen Ausgang hat. Es kann bis auf eine Tiefe von 6 m
befahren werden. Um das Verena-Beutlins-Loch erkennt man die Reste einer früher größeren Höhle. Besonders reizvoll ist eine kleine *Naturbrücke,* durch die man einen Blick ins Lenninger Tal hat.

Mit dem Verena-Beutlins-Loch ist die Sage von einer Frau verknüpft, die dort mit ihren beiden Buben gehaust haben soll. Wenn am Höhleneingang ein rotes Tüchlein flatterte, sei ein Mann aus Beuren mit Lebensmitteln gekommen. Als er einmal mitten im strengen Winter ausblieb, zogen die Buben hinab ins Tal, um Almosen zu erbitten. Bereitwillig gaben sie Auskunft über ihr Zuhause. Daraufhin zogen die Leute aus, um die vermeintliche Hexe dem Scheiterhaufen zu überantworten. Jh 4, 1963.

7422 N Veronikahöhle öffnen sich die beiden Eingänge der *Etagenhöhle*
66 (720 m NN, ki 2, 1. EB 3 m, EH 3 m, 2. EB 1,4 m, EH 1,5 m, L 23 m).

Wenige Meter unterhalb der Ruine Rauber*, an der nördlichen Fels-
7422 wand, ist die schmale Einstiegsöffnung der *Rauberhöhle* (703 m NN, ki
16 2, L 30 m, T 10 m). Es ist eine Spaltenhöhle, die zunächst 3 m senkrecht
in die Tiefe führt und sich in einem steil abfallenden schmalen hohen Gang nach W fortsetzt. Die Höhle endet in einer nicht schliefbaren Spalte. – An der selben Felswand öffnet sich auch die *Kleine Rauberhöhle.* Sie kann nur auf dem Bauche kriechend befahren werden.
7422 Auf dem Weg zum Rauber, 500 m NW Diepoldsburg*, liegt rechts des
46 Wegs die *Rauberweghöhle* (740 m NN, ki 2, L 10 m).

250 m O Diepoldsburg* ragt an der Hangkante ein mächtiger Fels auf.
Man findet ihn vom Parkplatz an der Straße Ochsenwang–Diepolds-
burg aus, wenn man am Wald entlang 300 m nach W geht. Die *Rauber-* 7423
weidhöhle° (770 m NN, ki 2, EB 2,5 m, EH 4 m, L 70 m) ist über ein 33
Felsband von S zu erreichen. Bis zu einer Leiter verläuft der Gang na-
hezu geradlinig. Die Leiter führt zu einer kleinen Halle. Der Hauptgang
führt ebenfalls zu einer Halle, die aber nur durch einen Schluf zugäng-
lich ist.
Nur wenige Meter unterhalb der Rauberweidhöhle trifft man auf den
Eingang des *Bissinger Lochs* (766 m NN, EB 1,3 m, EH 3 m, L 58 m). 7423
Auf der Rutschbahn geht es ziemlich steil abwärts. Nach einem Schluf 41
erreicht man rechts eine sehr enge, hohe Kluft. Sie führt zu einer hohen
Halle. An ihrem Boden klafft ein Schacht (T 4 m). Ein sehr enger Schluf
führt in die Tropfsteinhalle. Der von hier aus zum Ausgang ziehende
Gang verzweigt sich nach wenigen Metern. Beitr 11, 1976.
1,5 km O Oberlenningen liegt unter der Hangkante des Tobeltals* die
Tobelhöhle 1° (680 m NN, ki 2, L 23 m u. 5 m, B 0,6–1 m). Der Gang 7422
führt verhältnismäßig steil nach oben. Kurz vor dem Ende der Höhle 13
reichen Teile der Decke in noch nicht vermessene Höhen hinauf. K.
Gußmann grub 1890 in der Höhle. Er fand Bronzegeräte. Zürn 1956. –
Der günstigste Weg zur Höhle ist, von O kommend, nach dem Aus-
sichtsfelsen vor dem 2. folgenden Felsen, am steilen Hang abzusteigen.
Die gründliche Untersuchung der Felsen an den Hangkanten des To- 7422
beltals erbrachte weitere drei Höhlen auf der Seite der Tobelhöhle und 49
fünf Höhlen in den Felsen auf der linken, ostwärtigen Talseite. Zur er- 50
sten Gruppe gehören die *Tobelhöhlen 2 und 3* und der *Tobeltalkamin* 47
(alle 680 m NN, L 16, 10, 11 m), zur zweiten die *Tobelhöhlen 4–8* (660, 71–75
660, 650, 680, 665 m NN, L 12, 7, 9, 7, 6 m).
200 m O Wielandstein* liegen *Schmierfinkenloch,* eine Nischenhöhle 7422
und *Fuchslabyrinth* eng beisammen (676 m NN, ki 2, EB 4 m, EH 2,5 m, 76a
L 55 m). Auch diese Höhle ist verschmiert. Beitr 8, 1975. 76b
1 km N Gutenberg finden wir einige wichtige Höhlen. Von Gutenberg
und von Schopfloch und Krebstein aus (Parkplatz bei P. 719) sind die
Wege zur *Gutenberger Höhle** bezeichnet (690 m NN, ki 2, EB 5 m, EH 7423
3 m; L 180 m). Die Ausgrabung des seit Menschengedenken bekannten 02
Heppenlochs (d. i. die Eingangshalle) war die erste Unternehmung des
1889 gegründeten Schwäbischen Höhlenvereins. Sein Vorsitzender
war der Gutenberger Pfarrer Karl Gußmann. In dem mächtigen Lehm-
berg, der bis dahin das *Heppenloch* abgeschlossen hatte, kamen
1889/90 Reste mittelpleistozäner Tiere zum Vorschein u. a. Nashorn,
Höhlenbär, Höhlenlöwe, Wildpferd und – bisher für die Alb einmalig
geblieben – Alpenwolf und Gibraltaraffe. Sie sind von der Hochfläche
her in einer Fließerde an den Einbettungsort gelangt. Bei den Ausgra-

bungen stieß man auf die Fortsetzung des Heppenlochs, die Gutenberger Höhle, die alsbald eine gern besuchte Schauhöhle wurde. Die ungleiche Ausbildung der Höhlenräume, geräumig in den höher gelegenen Teilen, eng in der Klamm, ist durch die verschiedene Beschaffenheit des Gesteins bedingt. Die Anlage der Höhle längs erzeugender Spalten und die beim Auftreten von querlaufenden Klüften auffällige Raumerweiterung beschrieb K. Endriß schon 1892. 1964 wurde am Eingang des Heppenlochs eine Bronzetafel angebracht, die an das Wirken Karl Gußmanns und seiner Freunde erinnern soll. Seit 1967 ist die Höhle elektrisch beleuchtet. Jh 4, 1963; SW 33; Abh D 1, 1973; Abh F 4, 1974; LHF 21, 1976.

SCH 1. 4.–31. 10. tgl. 8.00–18.00 Uhr, Verwaltungsstelle Gutenberg, 7311 Lenningen, (0 70 26) 3 22, Erw DM –,70, Ki DM –,50, Ges DM –,60, 20 Min./10 Min.

7423 200 m westlich liegt die von K. Gußmann 1890 entdeckte und 1890/91
01 ausgegrabene *Gußmannshöhle** (680 m NN, ki 2, L 55 m). Die Höhle
ist eine typische Spaltenhöhle mit sehr schönen Tropfsteinbildungen. Sie ist elektrisch beleuchtet. Gefunden wurden Mammutbackenzähne. Teile des Kristallrasens sind im Heimatmuseum Kirchheim u. T. Jh 4, 1963. SCH wie Gutenberger Höhle, 15 Min. LHF 21, 1976.

Gleich neben der Gußmannshöhle (S) liegt eine kleinere, unverschlos-
7423 sene Höhle, die *Krebsteinhöhle 1* (700 m NN, EB 3 m, EH 2,5 m, L 33
29 m), eine weitere, das *Wolfsloch* (*Wolfsschluchthöhle*), im Winkel N
03 Gußmannshöhle (700 m NN, EB 2,3 m, EH 2,5 m, L 28 m). Beitr 9,
1976; 11, 1976.

7423 Nur wenige Meter südlich liegt die *Krebsteinhöhle 2* (685 m NN, EB 1,6
44 m, EH 1,2 m, L 15 m), weitere 120 m südlich die *Belemnitenhöhle* (670
42 m NN, 1. EB 3 m, EH 3 m, 2. EB 2 m, EH 1,5 m, L 20 m). Beitr 8, 1975.

Unterhalb der Ruine Sperberseck*, 1,5 km S Gutenberg, liegt die
7423 *Montmilchhöhle** (680 m NN, ki 3, EB 1,5 m, EH 2 m; L 90 m). Von
13 Montmilch ist nicht mehr viel zu sehen, um so mehr von zähem Lehm,
über den man kriechen muß. E. Schütze grub 1900 in der Höhle und fand einige vorgeschichtliche Scherben. Jh 4, 1963.

7423 1 km SW Gutenberg ist auf dem Pfingstberg* die *Pfingstberghöhle 1* zu
12a finden (666 m NN, ki 2, EB 3,3 m, EH 3 m, L 20 m). Am Ende folgt ein
enger Schluf. Vom Eingang aus muß man etwa 4 m durch Gebüsch absteigen, dann der Felswand entlang nach S gehen und schließlich den
7423 Hang hinaufklettern zur *Pfingstberghöhle 2* (670 m NN, EB 11 m, EH
12b 3,8 m, L 16 m). Beitr 8, 1975.

Das ganze Tal der Lenninger Lauter bis hinab nach Unterlenningen ist von *Kalktufflagern* ausgefüllt. Jh. 4, 1963. Sie wurden bis vor einigen Jahren noch abgebaut (z. B. bei Gutenberg). Einzelne Quellen der Lauter, die aus vielen Wassern zusammenfließt, haben Kalktuffpolster gebildet. Die *Weiße Lauter** entspringt O Gutenberg aus 7 nebeneinanderliegenden Quellen (563 m NN, ox 1/2, QM 300 l/s, QMin 80 l/s, QMax 850 l/s, Pos 1 a).

Die vordere Quelle der *Schwarzen Lauter** fließt aus dem *Goldloch** S 7422
Schlattstall (504 m NN, unterstes ox 2), aber auch aus einer Quelle, die 04
wenige Meter talab aus dem Hangschutt bricht, ab. Die hintere Quelle der Schwarzen Lauter* (505 m NN, unterstes ox 2) liegt nur etwas talauf (QM aller Quellen der Schw. Lauter 440 l/s, QMin 100 l/s, QMax 2700 l/s, Pos 2 a).

Das Einzugsgebiet ist nur für die Schlattstaller Quellen in etwa bekannt. Es reicht in südlicher Richtung bis in die Gegend von Aglishardt, wie Färbversuche bei Böhringen (146 m/h, Schulz 1957) und der neue Versuch von Aglishardt gezeigt haben (vgl. S. 79). Zum Einzugsgebiet der Quellen der Weißen Lauter vgl. S. 90.

Das Mundloch des Goldlochs (ox 2, L 34 m) ist durch Goldgräber 1824/25 zu seiner heutigen Größe erweitert worden. – Der Sage nach soll ein Schäfer von Seeburg her in die Höhle eingedrungen sein. Er stieß auf riesengroße Vögel, die mit den Schnäbeln nach ihm hackten. Ein Müllerknecht, der davon hörte, ließ sich nicht beirren. Es gelang ihm, von dem Schatz, den die Vögel hüteten, einen Klumpen Gold mitzunehmen.

In Trockenzeiten fließt aus der Höhle kein Wasser mehr ab. Doch ist in den letzten 15 Jahren im Hangschutt wenige Meter O eine Quellnische entstanden, aus der im Mittel 40 l/s abfließen. Diese Quelle ist bisher noch nie versiegt. – Hinter den Forellenteichen, 200 m ONO, fließt aus einem schluchtartigen Einschnitt, hinter dem eine geräumige Nische ausgebildet ist, ständig Wasser ab. Bei Hochwasser entströmen diesem *Eingefallenen Goldloch* gewaltige Wassermassen (Quellaustritt dann etwa 2 m unterhalb des Holzfuhrwegs). BlSAV 71, 1965; LHF 16/17, 1973/74.

Bei den Arbeiten zur Verbreiterung der aus dem Lenninger Tal nach Grabenstetten führenden Straße war eine auf 12 m Länge befahrbare Höhle zerstört und durch einen Schuttkegel verschlossen worden. Nach Freilegung durch die Arbeitsgemeinschaft Höhle und Karst Graben-
stetten wurde die *Grabenstetter Steighöhle* wieder zugänglich und 7422
konnte vermessen werden (670 m NN, ki 3, EB 3 m, EH 1,8 m, L 14 m, 27
H 12 m). Die Höhle ist an einer Kluft angelegt. Beitr 8, 1975.

In der Großen Schrecke*, 1,5 km SO Grabenstetten, liegt im Felsen 20
m über der Talsohle die *Schmetterlingshöhle* (640 m NN, ki 2, EB 5 m, 7422
EH 6,5 m, L 127 m). Abgesehen von der Eingangsnische ist die Höhle 64
durchweg sehr eng. Beitr 8, 1975.

1971 wurde in der Großen Schrecke*, 1 km W Strohweiler, die *Allrad-* 7422
höhle entdeckt (610 m NN, ki 2, EB 0,5 m, EH 1,2 m, L 113 m). Der 42

ziemlich enge Höhlengang ist erkennbar an Klüften angelegt. Teile sind nur schliefend zu befahren.

Wenn der Wald nicht belaubt ist, kann man vom Parkplatz bei der Gra-
benstetter Steighöhle aus über den Taleinschnitt hinweg in einem Fel-
7422 sen die *Schlattstaller Höhle° I* erkennen (630 m NN, ki 2, EB 1,5 m, EH
12 1,5 m, L 17 m). Ca. 65 m westlich liegt die *Lange Schlattstaller Höhle IV*
40 (652 m NN, EB 0,7 m, EH 0,3 m, L 30 m). 15 m nordwestlich stößt man
24 auf die *Mittlere Schlattstaller Höhle II* (649 m NN, EB 2 m, EH 2,6 m, L
39 16 m). Die weitere 15 m N liegende *Kurze Schlattstaller Höhle III* ist
schwer zu finden (650 m NN, EB 0,7 m, EH 0,8 m, L 9 m). Beitr 3,
1973.

7422 Eine Höhle vom Eiskellertyp ist die *Schlattstaller Höhle V* 500 m W
55 Schlattstall (670 m NN, ki 2, EB 4,5 m, EH 1,5 m; L 10 m, B 14 m, H 2,5
m). Sie liegt nur wenige Meter unterhalb der Hangkante. Beitr 7, 1975.

7422 Als *Schlattstaller Höhlenruine* wird die 750 m WSW Goldloch befindli-
38 che Höhle vom Backofentyp bezeichnet (610 m NN, EB 8 m, EH 6 m,
L 30 m). LHF 16/17, 1973/74.

Zu der 17 m unterhalb der Hangkante südwestlich der Ruine Hofen*
7422 liegenden *Hofen-* oder *Gustav-Jakobs-Höhle* führt ein Pfad 50 m süd-
05 westlich des äußersten Wallrestes steil an den Felsen hinab (650 m NN,
ki 2, EB 3 m, EH 2,5 m, L 380 m). Die Höhle zieht sich unter der Bergnase hin und hat auf der Nordseite 13 m unter der Hangkante einen zweiten Eingang, der von oben schwer zu erreichen ist. Sie wurde 1936 bei der Suche nach dem unterirdischen Lauf der Abwässer von Grabenstetten entdeckt (Funde von rezenten Pferde- und Rinderknochen). Die Höhle ist sehr eng und darum nicht ganz einfach zu befahren. An den engsten Stellen wurde sie etwas erweitert. Die Höhle enthält zwei mit außergewöhnlich schönen Tropfsteinen geschmückte Hallen. Im unteren Teil der 2. Halle wurde 1966 ein Durchgang zum »Kollektivschacht« (T 10 m) geschaffen. Mitt 13, 1967; LHF 16/17, 1973/74.

In nächster Nähe der Gustav-Jakobs-Höhle wird z. Z. die *Kleine Hofe-*
7422 *ner Höhle* vermessen (655 m NN, ki 2, L 78 m). LHF 16/17, 1973/74.
26 1 km SSO Oberlenningen liegt oberhalb des Konradfelsen* das *Aiber-*
7422 *eschloch* (690 m NN, ki 2, T 15 m). Der Boden des Schachts ist von Müll
09 und Tierkadavern bedeckt. LHF 16/17, 1973/74.

Jenseits des kleinen Tälchens, NO Ruine Hofen, wurde 1958 eine
Schachthöhle mit sehr engem, horizontalem Zugang entdeckt, die *Roß-*
7422 *gallhöhle* (ca. 650 m NN, ki 2, L 26 m, T 43 m, D 6 m). Nur sehr erfah-
14 rene und gut ausgerüstete Höhlenforscher können den Schacht befah-
ren. BlSAV 64, 1958; LHF 16/17, 1973/74.

Am Fuß des ersten Felsbands S Roßgallenäcker 1,3 km O Grabenstet-
7422 ten öffnet sich der dreieckige Eingang des *Rappenlochs* (680 m NN, ti,
41 EH 3 m, EB 1,5 m, L 8,5 m). Beitr 3, 1974.

Der Albvereinsweg von Hochwang nach SO führt nach 200 m zu dem
unmittelbar am Weg 15 m tief abfallenden *Kesselfinkenloch**. Es ist dies 7422
eine Höhlenruine mit als Naturbrücke erhaltenem Höhlenportal (680 19
m NN, ki 2, !). Im 30jährigen Krieg soll die Höhle noch als Zufluchtsort
gedient haben. Ein Kesselflicker namens Fink soll sie damals bewohnt
haben.
Am Totenwegle, das von Hochwang nach Oberlenningen durchs
Schmaltal* zieht, liegt die *Totenweghöhle* (670 m NN, ki 2, L 12 m). 7422
LHF 16/17, 1973/74. 32
Im ersten Felsen W Brucker Fels* ist eine *Naturbrücke* erhalten geblieben (H 3 m, B 1–1,5 m).
1 km O Erkenbrechtsweiler beginnt oberhalb der Hochwangsteige eine
Rinne, der nach Nordosten zum Bach im Kellental* führende Klingel-
graben. Aus dem *Klingelgrabenbröller* (600 m NN, ox 2, L 345 m) fließt 7422
zwar nur zeitweise Wasser zu Tal, in seinem Innern führt er jedoch im- 30
mer Wasser (!). Die Höhle ist eng und schmutzig. Beitr 2, 1973; LHF
16/17, 1973/74.
Im alten Steinbruch 1 km NO Böhringen findet man in der Nordwand
die *Böhringer Steinbruchhöhle* (770 m NN, ki 2, EB 3 m, EH 2,5 m, L 6 7423
m). Wahrscheinlich ist sie nur noch der Rest einer früher größeren Höh- 45
le. Beitr 8, 1973.

5. *Vom Breitenstein zum Reußenstein*

Unter dem Breitenstein* 2 km SSO Bissingen liegen mehrere Klein-
höhlen, von denen die *Breitensteinhöhle* erwähnt werden soll (800 m 7423
NN, ki 2, L 25 m). 20
Unter den vom Schwäbischen Höhlenverein untersuchten Höhlen wird
auch die *Höhle im Wachtfelsen* am Breitenstein bei Ochsenwang ge- 7423
nannt. Sie ist nicht groß (765 m NN, ki 2, EB 2,6 m, EH 3,6 m, L 7 m). 43
Beitr 8, 1975.
O Breitenstein steigt man in den Pferch* hinab. Dort befindet sich ein
Labyrinth von *Spaltenhöhlen.* Häufig sind die Spalten nach oben offen,
manchmal nur mit Laub und morschem Geäst bedeckt, so daß ein Ab-
weichen vom Weg gefährlich werden kann. Geht man den Zickzackweg
nach Hepsisau abwärts, so kommt man vom ersten längeren Wegstück
aus 6 m aufsteigend zur *Pferchhöhle* (735 m NN, ki 2, L 16 m), die aber 7423
mit dem Spaltensystem des darüberliegenden Pferchs nichts zu tun hat. 21
Unter den Felsen des Schafbuckels*, 2,2 km S Hepsisau, öffnet sich das
*Heidenloch**(780 m NN, ki 2, L 15 m, EB 2 m, EH 1,8 m). Da der 7423
Volksmund »Heidalöcher« sagt, gab es früher wohl mehrere Höhlen. 16
700 m O Heidenloch gelangt man an das Tannenäckerle, wo sich wie-

derum ein Spaltenlabyrinth befindet. Die größte Höhle unterhalb von
7423 P. 786 heißt *Tannenäckerleshöhle* (770 m NN, ki 2, L 14 m, T 14 m).
25 2,2 km SW Neidlingen ragt der Heimenstein* auf, ein viel besuchter
Aussichtspunkt, den einst eine Burg krönte. In diesem Felsen liegt die
7423 *Heimensteinhöhle*° (756 m NN, ki 2, L 80 m, T 20 m). Sie führt zunächst
04 mit lehmigem Grund steil abwärts, verengt sich nach 10 m am Boden
und biegt nach NO aus, um kurz darauf über Stufen wieder die Nordrichtung einzunehmen. Von hier aus ist schon das Tageslicht zu erkennen. Mit einiger Vorsicht und bei Kenntnis der Höhle kann man sie ohne Licht begehen. Besonders schön ist das Flußhöhlenprofil im östlichen Gangabschnitt zu sehen, wo auch Wasserstandsmarken zu erkennen sind. Der letzte Abschnitt bis zum Ostausgang hat ein sekundäres Gerinne. Die Höhle kann als horizontaler Druckstollen angesprochen werden, als Rest einer durch die rückschreitende Erosion abgeschnittenen Höhle. Am Ostausgang befinden sich noch zwei Kolke von rundem bzw. elliptischem Querschnitt, die 6 bzw. 8 m in die Tiefe führen, wo noch ein Höhlenteil ist. – Seit 1963 besteht am Felsen Kletterverbot, da hier Wanderfalken wieder heimisch werden sollen. –
Die Sage weist die Heimensteinhöhle einem Riesen Heim zu, der sich, um es den Menschen gleichzutun, auf dem gegenüberliegenden Felsen das Schloß Reußenstein erbauen ließ. Als er bei der Besichtigung entdeckte, daß am oberen Fensterladen ein Kloben fehlte, wollte er die Bauleute nicht auszahlen, bevor dieser Mangel behoben wäre. Keiner traute sich's zu, den Kloben einzuschlagen. Endlich meldete sich ein Schlossergeselle, der seines Meisters Tochter liebte, die der Vater ihm jedoch nicht geben wollte. Nun half der Riese selbst dem Mutigen. Nach vollbrachter Tat überhäufte er den Schlosser mit Geschenken, so daß er ein gemachter Mann war und sein Mädchen freien konnte. Jh 4, 1963.
Auf dem Weg zum Bahnhöfle* gelangt man 800 m SSO Heimenstein an
7423 die früher sehr gerühmte *Neidlinger Tropfsteinhöhle*° (670 m NN, ki 2,
05 L 17 m, T 13 m, !). 10 m von der 2. zum Heimenstein gerichteten Spitzkehre des talwärts führenden Fußwegs geht beim Wurzelballen eines umgestürzten Baumes ein Schacht 7 m senkrecht in die Tiefe. Dort ist ein Schuttkegel, über den man bis zu einer Halle (L 12 m) weiterrutschen kann. Sie weist nur noch Reste des ehemals schönen Tropfsteinschmuckes auf. Jh 4, 1963.
Im *Wasserfall**, einer Doline 700 m SW Hoffmeisterhaus* N Schopfloch, und ebenso in den Dolinen 100 m NNO *(Stauchloch,* ki 2) und 300 m N Hoffmeisterhaus versinken die Wässer der Torfgrube. Färbversuche ergaben, daß das Wasser vom Stauchloch zur Quelle der Lenninger Lauter fließt (85 und 160 m/h), das vom Wasserfall zur *Höllsternquelle W* Gutenberg (43 m/h). Schulz 1957. – Die vom sonstigen Quellwasser abweichende Beschaffenheit des Wassers der Höllsternquelle, die auf

die teilweise Herkunft aus dem Torfmoor zurückzuführen ist, brachte
es in den Ruf, heilkräftig zu sein.
Der in der Quellnische einige Meter oberhalb der Brunnenstube gele-
gene *Höllsternbröller* wurde 1969–1971 von Stuttgarter Höhlenfor- 7423
schern untersucht. Sie fanden hinter dem Eingangsteil, der zu Anfang 37
dieses Jahrhunderts auf 10 m Länge erweitert worden war, eine sehr
enge, z. T. wassererfüllte Höhle (560 m NN, ox 2, L 350 m, !). Etwa 100
m vom Eingang entfernt erreicht man den ständig zum Höllstern flie-
ßenden Bach, dessen Übereich durch den Höllsternbröller austritt
(QMax Juni 1971 800 l/s). 80 m vor dem Höhlenende beginnt in der
Verzweigungshalle ein ständig Wasser führender Seitengang, der in die
Mergelhalle führt. Während der Hauptgang meist das für ox 2 typische
Kastenprofil aufweist, übertreffen im Seitengang und in der Mergel-
halle die Mergelschichten die Kalkbänke an Mächtigkeit, was rundere
Formen entstehen ließ. Vermutlich ist hier die Übergangszone ox 2 / ki
1 erreicht. Mitt 18, 1972.
Sehr schön ist im Frühjahr der *Neidlinger Wasserfall** 400 m SW Ruine
Reußenstein. Bei Trockenheit, etwa im Herbst, fließt kaum Wasser
über den 15 m hohen Fall (Quelle 620 m NN, ox 2).
In den Felsen des Reußensteins, vor allem entlang des Fahrwegs vom
Reußensteiner Hof nach Neidlingen, liegen einige kleine Spaltenhöh-
len (T 5–15 m). Diese *Reußensteinhöhlen* sind alle unbedeutend. Jh 4, 7423
1963. Die Höhle unter der Ruine wurde bei deren Renovierung ver- 22
schlossen.
Auf dem NO Reußenstein gelegenen Bläsiberg* öffnet sich 3 km O
Neidlingen eine Halbdoline, das *Mordloch** bei Neidlingen. Im S wird 7423
die Doline durch eine senkrechte Felswand (T 5 m) abgeschlossen. Auf 14
ihrem Grund befindet sich die eigentliche Höhlenöffnung (720 m NN,
ki 2, EB 3,5 m, EH 0,5 m; L 16 m, T 5 m). Der Boden des schräg ab-
wärts führenden Ganges ist mit Schutt bedeckt. Die Decke hebt sich auf
1,7 m, die Breite erreicht 14 m. Montmilch und Ansätze von Sintervor-
hängen schmücken die Höhle. Jh 4, 1963

6. Filstal und Seitentäler

In dem von der Pfulb* O Gutenberg herkommenden Trockental, dem
Hasental*, das zum System der Ur-Lone gehörte, entspringt in 625 m
NN aus einer Spalte im Talgrund die *Fils** (ox 2, QM 240 l/s, QMin 50
l/s, QMax in Wiesensteig > 4000 l/s, Pos [1 a]).
Im ganzen oberen Filstal wurde Kalktuff abgelagert. Eine unzugängli- 7423
che *Kalktuffhöhle* ist bei Mühlhausen. 26
Im Papierfelsen* 1,75 km W Wiesensteig entdeckte 1925 Revierförster

7423 Veeser die *Papierfels-* oder *Veeserhöhle*° (700 m NN, ki 2, L 23 m). Sie
19 ist eine Schichtfugenhöhle und starkem Deckenverbruch ausgesetzt.
Die Sinterbildung ist beachtlich. G. Riek grub die Höhle 1930 aus. Er fand Werkzeuge aus dem Magdalénien und jungsteinzeitliche Kulturreste (u. a. eine 17 cm lange Feuersteinlanzenspitze und Pfeilspitzen). In einer Nische an der Südwand lagen menschliche Reste, Klingenkratzer und Knochen von Hirsch, Braunbär, Pferd und Rind. Jh 4, 1963.

7423 3,5 km NW Westerheim liegt die *Schertelshöhle** (775 m NN, ki 2, L
06 212 m). 1470 wird der Einbruchsschacht schon als »Scherzenloch« genannt (wohl von Schratt oder Schratz = Waldteufel, Kobold, abgeleitet). Die Überlieferung, der »Schwarze Vere«, ein Räuberhauptmann, habe sich in der Höhle versteckt gehalten, ließ sich bisher nicht beweisen. In den Jahren 1829/30 wurde der jetzige Eingangsstollen durchgebrochen und die Höhle damit der Allgemeinheit zugänglich gemacht. Die elektrisch beleuchtete Höhle birgt märchenhaft schöne Tropfstein- und Sinterbildungen. Der untere der beiden Gänge ist eine bis zu 15 m hohe Kluft, der obere ist niedriger. Das Kuhloch, der Einbruchstrichter, ist 24 m tief. Jh 4, 1963. Baumeister, o. J.; SW 33; LHF 18, 1974; Abh F 4, 1974.

SCH, Karfreitag – 31. 10. So 9.00–18.00 Uhr, W n B, Bürgermeisteramt Westerheim, Tel. (07333) 5543, Erw DM 1,50, Ki DM –,80/–,70, Ges DM 1,20, 30 Min.

7423 Wenige Meter O liegt die nach dem Krieg entdeckte *Hugohöhle* (L 24
28 m). Sie ist verschlossen.

Jenseits des Tälchens, 200 m WSW Schertelshöhle, öffnet sich weit das
7423 *Steinerne Haus** (750 m NN, ki 2, L 55 m), in dem früher die Kloster-
07 frauen von Wiesensteig in unruhigen Zeitläuften Schutz gesucht haben sollen. Da die Höhle bergwärts einfällt, ist sie auch im Sommer verhältnismäßig kalt. 1931 wurden Funde aus der Jungsteinzeit und der Bronzezeit gemacht. Jh 4, 1963; FBer BW 1, 1974.

7423 Nur 350 m N, also talab, befand sich die *Burkhardtshöhle,* die nach dem
17 Geislinger Heimatforscher Burkhardt benannt wurde (735 m NN, ki 2).
G. Riek grub 1933 Werkzeuge aus dem Magdalénien aus. Weil in der Höhle Munition gelagert war, wurde sie im Frühjahr 1945 gesprengt. Jh 4, 1963.

7423 750 m S Wiesensteig liegt der kleine Schacht des *Kühlochs* (767 m NN,
08 ki 2, T 8,5 m).

Im September 1966 wurde oberhalb der Malakoffbrücke der Autobahn 500 m OSO Wiesensteig im Hang ein Loch entdeckt, das nach Erweite-
7423 rung den Einstieg in den *Malakoffschacht* freigab (700 m NN, EB 1x0,4
35 m, T 14 m). LHF 16/17, 1973/74.

7423 Im Felsen unterhalb des Autobahnparkplatzes 1 km N Hohenstadt
50 wurde 1966 das *Impferloch* entdeckt (700 m NN, ki 2, EB 0,4 m, EH

1,8 m, T 14 m, H 10 m). In der Höhle herrschen zwei Kluftrichtungen vor, Ost-West und Nord-Süd. Mehrere Engstellen erschweren die Befahrung. Die tiefste Stelle scheint gelegentlich unter Wasser zu stehen. Mitt 13, 1967.

Zur *Todsburger Höhle** 1,75 km ONO Wiesensteig (740 m NN, ki 2, L 7423
125 m) kann man vom Tal aus auf dem Wanderweg (Abzweigung!) 11
oder vom Eselhof* aus gelangen. Ehe die neue Straße nach Wiesensteig nach links abwärts führt, geht es auf dem wenig begangenen Pfad etwa 2 Minuten nach rechts. Auch von oben ist der Felsen, unter dem die Höhle in den Berg zieht, nicht zu verfehlen. Man kann über den Steilhang absteigen(!). 1895 wurde die Höhle als Schauhöhle erschlossen. Allerdings bekam das ihrem Tropfsteinschmuck nicht. Bemerkenswert sind die bis zu 1 m hohen Sinterbecken, leider z. T. von unverständigen Burschen beschädigt. Bis auf 110 m Länge ist die Höhle in Schutzkleidung gefahrlos zu begehen. Die 1961 gefundene Fortsetzung ist nur durch einen engen Schluf am Ende der Höhle zu erreichen. Jh 4, 1963.

500 m NO Todsburger Höhle verbirgt sich unter einem unscheinbaren Loch im Waldboden eine der bedeutendsten Schachthöhlen der Alb,
der *Todsburger Schacht* (772 m NN, ki 2, T 72 m, !). 1936 wurde die 7423
Höhle erstmals befahren, doch nur bis auf 40 m Tiefe. Da sie eigentlich 10
ein ganzes System von Schächten, Gängen und Hallen ist, die sowohl längs tektonischer Klüfte als auch auf Schichtfugen angelegt sind, ist die Befahrung sehr schwierig. Die Vermessung erforderte mehrere Jahre. Jh 4, 1963.

0,5 km O Gruibingen liegt das *Schlagstüble**, im Volksmund Kindles- 7423
brunnen genannt (757 m NN, ki 2, L 20 m). Durch ein kreisrundes Loch 24
(D 1 m) führt der Einstieg zunächst in 3 m Tiefe, dann fällt ein Gang nach W schräg abwärts. Jh 4, 1963.

Der *Gruibinger Schacht* (725 m NN, ki 2, T 18 m), 1,1 km SSW Grui- 7423
bingen, brach zu Anfang des 2. Weltkriegs ein. Eingeklemmte Ver- 23
sturzbrocken bilden verschiedene Etagen. Jh 4, 1963.

7. Hochalb nordöstlich von Münsingen

Zum *Hohlen Stein** bei Feldstetten, 2 km ONO Feldstetten, führt von 7523
der Straße aus ein bezeichneter Wanderweg. Die Höhle ist durch einen 01
Einbruch geöffnet (780 m NN, ki 2, L 12 m, B 22 m, H 2,7 m; D 13 m). Drei Spalten führen bis zu 6 m in die Höhe. Es wird erzählt, die Decke der Höhle habe sich gesenkt; früher habe man mit einem Heuwagen darin umkehren können. Das stimmt nicht. – Bekannt ist die Sage vom Waldgrafen von Laichingen, der in der Höhle gehaust haben soll. Zwei Laichinger Holzmacher habe er in einen Saal voller Schätze geführt. Sie

hätten sich dann aber nur je ein Beil ausgebeten. Daraufhin habe der Waldgraf ihnen öfter bei der Arbeit geholfen. Einer der Männer habe am Wirtshaustisch davon erzählt. Danach sei der Waldgraf nie mehr gekommen. Jh 4, 1963.

Am Nordhang des Nattenbuchs*, 800 m SO Feldstetten, liegt unterhalb
7523 des Wasserhochbehälters* die *Davidshöhle* (795 m NN, ki 2, L 32 m, T
03 15 m). Leider ist die Höhle immer wieder für die Beseitigung von Tierkadavern verwendet und schließlich aufgefüllt worden. LHF 12, 1971.

Das auf dem Vulkantuff des ehemaligen Maars von Zainingen zusammengelaufene Wasser wird vom *Hölloch* (800 m NN) geschluckt, das rund 200 m N der Hüle vor dem Hang liegt. Links neben dem Haus Nr. 5 führt ein Feldweg nach N zu diesem Schluckloch. Bei einem Färbversuch soll die eingebrachte Farbe in den Quellen im Donntal, 4,5 km N Zainingen, wieder zum Vorschein gekommen sein. Schulz 1957.

Kulturgeschichtliche Denkmäler stellen die bis 1959 benützten *Dachbrunnen* in den zu Westerheim gehörenden Wohnplätzen Heuberg*, Egelsee* und Dornenbuch* dar.

L 7524 Blaubeuren

Das Blattgebiet umfaßt die Hochalb zwischen oberem Filstal im Nordwesten und Blautal am Südrand. Der nördlich der in der Diagonale von Südwesten nach Nordosten ziehenden Klifflinie liegende Teil gehört zur Kuppenalb, der südliche zur Flächenalb.

1. Ach- und Blautal mit Nebentälern bei Blaubeuren

Wandert man das Tiefental* von Sontheim aus abwärts, so trifft man
2 km SO Sontheim am Wanderweg auf die *Sontheimer Höhle** (früher 7524
als *Sontheimer Erdloch* bezeichnet, 720 m NN, ki 2, L 223 m, T 37 m). 02
Ein neuer Parkplatz bei der Höhle macht die Zufahrt möglich. Der erste Bericht über die Höhle stammt von 1488. Neben der Nebelhöhle war sie einst *die* Schauhöhle der Alb. Der Brauch der ledigen Jugend von Sontheim und Umgebung, am Pfingstmontag zur Höhle zu ziehen und sich dort zu vergnügen, geht von den heute noch üblichen Höhlenfesten am weitesten in die Vergangenheit zurück. Das Höhlenfest wurde 1825 wieder aufgenommen, und findet jetzt meist im Juli oder August statt. Die ehemalige Flußhöhle läuft dem Tiefental fast parallel. Durch ein großes Portal (B 7 m, H 12 m) steigt man in die 1. Halle hinab. In dem kurzen Teil, der nach S führt, fand F. Heller 1926 pleistozäne Fledermausreste. Der Hauptteil der Höhle erstreckt sich nach Norden. Auffällig ist der häufige Profilwechsel. Bis zu der 70 m vom Eingang entfernten Engstelle wirkt sich in der Bewetterung noch das große Portal aus. Hinter der Engstelle herrscht das ganze Jahr über eine gleichmäßige Temperatur. Durch kleinere Hallen geht es auf Stufen zur Schlußhalle (L 30 m, H 20 m), dem tiefsten Punkt der Höhle. Sie ist seit 1957 elektrisch beleuchtet. Durch die in früheren Jahrhunderten übliche Beleuchtung mit Pechfackeln sind einige der vielgestaltigen Tropfstein- und Sinterbildungen etwas verrußt, was manchmal zu Bildern führt, die die Phantasie erst recht beflügeln. Jh 4, 1963; OAB Münsingen 1825 und 1912; Frank o. J.; BlSAV 1969; LHF 11, 1971; Mitt 17, 1971; 500 Jahre Sontheimer Höhle Pfingsten 1971; SW 33; Abh F 4, 1974.

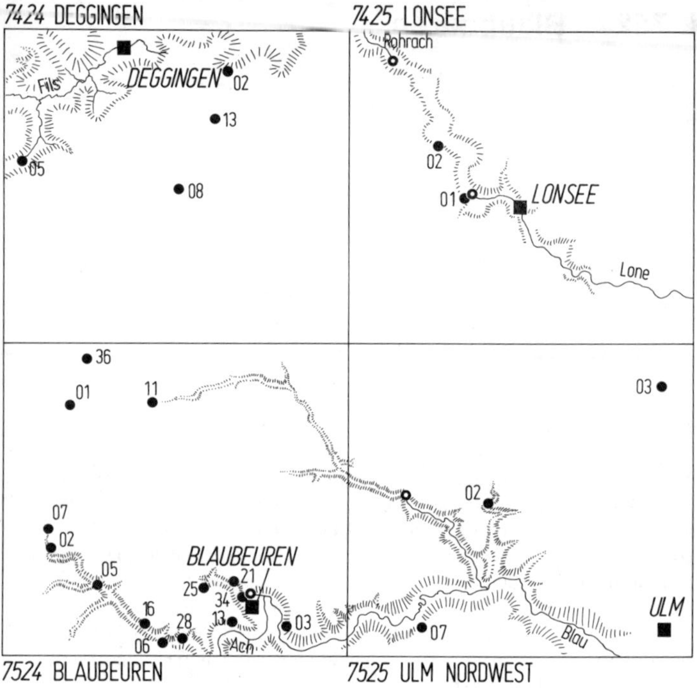

Blatt L 7524 Blaubeuren

Im März 1977 legte das Landesdenkmalamt in der Tiefe der Höhle, 125 m vom Eingang entfernt, ein Doppelgrab eines Mannes und einer Frau aus der Merowingerzeit frei (7. Jh. n. Chr.).
SCH 1. 5.–31. 10. Sa 14.00–18.00 Uhr, So/F 9.00–18.00 Uhr, Bürgermeisteramt 7424 Heroldstatt, (07389) 215, Erw DM 1,50, Ki DM 1.–, Ges DM 1.–, 20 Min.

7524 Außer zwei Kleinhöhlen, dem *Teufelsbackofen* (750 m NNW Sonthei-
07 mer Höhle) und der *Impfernsteinhöhle* (auf der Nordseite des Impfe-
16 rensteins*) befinden sich im Tiefental noch zwei bedeutendere Schächte. 4 km SO Sontheim liegt 10 m über der Talsohle auf der Basennase*
7524 das *Wolfsloch* oder der *Sontheimer Schacht II* (628 m NN, ki 2, T
05 23 m, !). Die Schachtöffnung ist eingeschrankt.

18 Harpunen und Klingen aus dem Magdalénien. Württ. Landesmuseum Stuttgart

19 Hohler Stein im Lonetal. Menschliche Figur (Mammutelfenbein) ▶

Wenige Meter rechts oberhalb des auf der Karte bezeichneten Wanderwegs von Seißen über die Bettelbuche* nach Schelklingen ist auf der Schelklinger Seite der enge, mit einem eisernen Deckel verschlossene
Einstieg zur *Striebelhöhle* (580 m NN, ki 2, T 28 m, !). In dieser Höhle 7524
wurden Quarzitgerölle der Ur-Donau gefunden, die im Pliozän auf der 06
Albhochfläche geflossen ist. Jh 4, 1963.

Im unteren Tiefental, am linken Hang 1,75 km SSO Seißen, durchzieht
eine 21 m lange Durchgangshöhle, die *Säudornfelsenhöhle,* das 7524
Schwammriff des Säudornfelsen. Er ist an einer schönen Naturbrücke 28
leicht zu erkennen. Jh 4, 1963.

Geht man von der Waldecke O WÜWA-Lagerhaus Blaubeuren an der Straße Blaubeuren–Weiler das »Bahnhofswegle«, den bezeichneten Wanderweg zur Günzelburg und nach Seißen hinauf, so bemerkt man vor dem zweiten größeren Felsen (dem letzten vor der *Küssenden Sau,* einer Naturbrücke im Felsenlabyrinth*) rechter Hand eine Schutthalde
im Wald. Ein Zickzackpfad führt hinauf zur *Brillenhöhle (Zwickerhöh-* 7524
le), die 1956–1963 von G. Riek ausgegraben wurde (600 m NN, ki 2, L 13
32 m, D 17 m). Gefunden wurden Kulturreste aus dem Magdalénien, darunter Knochenharpunen aus dem Gravetien, in der tiefsten Schicht aber auch primitive Werkzeuge aus Eisenerz. An tierischen Resten wurden Knochen von Wildpferd, Mammut und Schneehase, in den unteren Schichten auch vom Höhlenbären, geborgen. Ihren Namen hat die Höhle von den beiden Deckenöffnungen, die an eine Brille oder einen Zwicker erinnern. Jh 4, 1963; Riek 1973.

Vom Tal aus weithin sichtbar ist die *Große Rusenschloßhöhle*° (auch 7524
Große Grotte genannt) im Felsen unter der Ruine Rusenschloß* (580 m 03
NN, ki 2/3, EB 14,5 m, EH 16,5 m; L 28 m). 1960–1967 grub hier ebenfalls G. Riek. Schon wenige Zentimeter unter dem Trampelboden der Höhle wurden Werkzeuge aus dem Micoquien und Moustérien mit Blattspitzen gefunden. Die Höhle ist von dem Fußweg aus, der den Hang hinaufführt, über einen Steilhang zu erreichen. Jh 4, 1963; Wagner 1973 (umfangreiche Dokumentation in Vorbereitung).

Für die bei den Grabungen in den Höhlen der Umgebung von Blaubeuren geborgenen Kulturreste wurde im Spital (bei der Stadtkirche) das *Urgeschichtliche Museum* eingerichtet. Es soll 1977 erweitert werden. Geöffnet: tgl. 10.00–12.00, 14.00–16.00 Uhr. Erw DM 1,–, Ki DM –,50, Ges DM –,50.

Die *Kleine Rusenschloßhöhle* erreicht man vom Fußweg aus, der von 7524
Gerhausen zum Rusenschloß führt. Die Höhle hat drei Hallen, von de- 04
nen zwei portalartige Öffnungen zum Blautal hin haben (EB 11 m, EH 7,5 m; 2. EB 4,5 m, EH 7,5 m). Das ganze System erhält Tageslicht (570 m NN, ki 2/3, L 20 m). Jh 4, 1963.

Am Südhang des Galgenberges liegen 1,5 km NW Blaubeuren die *Sil-*

7524 *bersandhöhlen°* (645 m NN, dol. ki 2). In ihnen wurde im 19. Jahrhun-
21 dert Dolomitsand gegraben. Damals fanden auch gelegentliche Höhlenbeleuchtungen statt, zu denen die Blaubeurer eingeladen wurden. Die größte Höhle hat eine Halle von 13 m Länge, an deren Ende ein 10 m hoher Kamin nach oben bis zur Erdoberfläche führt. Ein enger, nicht ungefährlicher Gang zieht sich am Ende der Halle nach unten. Jh 4, 1963.

Wo die B 28 Blaubeuren in Richtung Suppingen verläßt, ragt rechter Hand der Glasfelsen auf. An seinem Fuß liegt im Garten der Fa. Auto-
7524 haus Burger der Eingang der *Glasfelsenhöhle* (555 m NN, ki 2, EB 7 m,
34 EH 5 m; L 35 m). Diese Spaltenhöhle kann teilweise nur kriechend befahren werden. Jh 4, 1963.

7524 500 m OSO Steigziegelhütte* liegt im Wald Seligengrund* der *Teufels-*
25 *backofen* (650 m NN, ki 2, L 7 m).

Wohl die eindrucksvollste Quelle der Alb ist der *Blautopf** bei Blaubeuren. Von den Sagen, die sich mit dem Blautopf befassen, ist die von der »schönen Lau« am bekanntesten geworden. Sie wurde von Eduard Mörike erdacht (Skulptur von Fritz von Grävenitz an der Nordseite der Hammerschmiede). Bis etwa zum Höchststand der Rißeiszeit durchfloß die Donau das Blaubeurer Tal. Die Blautopfquelle ergoß sich damals unmittelbar oder doch nach sehr kurzem Lauf in den Fluß. Wie Bohrungen ergeben haben, lag die Talsohle des Donautals etwa 30–35 m tiefer als der heutige Talboden. Die Lage des Blau-»Topfes« in einer Nische und seine große Schüttung bewahren ihn vor der Einfüllung mit Hangschutt und Geröll (QM 2300 l/s; QMin 310 l/s; QMax 26 200 l/s; Pos 2a/3b; Temp. 9,2°). Die größte Tiefe des Quelltopfes beträgt 20.6 m. Die große Tiefe läßt die Eigenfarbe des Wassers in schönstem Blau voll zur Geltung kommen.

Nach W sinkt der Grund weiter ab, unter überhängendem Fels öffnet
7524 sich die *Blautopfhöhle,* aus ihr treibt der Quellstrom herauf. Ein großer
43 schluchtförmiger Gang fällt in stufenförmigen Absätzen (Bankung des ki 2) bis auf 42 m Tauchtiefe. 105 m weit konnte die Höhlenforschergruppe Eschenbach/Göppingen die Unterwasserräume vermessen und auf rund 150 m Länge besichtigen. Mit Propellerschubgerät und mehrfach gesicherter Spezialausrüstung gelang J. Hasenmayer 1969 ein Tauchvorstoß bis auf 300 m Entfernung vom Blautopfrand. Bei Punkt 150 sperrt eine 10 m hohe senkrechte Wand den Gang. Dahinter senkt sich die Trichterhalle. Sie ist 20 m breit. In ihrem Schlammgrund setzt der Talgang an, ein alter, ca. 12 m breiter Höhlentunnel mit Kastenprofil, in dessen Schlammfüllung die Hochwasserströme ein langgezogenes Tal gegraben haben. J. Hasenmayer hält diesen Unterwassertunnel für den Hauptgang einer ehemaligen Flußhöhle, die direkt ins eiszeitliche Donautal mündete. Ob der gleichmäßige Anstieg des alten Flußbettes

nach W, höhleneinwärts, bis in lufterfüllte Räume hinaufreicht, kann nur durch weitere Tauchforschungen geklärt werden.
Das Einzugsgebiet (rund 150 qkm) konnte im letzten Jahrzehnt durch einige Färbversuche, die im Abschnitt über die Hochalb genannt werden (S. 101), verhältnismäßig genau festgelegt werden. Gleichzeitig erbrachten diese Versuche den Nachweis der ständigen Verseuchung des Quellwassers, die von ärztlicher Seite aufgrund häufiger Magen-Darm-Erkrankungen schon vermutet worden war. 1958 wurde daher die Wasserversorgung der Stadt Blaubeuren aus dem Blautopf eingestellt. Die Albwasserversorgungsgruppe III, deren Pumpstation rund 100 m unterhalb des Blautopfs liegt, entnahm von 1876 bis 1963 ihr Wasser einem Brunnen im Talkies, gewann also auf natürlichem Wege gefiltertes Wasser. Jetzt wird das Wasser von der Blau-Lauter-Gruppe übernommen, deren Pumpwerk in Blaubeuren–Gerhausen seit 1958 in Betrieb ist. Ein Denkmal an der Ostseite des Blautopfs hält die Erinnerung an die für die Albwasserversorgung verantwortlichen Männer wach. Sihler 1929; Sihler 1950; Binder 1960; Jh 4, 1963; BlSAV 70, 1964; Villinger 1974b.
Im oberen Drittel des ersten (stillgelegten) Steinbruchs S Arnegg links
an der Straße von Arnegg nach Dietingen liegt das *Banzenloch* (570 m 7525
NN, ti, L 71,5 m). Am besten erreicht man es über das Schützenheim 07
Arnegg auf dem Waldweg zum Steinbruch. 20 m vor dem Steinbruch ist gesperrt. Der türgroße Höhleneingang ist links 2 m vor dem Abbruch. In Arnegg ist die Sage von einer im Banzenloch eingesperrten Gans bekannt, die im etwa 3 km entfernten Schloß Klingenstein wieder zum Vorschein gekommen sein soll. LHF 9, 1970.

2. Lautertal

Bei der Ortschaft Lautern entspringt die *Kleine* oder *Herrlinger Lauter** (522 m NN, ki 2, QM 500 l/s, QMin 140 l/s, unterirdisches Einzugsgebiet 55 qkm, Pos 1b). Sie wird von der Albwasserversorgungsgruppe IV benützt. Der 1 km talab liegende *Kalte Brunnen* (515 m NN, QM 105 l/s, Pos 3a ?) diente bis zu seiner Verseuchung durch Bitumenemulsion zur Trinkwasserversorgung der Stadt Ulm, ebenso die *Weiherbachquelle** im Kiesental* (497 m NN, QM 70 l/s, Pos 1a). In der Mündung des Schammentals* entspringt eine starke Quelle, die für die Albwasserversorgungsgruppe XII genutzt worden ist (Pos 1a). Man ist im Blautal mehr und mehr dazu übergegangen, den tiefliegenden Karstwasserspeicher, der stets reines Wasser liefert, durch Bohrungen zu erschließen. Das wichtigste Beispiel hierfür ist die Tiefbrunnenanlage der Stadt Blaubeuren bei Gerhausen (30 m), aus der auch die Blau-Lauter-Gruppe ihr Wasser bezieht. Jh 4, 1963.

7525 0,5 km O Weidach liegt im Kiesental* die *Weidacher Höhle*° (595 m
02 NN, ki 3, EB 11 m, EH 8 m, L 12 m), die in der Gegend als Felsele oder Katzenfels bekannt ist. Jh 4, 1963.

3. Filstal

Alle rechten Nebentäler der oberen Fils (Gostal*, Brunnental, Tal bei der Kapelle Ave Maria, Autal, Rötelbachtal und Rohrachtal*) weisen *Kalktuffbildungen* auf. In der mächtigen Kalktuffbarre, auf der Unterdrackenstein liegt, befindet sich eine Primärhöhle. Sie heißt das *Toten-*
7424 *loch* oder die *Mariengrotte* (610 m NN, EB 4,8 m, EH 11 m; B 3,5 m,
05 H 4 m, L 11 m). Nach der Sage soll ein Gang zur Kirche geführt haben. Häufig wird in den Sagen auch das Totenloch mit dem beim Bau der Autobahn zerstörten *Drachenloch* verwechselt. Ein Drache soll in dieser Höhle des Königs Töchterlein gefangen gehalten haben. Darüber herrschte im ganzen Land Trauer. Ein junger Ritter, der Westerheimer genannt, bezwang den Drachen und befreite die Jungfrau. Als der Ritter sie ihrem Vater zurückgebracht hatte, gab sie ihm dieser zur Frau. Jh 4, 1963.

0,75 km NO Aufhausen tritt am Abschluß des Autals eine Quelle aus
7424 der *Brunnensteighöhle* aus (620 m NN, ox 2, EB 4 m, EH 1,7 m, L 876
02 m). Sie wurde 1965/66 von J. Hasenmayer und A. Wunsch erforscht und vermessen. Für den Eingangsteil ist das rechteckige Versturzprofil typisch. Tiefer im Berg herrscht das gerundete Korrosionsprofil vor. Die Gänge teilen sich gelegentlich. Der Hauptgang verläuft in stabilen Bankkalken und ist eng und niedrig. Nur auf Kluftkreuzen finden sich Raumerweiterungen bis zu Mannshöhe. Da die Höhle bergwärts kaum ansteigt, ist der Höhlenbach auf weite Strecken aufgestaut. In den Strecken mit fließendem Wasser bemerkt man große Korrosionsdellen. Über der Wassergrenze häufen sich kleine Korrosionsnäpfchen. Bei fast ausschließlich kriechender Fortbewegung konnten die Atemgeräte nur bis zum 5. Siphon transportiert werden. Weitere 14 Siphone wurden frei tauchend durchquert. Der 20. Siphon, dessen Länge noch unbekannt ist, war der Umkehrpunkt der rund 8 Stunden dauernden Befahrung. Sie ist auch für erfahrene Höhlentaucher und bei stabiler Wetterlage ein Wagnis. Lange, »unechte Siphone« mit nur zentimeterhohem Luftspalt unter der Decke schneiden bei jedem Anstieg des Wasserspiegels den Rückweg ab. – Die Brunnensteighöhle ist ein Musterbeispiel für die vielen unterirdischen Bachläufe, die die Schwäbische Alb durchziehen, deren Richtung zwar durch Markierungsversuche bekannt sind, in die einzudringen jedoch nur in wenigen Fällen geglückt ist. Jh 6, 1965. – 30 m O der Höhle ist eine Nische im Hang, die im Aus-

sehen und in der Wasserführung mit der Teufelsklinge bei Heubach vergleichbar ist.
Bei der Schottergewinnung für den Bau einer Straße wurde 1964 1 km
S Aufhausen der Zugang zur *Aufhausener Höhle* freigelegt (727 m NN, 7424
ki 2, L 40 m). Schon bei der ersten Untersuchung wurden würmeiszeit- 13
liche Tierknochen und Zähne (Nashorn, Riesenhirsch, Wisent) festgestellt. In einem Zwischenbericht über seine noch nicht abgeschlossene Ausgrabung bestätigt A. Kley die ersten Bestimmungen und die Datierung. Er konnte auch das Zustandekommen der verschiedenen Knochenlager deuten. Die Höhle kann nur mit Erlaubnis der Verwaltungsstelle Geislingen–Aufhausen besucht werden. Jh 6, 1965.

4. *Lonetal*

Die Fils und später die Rohrach, ihr rechter Nebenfluß, haben die einst weit nach Norden reichende Ur-Lone geköpft.
Die *Rohrachquelle* bei der Steigmühle (505 m NN, ox 2, QM 250 l/s) übertrifft in der Schüttung die jetzige *Quelle der Lone** in Urspring (562 m NN, ki 2, QM 220 l/s, QMin 4 l/s, QMax 3400 l/s, Pos [1b]), die ihr Wasser aus dem Gebiet um Nellingen erhält (22–330 m/h; Groschopf 1963). Auch die Haldensteinhöhle im W oberhalb der Quelle weist diese West-Ost-Richtung auf.
Im oberen Lonetal, das Siedlungen enthält, wurden seit 1108 Mühlen betrieben, zuletzt 8 Mahlmühlen und 1 Sägemühle. Bis auf die Obere Mühle in Lonsee und die Schönrainmühle bei Breitingen (Bl. Günzburg) sind sie nun außer Betrieb. Die Schönrainmühle wurde früher auch Roßmühle genannt, weil ein Pferdegöpel die meist fehlende Wasserkraft ersetzen mußte, seit 1928 wird nur noch elektrisch gemahlen. Bis hinab zur Markung Börslingen gab es früher auch Wasserrechte, die längst nicht mehr ausgenützt werden (ältester erhaltener Wässervertrag von 1494). Die Loneversickerung bei Breitingen wurde erstmals 1646 genannt. Jh 1, 1960; Jh 4, 1964; Binder 1961; Mitt 21, 1975.
Während die *Höhle*° *im Lehrhau* keine Funde erbrachte (640 m NN, ki 7425
2, EB 7 m, EH 3,5 m, L 7 m), erbrachte die Ausgrabung der *Halden-* 02
steinhöhle° W Urspring (585 m NN, ki 2, L 35 m), die G. Riek 1938 vor- 01
nahm, Werkzeuge aus dem Magdalénien und zwei Blattspitzen, die dem Präsolutréen zugeordnet werden. Jh 1, 1960; Hahn, Müller-Beck & Taute 1973.

5. *Hochalb*

Die unterirdischen Wasserscheiden im Gebiet der Hochalb zwischen Fils, Lone und Blau sind durch zahlreiche Färbungen, Salzungen und andere Beobachtungen gebietsweise recht gut bekannt. Es flossen ab die Färbungen und Salzungen von Türkheim (53 m/h) und Amstetten Bf. (85 m/h) zur *Rohrach* (ebenso ein Wolkenbruch bei Amstetten), von Nellingen (22,5; 85; 37 m/h), Oppingen und Radelstetten (22 m/h) zur *Lone,* von Bollingen zur *Weiherbachquelle* (77 m/h), von Temmenhausen zum *Kalten Brunnen* (56 m/h), von Merklingen (73 m/h) und Machtolsheim (117 m/h) zur *Herringer Lauter,* von Wippingen flossen Fabrikabwässer zur *Brunnensteinquelle* (Pos 2a ?), von Asch zur *Gieselbachquelle* (80 m/h) Pos 3a/b ? und zur *Quelle im Kneippbad* Blaubeuren, von Bühlenhausen (106 m/h), Machtolsheim (103 m/h), Laichingen (315 m/h), Feldstetten (94,5 m/h), Suppingen (64 m/h), Sontheim (123 m/h), zum *Blautopf,* dazu Wolkenbrüche von Donnstetten, Hohenstadt, Berghülen und Löschwasser von Treffensbuch zum *Blautopf.* Eine Färbung bei Seißen machte sich in der *Brunnenquelle* (Pos 2a/3b) in *Weiler* bemerkbar (25 m/h).

Weitere Erkenntnisse über den Verlauf der unterirdischen Wasser-
7424 scheide konnten 1965 bei einer Färbung im *Dutzenbergschacht* gewon-
08 nen werden. Er liegt 400 m W P. 728, 3,3 km WNW Nellingen (730 m
NN, ki 2, L 80 m, T 47 m !). Unterhalb des eingedolten Eingangs ist die Höhle durch nachgerutschtes Erdreich verstopft. Das verzweigte Spaltensystem ist deshalb zur Zeit nicht zugänglich. Da am Grunde der Höhle ständig Wasser rinnt, versprach die Färbung Erfolg. Hauptsächlich trat die Farbe in der *Rohrachquelle* aus (200 m/h), mit Farbspuren sprachen jedoch auch die *Gos* bei Unterdrackenstein (86 m/h), der *Rötelbach* bei Bad Ditzenbach (133 m/h) und die *Lonequelle* bei Urspring (140 m/h) an. Jh 4, 1963; Mitt 12, 1966.

Etwa 300 m NO Beimerstetten ist ein stillgelegter Steinbruch. 1969
wurde darin die um das Jahr 1930 erstmals entdeckte, später verschlos-
7525 sene *Beimerstetter Steinbruchhöhle* gesucht und wiedergefunden (570
03 m NN, ki 2, L 116 m). 3 m vor dem Höhleneingang versinkt Abwasser in
einer Schwinde. Es läßt sich in zwei Höhlenräumen nachweisen. Über der Höhle befinden sich mehrere Dolinen. LHF 8, 1969; 9, 1970.

Die »Blaubeurer Alb«, wie der sich nördlich des Blautals bis zur *Klifflinie des Tertiärmeers* (Suppingen–Berghülen–Temmenhausen) erstreckende Teil der *Flächenalb* genannt wird, gehört zu den erdfallreichsten Gebieten der Alb. Man findet aber auch noch im Gebiet der nördlich anschließenden Kuppenalb *Dolinenfelder.* Friese 1933.

Immer wieder brechen in diesem Gebiet Schächte ein, von denen aber
die meisten nicht zugänglich sind. 1958 brach im Wald Hochbuch 1,5
7524 km SSW Machtolsheim der *Hochbuchschacht* ein (720 m NN, ki 2, T 36
11 m, !). Vom Feldweg, der am Ortsrand von Machtolsheim die Straße
Machtolsheim–Laichingen nach S verläßt, geht am Waldrand nach SO ein Waldweg ab. Von seinem Ende sind es nur noch wenige Meter bis zum eingeschrankten Schachtmund. Jh 4, 1963.

Die wichtigste Höhle dieses Gebietes, gleichzeitig die einzige ausgebaute Schachthöhle der Bundesrepublik, ist die *Laichinger Tiefenhöhle**, 1,5 km SSO Laichingen. 7524 01 1892 entdeckte sie der Sandgräber J. G. Mack. Schon bald zeigte es sich, daß die Höhle eine Vielzahl von Sehenswürdigkeiten aufzuweisen hat, die eine Erschließung trotz der schwierigen Verhältnisse lohnten. (780 m NN, ki 2, L 1100 m, T 103 m). Bis auf eine Tiefe von 28 m hinab verlaufen die Schächte und Gänge im dolomitischen ki 2. Wände und Decken weisen Laugungsformen auf. Die Sandhalle überrascht durch ihre waagrechte Decke. Auf Treppen und Leitern absteigend, erreicht man die Große Halle (L 25 m, B 18 m, H 12 m). An der Nordwand sind »Wasserstandsmarken« (Erosionskanten) zu erkennen. Die nicht erschlossenen Gänge in dieser Tiefe bezeugen die frühere Entwässerung nach O, zur Kleinen Lauter. Heute entwässert das Gebiet zum Blautopf. An tonnenschweren Versturzblöcken vorbei geht es zur Kleinen Halle hinab. Sie liegt im verschwammten Deltakalk (eine durch das ausräumende Wasser freigelegte Schwammkolonie beachtlicher Größe ist zu sehen). Nun steigt man zum System der Ostschächte hinauf. Ein eindrucksvolles Bild gewährt im Gletschermühlenschacht der Blick in die Höhe, ähnlich ist es im 100-m-Schacht, den man auf einer Brücke durchquert. Im Blumenkohlgang (Perlsinter), im Schacht III, in der Schatzkammer (Totenkopf) und am Maiskolben sind reizvolle Tropfsteinpartien. Durch die Freilegung eines mit Lehm erfüllten Ganges und entsprechende Grabarbeiten von der Oberfläche her wurde ein zweiter Ausgang geschaffen. Er wird seit 1975 benützt. (Abb. 15). Jh 4, 1963; Baur, Frank u. a. 1962; LHF 11, 1971; 14, 1972; 15, 1973; Mitt 17, 1972; 19/20, 1975; Abh F 4, 1974; SW 33.
SCH 1. 5.–31. 10. tgl 8.00–18.00 Uhr, 1. 11.–30. 4. So 8.00–18.00 Uhr, HHV 7903 Laichingen, (07333) 5166, Höhle 5586, Erw DM 2,–, Ki DM 1,30, Ges DM 1,50, 45 Min. Im Eintrittspreis ist der Besuch des *Höhlenmuseums* im Rasthaus eingeschlossen.
Im Gebiet der Kläranlage Ost in Laichingen ist 1974 der *Krempen- 7524*
schacht 3 eingebrochen, als ein Unimog über die Wiese bei der Kläran- 49b
lage fuhr (D 3 m, T 8 m; *Krempenschacht 1,* entdeckt 1963, T 9 m; 36
Krempenschacht 2, entdeckt 1969, T 16 m). LHF 18, 1974. 49a

L 7526 Günzburg

Die Südgrenze der Schwäbischen Alb verläuft in der Diagonale des Blattes von Südwesten nach Nordosten. Südlich davon liegt zwischen Alb und Donau das Langenauer Ried, das für die Wasserversorgung sehr wichtig ist. Das Gebiet der Alb wird bis auf einen kleinen Teil in der Nordwestecke von der Flächenalb gebildet. Sie wird vom parallel zum Albrand zur Hürbe und Brenz hin verlaufenden Lonetal geteilt. Entlang dieses Tals findet man die meisten Höhlen.

1. Gewässer

Die Bahnlinie von Ulm nach Heidenheim markiert auf der Strecke zwischen Ulm und Sontheim a. d. Br. den Südrand der Schwäbischen Alb. Eine größere Anzahl von starken Karstquellen entspringt besonders in und um Langenau: 1. *Nauquelle** (461 m NN, ti, Pos 3a ?), 2. *Kessel bei der Öchslesmühle* (QM 1. u. 2. 350 l/s), 3. *Ochsenwirtsweiher*, 4. *Bunzenweiher* oder *Weiherbrunnen* (458 m NN, QM 55 l/s), 5. *Löffelbrunnen* (458 m NN, QM ? l/s; früher als heilkräftig angesehen, Landgerichtsstätte 1255 erwähnt), 6. *Kalmenbrunnen** (457 m NN, QM 1.–6. 510 l/s, 2.–6. Pos 3b). OAB Ulm 1896; KB Ulm 1972; KlSchr 15, 1974. Einzelne Karstwasseraufbrüche, z. B. der *Grimmensee* 3,5 km O Langenau (454,3 m NN, QM 70 l/s, Pos 3c), sind auch im Langenauer Ried noch anzutreffen. Das Ried kann als ein gewaltiger, aus dem Karstwasser der Alb gespeister Speicher bezeichnet werden. Eine Lehmdecke schützt die Kiesschicht, in der das Wasser gespeichert wird, vor Verunreinigungen. Der Gesamtabfluß der Nau in Riedheim bewegt sich zwischen QMin 330 l/s und QMax 2200 l/s.

Der *Zweckverband Landeswasserversorgung* (gegr. 1912) entnimmt aus diesem Grundwasservorkommen mit 220 Rohrbrunnen einwandfreies Trinkwasser (1500 l/s). Von den beiden Wasserwerken Niederstotzingen (1917) und Langenau (1970) führen zwei je 40 km lange Druckleitungen nach N zum Scheitelbehälter Osterbuch bei Aalen. Von dort wird das Wasser über zwei Falleitungen dem Remstal entlang zum Endbehälter Rotenberg bei Stuttgart geleitet.

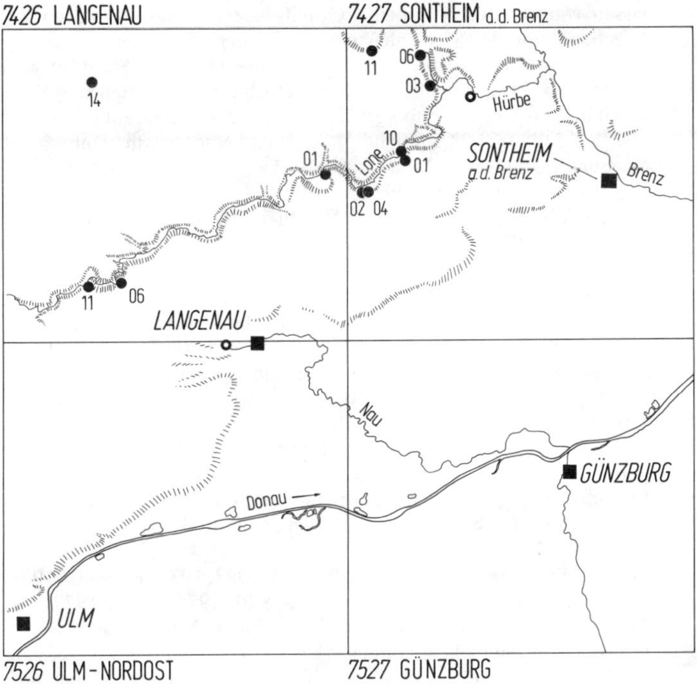

Blatt L 7526 Günzburg

Da die Grundwasservorkommen aus dem Donauried, das Karstwasser des Buchbrunnens im Egautal bei Dischingen und das aus den beiden Tiefbrunnen bei Burgberg den bis 1990 benötigten zusätzlichen Wasserbedarf von schätzungsweise 100 Mio. m^3/Jahr nicht mehr decken können (in den Spitzenverbrauchszeiten würde das 6500 l/s) bedeuten), wurde nach Abschluß eines Staatsvertrags zwischen Baden-Württemberg und dem Freistaat Bayern bei Leipheim ein Pumpwerk zur Entnahme von maximal 4000 l/s Donauwasser errichtet. Das Donauwasser wird in dem 1973 in Betrieb genommenen Wasserwerk Langenau zu Trinkwasser aufbereitet und zusammen mit dem aus dem Donauried entnommenen Grundwasser abgegeben. Das aufbereitete Donauwasser kann man in die Kiesschichten des Donaurieds versickern lassen, von wo es als »künstliches Grundwasser« wiedergewonnen wird. Die Erhöhung der Spitzenleistung von bisher 2500 l/s auf nunmehr 6500 l/s erforderte den Bau der dritten Hauptleitung. Sie führt vom Förderwerk Langenau über den Scheitelbehälter Amstetten zum Endbehälter Stuttgart-Rotenberg. Die Landeswasserversorgung beliefert etwa 2,5 Millionen Menschen in Mittel- und Nordostwürttemberg mit Wasser. KlSchr 15, 1974; Wurster 1975.

Das mittlere und untere *Lonetal* verläuft im Blattgebiet ungefähr parallel zum Albsüdrand von SW nach NO. In der Regel führen diese Talabschnitte kein Wasser, es sei denn Wildwasser. Am Häldelesfelsen* 1,5 km NW Bernstadt befanden sich über lange Zeit die Hauptversickerungsstellen. 1947 wurden alle Löcher verstopft. 1959/60 brachen im Bachbett neue Löcher ein. Leider ist bis jetzt kein Färbversuch in die versickernde Lone erfolgreich gewesen. Die vorherrschende Kluftrichtung führt aber zur Nauquelle und Berechnungen des Wasserhaushalts bestätigen, daß das verschwundene Lonewasser in den Quellen bei Langenau wieder austritt.

Der erste erfolgreiche Markierungsversuch im vermutlichen Einzugsgebiet der Nau fand im Dezember 1969 von Gerstetten aus statt (Entfernung 16 km), von wo die Farbe mit der größten bisher auf der Alb festgestellten Geschwindigkeit zur Nauquelle floß (900 m/h !). Groschopf 1972; KlSchr 15, 1974.

Wenn in wasserreichen Jahren (z. B. 1915, 1927, 1937, 1939–42, 1956, 1957, 1965, 1966, 1967, 1968, 1969, 1970, 1975, 1976, 1977) »dr Laodl lauft«, ist oftmals die landwirtschaftliche Nutzung des Tals erschwert oder unmöglich. Daraus erklärt sich, daß die Umwohner dem Laufen der Lone eine unheilvolle Bedeutung zumessen. Dabei wird zwischen der Lone und den plötzlich auftretenden, sich aber rasch wieder verlaufenden Wildwässern nicht unterschieden (z. B. 24. 6. 1905, 1914, 2., 5., 10. 2. 1937, Frühjahr und Herbst 1939, Februar/März 1945, März 1947, Februar 1954, 14./15. 1., 8. 2., 24. 3. 1955, 2./3. 3. 1956, Februar 1958, 22., 29. 2., 19. 3. 1964). Da der Name der Lone von einem keltischen Wort mit der Bedeutung »Tauwetterbach, Schlammbach« abgeleitet wird, scheint die Wildwasserführung schon vor über 2000 Jahren das Besondere dieses Tals gewesen zu sein. Binder 1961; Jh 1, 1960; Mitt 21, 1975.

In den *Quellen bei Lontal** (St. Ulrich*) tritt nicht das im mittleren Lonetal versunkene Wasser wieder aus, sondern das im Gebiet von Dettingen a. A. versickerte. Die oberste Quelle befindet sich an der Kurve 100 m S Ortsausgang in Richtung Stetten o. L. (454,6 m NN, ti, QM 50–80 l/s, Pos 2a). In trockenen Jahren versiegen diese Quellen. Nur in der Nähe der Mündung der Lone in die Hürbe trifft man dann noch Wasser im Lonebett an. Jh 1, 1960.

Die Höhen zu beiden Seiten des unteren Lonetals sind an *Erdfällen* besonders reich. – O Dettingen und beiderseits der B 19 NO Hausen o. L. fallen im freien Feld eine Reihe von *Dolinen* auf.
Noch nie versiegt sind die beiden Quellen der *Hürbe* in Hürben. (455 m NN, ti, QM 65–110 l/s, Pos 2a/3b). Sie entspringen an der Stelle, an der sich die von der Brenz verlassene Talschleife um Schloßberg* – Kagberg* – Stettberg* – Hirschberg* der Brenzschleife bei Eselsburg am meisten nähert. Die Vermutung, daß aus dem bei Eselsburg festgestellten Wasserverlust der Brenz auch die Hürbe gespeist wird, liegt nahe. Ein einwandfreier Beweis konnte noch nicht erbracht werden. Jh 1, 1960.
500 m W Kirche Burgberg, etwa 1 km unterhalb der Einmündung der Lone in die Hürbe, nutzt der *Zweckverband Landeswasserversorgung* ein ergiebiges Karstgrundwasservorkommen. Über zwei Tiefbrunnen mit 40 und 55 m Tiefe können bis zu 300 l/s einwandfreies Wasser entnommen und in die nahe vorbeiführenden Druckleitungen eingespeist werden. KlSchr 15, 1974.
500 m W Hürbebrücke in Burgberg entspringt hart an der Straße der *Buchbrunnen* (450 m NN, QM > 600 l/s, QMin ca. 400 l/s, QMax 880 l/s, Pos 2a ?).
Eine Quelle ganz besonderer Art ist der *Hungerbrunnen** 3 km W Heuchlingen (523 m NN, ti). Wo der Feldweg nach Heldenfingen das Sträßlein von Altheim nach Heuchlingen verläßt, zweigt der bezeichnete Weg zum Hungerbrunnen ab (500 m). Wenn die Quelle trocken ist, was meistens zutrifft, wird sie häufig übersehen. Von der kleinen, mit Steinen gefüllten Vertiefung zieht eine Abflußrinne zur Talmitte. Sie befindet sich neben dem Weg, der aus dem von Norden einmündenden Bruchteich kommt. Zu dem quer zum Tal verlaufenden Steinriegel, der die Markungsgrenze zwischen Altheim und Heuchlingen bezeichnet, beträgt die Entfernung etwa 30 m.
Da von 1533 an in den Ulmer Ratsprotokollen Aufschriebe über den Hungerbrunnentanz der oben genannten drei Gemeinden auf dem Platz am Hungerbrunnen überliefert sind, sind auch frühere Laufzeiten der Quelle bekannt. Im 20. Jahrhundert lief der Hungerbrunnen 1906, 1914/15, 1925, 1927, 1928, 1937 (QMax 90 l/s), 1939 (QMax 700 l/s), – 1942, 1944/45, 1947, 1955 (QMax 240 l/s), 1956 (QMax 90 l/s), 1957 (QMax 40 l/s), 1965 (QMax 170 l/s), 1966 (QMax 150 l/s), 1967 (QMax 120 l/s), 1968 (QMax 100 l/s), 1969, 1970 (QMax 100 l/s), 1974 (QMax 50 l/s), 1975 (QMax 150 l/s), 1976, 1977 (QMax 50 l/s).
Nachdem 1724 der Herzog von Württemberg, der Landesherr von Heldenfingen und Heuchlingen, die Hungerbrunnentänze am Ostermontag und den beiden folgenden Sonntagen verboten und die Reichsstadt Ulm, zu deren Gebiet Altheim gehörte, keine Einwendungen er-

hoben hatte, wurde von den Heldenfingern irgendwann vor 1844 der »Brezgamarkt« am Palmsonntag eingeführt. Nach dem 2. Weltkrieg erhielt die Gemeinde Heldenfingen dann das Recht zum Abhalten eines Krämermarktes am Hungerbrunnen. Tausende von Besuchern wählen darum alljährlich als Ziel eines Palmsonntagausflugs den Hungerbrunnen. Jh 1, 1960; KlSchr 15, 1974.
Nur in nassen Jahren, z. B. im 1. Weltkrieg, 1966 und 1970, läuft der *Setzinger Hungerbrunnen* (1 km N Setzingen, am Waldteil Bühl, unmittelbar am linken Ufer der Lone, Pos 2a).
Der Lauf des Bächleins, das S Hörvelsingen entspringt, wurde im Zuge der Flurbereinigung verändert. Deshalb schluckt es der *Erdfall* 700 m OSO Hörvelsingen nur noch bei Hochwasser.

2. Höhlen im Lone- und Hürbetal

Die Höhlen im Lonetal gewannen für die Erforschung der steinzeitlichen Besiedlung unseres Landes eine große Bedeutung. Zahlreiche Funde sind in den Museen von Geislingen, Giengen a. d. Br., Heidenheim, Langenau und Ulm zu besichtigen.
Zum Bl. Günzburg gehört auch der Südteil des Eselsburger Tals. 2 km
WNW Hürben liegt in einem von S zum Eselsburger Tal führenden
7427 Trockental die *Spitzbubenhöhle*° (515 m NN, ti, L 30 m). Ohne ge-
11 nauere Angaben zur Lage, wird die Höhle, die so groß wie ein kleines
Zimmer sein soll, schon 1844 in der OAB Heidenheim erwähnt. Gemeint ist wohl das zum System der Höhle gehörende Felsdach, unter dem J. Hahn 1970/71 grub. Er stellte Reste einer Kulturschicht des späten Jungpaläolithikums fest. Hahn 1973; KlSchr 15, 1974; Mitt 21, 1975; FBerBW 3, 1976.
Mit Ausnahme der *Haldensteinhöhle* bei Urspring, die auf dem Gebiet des Bl. Blaubeuren liegt, gehören die Lonetalhöhlen alle zum Bl. Günzburg.
7426 Am unbedeutendsten, was Größe und Funde betrifft, sind die *Salz-*
11 *bühlhöhle*° 2 km NNO Bernstadt (520 m NN, ti, L 8 m, H 7 m, B 4 m),
vor deren Ausgrabung im vorigen Jahrhundert nichts Verläßliches be-
7426 kannt ist, und die beiden *Fohlenhaushöhlen*° 2,7 km NO Bernstadt (510
06 m NN, ti, 1. L 9 m, B 4–6 m, H 2 m; 2. L 6 m, B 5 m, H 2 m). L. Bürger
grub darin steinzeitliche Funde aus, die nach seiner Veröffentlichung nicht mit Sicherheit einer bestimmten Periode zugeordnet werden können. A. Kley fand vor einigen Jahren mittelsteinzeitliche Werkzeuge. W. Taute grub 1962 und 1963 aus. Er barg Steinwerkzeuge aus der späten Altsteinzeit, vor allem aber aus der Mittelsteinzeit. – In der Gegend

heißt der Felsen auch der *Hohle Stein.* Jh 1, 1960; FBer NF 18, 1967, Seewald 1972; Hahn, Müller-Beck & Taute 1973; KlSchr 15, 1974; Mitt 21, 1975.

Das *Felsdach* im *Malerfelsen* (500 m SW Eselsburg) wurde 1931 und 7427
1971 ausgegraben. Es wurden Artefakte des Jungpaläolithikums und 09
des frühen Mesolithikums gefunden. KlSchr 15, 1974.

Aufschlußreiche Profile konnte L. Bürger schon 1883/84 in der *Bock-* 7426
*steinhöhle** 3 km N Öllingen gewinnen (485 m NN, ti, L 16 m, B 9 m). R. 01
R. Schmidt setzte 1908 die Grabungen fort und R. Wetzel gelang es 1953, den alten Höhleneingang ausfindig zu machen (der heutige Eingang wurde durch eine Sprengung Bürgers stark erweitert).

1933/35 und 1953/56 grub R. Wetzel die von ihm entdeckte *Bockstein-* 7426
schmiede aus, die kleine Höhle rechts der Bocksteinhöhle. Die dort ge- 04
fundenen Werkzeuge entstammen dem Micoquien, Moustérien, Aurignacien, Magdalénien und schließlich der Mittel- und Jungsteinzeit. Die Tierreste lassen den Schluß auf eine zunehmende Klimaverschlechterung vom Moustérien zum Magdalénien zu. Jh 1, 1960; Wetzel 1958; Wetzel-Bosinski 1969; Seewald 1972; Hahn, Müller-Beck & Taute 1973; KlSchr 15, 1974; Mitt 21, 1975.

Im Felsmassiv des *Hohlen Steins** 3 km NO Öllingen befinden sich zwei bedeutende Höhlen (Zufahrt am besten über Rammingen bis Waldparkplatz bei der Lindenau). Die westliche Höhle war der Schauplatz der ersten urgeschichtlichen Höhlengrabung in Württemberg. 1862 förderte O. Fraas aus ihr über 10 000 Knochen, darunter über 100 Bärenschädel, Reste von Mammut, Wildpferd, Elch u. a. Von diesen Fun-
den erhielt die Höhle den Namen *Bärenhöhle* (467 m NN, ti, EB 6 m, 7427
EH 3,5 m, L 89 m, B 14 m, H 7 m). Die gefundenen Steinwerkzeuge 02
wurden zunächst späteren Zeiten zugeschrieben. Erst die Ausgrabungen an der Schussenquelle, die O. Fraas 1866 durchführte, gaben den Anstoß zu einer Nachgrabung und Nachbestimmung, als deren Ergebnis die Geräte wirklich ins Aurignacien gestellt werden konnten. 1908 grub R. R. Schmidt, 1957–61 R. Wetzel in der Bärenhöhle. Es zeigte sich, daß auch in der ältesten Altsteinzeit und im Magdalénien die Höhle bewohnt war. Die tierischen Reste entsprechen den in anderen Lonetalhöhlen gefundenen: Mammut, Nashorn, Pferd, Bär, Hyäne, Wolf, Ren und Hirsch sind vertreten. R. Wetzel 1961; Jh 1, 1960; Seewald 1972; Hahn, Müller-Beck & Taute 1973; KlSchr 15, 1974; Mitt 21, 1975.

Der unmittelbar neben der Bärenhöhle liegende *Stadel* (470 m NN, ti, L 7427
69 m, B 10 m, H 7 m) war 1591 auf Befehl des Rats der Reichsstadt Ulm 04
vermauert worden, um lichtscheuem Gesindel den Unterschlupf zu nehmen. Erst als diese Mauer 1937 durch R. Wetzel und O. Völzing abgetragen worden war, brachten die Grabungen Erfolge. Der überra-

schendste Fund war eine Kopfbestattung (Schädel von Mann, Frau und Kind) in Rötelbettung. Wetzel nimmt an, daß diese Bestattung in der jüngsten Altsteinzeit erfolgt ist. Auch im Stadel reicht die Besiedlung vom Moustérien bis zum Magdalénien. Einzelfunde aus späterer Zeit liegen ebenfalls vor. R. Wetzel 1961; Jh 1, 1960. Bei der Sichtung und Auswertung des bei Ausbruch des 2. Weltkriegs verpackten Fundguts wurde 1970 eine 28,1 cm große menschliche Figur aus Elfenbein, die dem Aurignacien zugeordnet wurde, entdeckt. Sie ist in den Prähistorischen Sammlungen der Stadt Ulm zu sehen. FBer NF 19, 1970; Hahn, Müller-Beck & Taute 1973; KlSchr 15, 1974; Mitt 21, 1975.

7427 Unter der Bezeichnung *Kleine Scheuer* wird der Felsüberhang zwischen
04a Bärenhöhle und Stadel geführt. Eigentlich ist die Kleine Scheuer nur ein Teil des Vorplatzes oder Eingangs des Stadels (B 10 m, L 8 m). Ausgrabungen erfolgten 1908 durch R. R. Schmidt und E. Koken, 1923 durch E. und W. Soergel, 1938 durch O. Völzing, 1951 durch R. Wetzel, 1974 durch J. Hahn und W. v. Koenigswald. Neben wenigen Klingen, Abschlägen und Rückenmessern des Magdalénien und der ausgehenden Altsteinzeit wurde ein mit drei parallelen roten Streifen geschmückter Kiesel gefunden. Die Fauna besteht hauptsächlich aus Nagetierresten, vermutlich aus den Gewöllen der im Hohlen Stein nistenden Greifvögel. Ihre Abfolge dokumentiert die allmähliche Klimaverbesserung von der Eiszeit zur Nacheiszeit. Darüber hinaus fanden sich Reste von Beutetieren vom Wildpferd und Ren bis zum Schneehasen. Seewald 1972; Hahn, Müller-Beck & Taute 1973; KlSchr 15, 1974; FBer BW 3, 1976. 100 m NNW der Brücke über die Lone im Zuge der Straße Stetten o. L.–Bissingen o. L. stößt man 10 m O der
7427 Straße im Natternkopf auf die *Bambergerhöhle* (462 m NN, ti, L 8 m,
10 EB 2 m, EH 1,3 m). Sie wurde nach einer um die Lonetalforschung verdienten Familie aus Stetten o. L. benannt. Mitt 11, 1965.

1931 entdeckte H. Mohn 1 km NW Stetten o. L. einen Dachsschlupf (D 30–40 cm). Die dahinter liegende Höhle bekam nach der Ausgrabung
7427 durch G. Riek den Namen *Vogelherdhöhle* (480 m NN, ti, L 39 m, B 7
01a m, H 3,8 m). Die »Kultur der Höhlensohle« deutete Riek als Acheuléen. Darüber folgte Jungacheuléen, Moustérien, Aurignacien (aus dem herrliche Elfenbeinschnitzereien stammen: Mammut, Ren, Wildpferd, Wisent, Bär, Panther, Höhlenlöwe) und Magdalénien. Aus den Schichten des Aurignacien stammen zwei Schädel. Die Tierwelt entspricht den übrigen Höhlen, wie die Liste der Elfenbeinschnitzereien zeigt. Riek 1934; Jh 1, 1960; Seewald 1972; Hahn, Müller-Beck & Taute 1973; KlSchr 15, 1974; KDBW 15, 1975.

7427 Die *Kleine Vogelherdhöhle* (438 m NN, ti, L 42 m, B 7 m, H 2,5 m), nur
01b wenige Schritte N der Vogelherdhöhle gelegen, hat nur einen kleinen bescheidenen Eingang in annähernd rechteckiger Form. Zur Befahrung

der Höhle ist eine Lampe nötig, für den nur nach Überwindung einer Engstelle erreichbaren hinteren Teil Schutzkleidung. LHF 5, 1968.
Die *Charlottenhöhle** (475 m NN, ti, L 532 m) ist die längste Schau- 7427
höhle der Schwäbischen Alb. Sie wurde 1893 vom *Hundsloch,* einem 03
Erdfall, aus entdeckt. Um die wunderschönen Tropfsteinhallen der Öffentlichkeit zugänglich zu machen, legte man vom Höhleninnern nach außen den alten Eingang frei. Es wurde sofort elektrische Beleuchtung eingerichtet. Schon im Entdeckungsjahr kamen 15 000 Besucher. Die Höhle erhielt ihren Namen nach der Königin Charlotte von Württemberg. Charakteristisch für die Höhle ist der verhältnismäßig enge Höhlengang, der von über 10 geräumigen, oft recht hohen Hallen unterbrochen wird. Der Gang weist häufig Schlüssellochform auf. Die »Wasserstandsmarken« an einigen Engstellen (Erosionsgrenzen) lassen pulsierenden Wasserabfluß vermuten. Neben vielen Haustierknochen, die sich am Grunde des Hundslochs auftürmten, wurden auch Höhlenbärenschädel gefunden. Jh 1, 1960; A 3, 1968, 1974; Abh F 4, 1974; KlSchr 15, 1974; SW 33.
SCH tgl 1. 4.–31. 10. 8.00–17.00 Uhr, Bürgermeisteramt 7928 Giengen, (07322) 1041, Erw DM 2,50, Ki DM 1,50, Ges DM 2,–, 45 Min.
An der vorletzten Kehre des Wegs zur Charlottenhöhle zweigt nach NW ein Weg ab. Nach etwa 100 m muß man die steile Geröllhalde hinaufsteigen und erreicht 50 m NW Charlottenhöhle am Fuße eines Felsen eine Nische, die den Eingang zu einer Felsspalte bildet. Nach ihrem Entdecker erhielt sie den Namen *Fritzen-* oder *Sattlerhöhle* (490 m NN,
ti, EB 5 m, EH 2,6 m, L 21 m). An die Grabung, die G. Riek 1954 7427
durchgeführt hat, erinnert ein Einschnitt (B 1,5 m, T 2 m). In 1,2 m 07
Tiefe wurde eine Feuerstelle mit neolithischen und mittelalterlichen Scherben, bearbeiteten Feuersteinen und Knochenstücken ergraben. Die Höhle ist im Eingangsteil aufrecht begehbar, wird aber zum Ende hin niedriger, so daß man schliefen muß. Eine durchgehende Hauptkluft fehlt, dagegen sind mehrere NO–SW verlaufende Querklüfte festzustellen. Auch die Trauflinie verläuft in dieser Richtung. FBer NF 13, 1955; FBerBW 1, 1974; Mitt 22, 1976.
In halber Höhe des Osthangs des Kirchbergs in Hürben über der *Roßwette,* einer der Quellen der *Hürbe,* liegt die nur kriechend befahrbare,
enge *Fuchsenhöhle* (480 m NN, ti, EB 1,5 m, EH 0,6 m, L 12 m). In ihr 7427
wurden Bruchstücke einer menschlichen Schädeldecke und einer Rip- 06
pe, mittelalterliche Scherben und ein bronzener Gürtelhaken (vielleicht jünger?) gefunden. FBer NF 18 II, 1967. Man findet die Höhle, wenn man die Straße »Am Burggraben« bis zu ihrem Ende geht, sich beim Haus Hestler nach links (N) wendet und dann den Kirchenweg (oder Fuchsenweg) 50 m weit verfolgt. 10 m oberhalb liegt dann der Eingang der Höhle.

3. Nordwestecke des Blatts

7426 Im Steinbruch am Schönbühl* 1 km NO Altheim wurde 1956 die *Alt-*
14 *heimer Klufthöhle* entdeckt (608 m NN, ti, L 70 m, T 34 m, !). Einer der Schächte ist oben durch faust- bis kopfgroße Gerölle plombiert (Juranagelfluh). Jh 1, 1960; Mitt 11, 1965.

NO Söglingen häufen sich stattliche *Dolinen.*

Blatt L 7718 Balingen

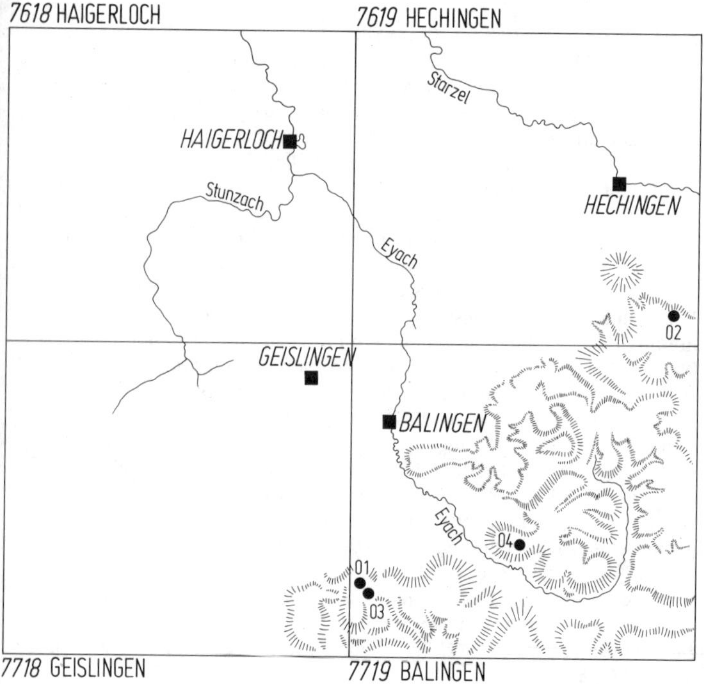

20 *Aufhausener Höhle. Freilegung eines Fundstücks*

21 Charlottenhöhle bei Hürben. Bärenschliff

L 7718 Balingen

Im Südosten des Blattgebiets zieht der Trauf der Südwestalb vom Schafberg bis zum Zellerhorn mit dem vorgelagerten Zeugenberg des Hohenzollern von Südwest nach Nordost. Abgesehen von den gerade noch erfaßten Kuppen des Hohenzollern-»Grabens« ist die gesamte Hochalb Teil der Stufendachfläche des Weißen Juras Beta (ox 2). Sie ist durch die Eyach und ihre Nebenflüsse vielfach gegliedert.

Der *Gespaltene Felsen** (ox 2) ist eine Abrißkluft an der Nordseite des 7719
Schafbergs* (L ca. 100 m, B 8–10 m, T 20–25 m). Am Eingang und am 01
Ende der Schlucht sind meterhohe Blöcke wild aufeinandergetürmt. Dadurch sind kleine Überdeckungshöhlen entstanden.
0,5 km S Schafberg liegt innerhalb der Burgumwallung auf dem Wenzelstein* unmittelbar links am Weg die *Burg-* oder *Wenzelsteinhöhle,* 7719
im Volksmund *Altweiberhöhle* genannt (940 m NN, ox 2, L 13 m, B 2 m, 03
H 1,4 m). 1901 wurde angegeben L 30 m. BlSAV 13, 1901.
Am Fuß des W Steilabfalls der Ruine Schalksburg* gelangt man auf 7719
schmalem Pfad von der Talseite her zur *Schalksburghöhle* (850 m NN, 04
ox 2, L 9 m, B 1,8 m, H 1,7 m). An der Höhlendecke ist die erzeugende Kluft gut zu erkennen. Schon nach 4 m wird die Höhle so niedrig, daß man nur noch auf dem Bauch kriechen kann. Der ständige Luftzug aus dem Hintergrund der Höhle läßt eine Fortsetzung vermuten. Offenbar sind die in der Ortsbeschreibung von Laufen genannten »steinzeitlichen Funde« in dieser Höhle gemacht worden. KB Balingen 1960/61.
Der Backofenfels* 600 m N Nägelehaus* auf dem Raichberg enthält drei kleine *Höhlen.*

L 7720 Albstadt

Mit Ausnahme eines kleinen Teils in der Nordwestecke des Blattes wird nur die Hochalb dargestellt. Die in der Diagonale von Südwest nach Nordost verlaufende Kuppenalb teilt das Blattgebiet. Sie weist mit den Kuppen des Hohenzollern-»Grabens« einen ausgeprägten Sporn nach Nordwesten auf. Am östlichen Blattrand tritt der Nord-Süd verlaufende Lauchertgraben als solcher in Erscheinung. Nördlich des die Kuppenalb begrenzenden Stufenrands ist die Stufendachfläche des Weißen Juras Beta (ox 2) eindrucksvoll ausgebildet, was die Zeugenberge Kornbühl und Mühlberg und der Höhenzug Monkberg–Aufberg unterstreichen. Die Südostecke, etwa zwischen Harthausen bei Feldhausen und Harthausen auf der Scheer, gehört zur Flächenalb.

1. Laucherttal und Nebentäler

Die wichtigste Höhle im Blattgebiet, die auch die meisten Besucher
7621 aufzuweisen hat, ist die *Bären- und Karlshöhle** 3 km NNO Erpfingen
01 (800 m NN, ki 2, L 271 m). Schon der unter dem Namen Erpfinger Höhle oder Karlshöhle bekannte erste Teil der Höhle, den 1834 der Erpfinger Schullehrer Fauth entdeckt hatte, als ihm beim Kräutersammeln die Schnupftabaksdose in eine Spalte gefallen war, enthielt nach den zeitgenössischen Berichten neben herrlichen Tropfsteinen zahlreiche Bärenknochen. Die Bergmilchbildungen im eingangsnahen Teil gehen weiter nach hinten in Tropfsteine über. Am Übergang sind an der Decke Querschnitte von Tropfsteinen erkennbar. Sie müssen vor der Tieferlegung der Höhle, d. h. im Villafranciano, abgewittert sein. Leider wurde die Karlshöhle ziemlich ausgeräubert. 1949 beobachtete der Höhlenführer Karl Bez, daß Fledermäuse in der letzten Halle spurlos verschwanden. Die nähere Untersuchung führte in völlig unberührte Höhlenräume mit prächtigen Tropfsteinbildungen und großen Bärenknochenfeldern. Bevor der neue Höhlenteil, die Bärenhöhle, für den Besuch freigegeben wurde, erfolgte eine gründliche wissenschaftliche Bearbeitung, deren Ergebnisse 1952 von Georg Wagner veröffentlicht

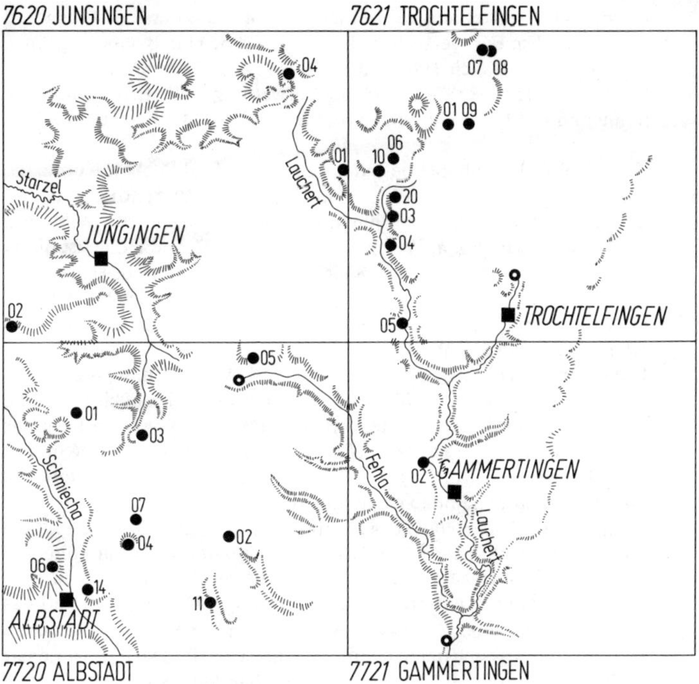

Blatt L 7720 Albstadt

wurden. Die Höhle muß in einer Zeit entstanden sein, in der die Landschaft anders aussah als heute. Der einst viel längere Höhlenfluß ist durch die spätere Eintiefung der Täler abgeschnitten worden. Die älteste Höhlensohle ist stellenweise als bohnerzbedeckte Felsleiste an den Höhlenwänden erhalten. Die tierischen Reste gehören ins Altpleistozän (Villafranciano). Sie erscheinen damit erstaunlich jung, weil sich ja das ganze Talsystem der Umgebung in der seit der Ablagerung vergangenen Zeit 60 m tief eingeschnitten hat. Da der Albtrauf das ausgeglichene Gefälle des Haupttals ganz unvermittelt durchschneidet, muß man außerdem annehmen, daß er in der gleichen Zeit ziemlich weit nach S zurückschritt. Die große Bedeutung der Datierung der Tierwelt aus den Ablagerungen der Bärenhöhle für die Landschaftsgeschichte ist

offenkundig. – Drei jungsteinzeitliche Klingen aus der Karlshöhle sind erhalten. – Ein Färbversuch in der Höhle (1966) blieb ohne Ergebnis. Wagner 1952; Bleich 1960; Abh F 4, 1974; BlSAV 81, 1975.
SCH 1. 4.–31. 10. 8.00–18.00 Uhr, Verwaltungsstelle Erpfingen, 7411 Sonnenbühl, (0 71 28) 6 96, Erw DM 2,–, Ki DM 1.–/–,50, Ges DM 1,50, 30 Min.

900 m ONO Bärenhöhle befindet sich im Kohlwald*, Abt. Kürbe, die
7621 *Kürbehöhle* (800 m NN, ki 2, L 50 m). Sie wurde 1957 entdeckt. Bei ei-
09 ner Grabung wurden neben jüngeren Knochen solche von Wildpferd
und Nashorn geborgen. Westphal & Bleich 1959. Die Höhle ist durch
einen 4 m tiefen Schacht zugänglich. (D 1,5 m, Seil nötig).

7621 Im Schutt unter der Nische des *Guppenlochfelsen** wurden Werkzeuge,
06 Muschelschmuck und Knochenabfälle aus dem Magdalénien und dem
Neolithikum ausgegraben.

Die Kuppe des Eichbergs* (ki 2) 4 km ONO Undingen, birgt zwei we-
nig bekannte größere Höhlen. Knapp 20 m unter der höchsten Höhe
der Kuppe, auf der Nordseite, öffnet sich 8 m vom Weg entfernt das
7621 kreisrunde Einstiegsloch des *Eichbergschachts* (840 m NN, T 36 m, D 2
07 m, !). Für die Befahrung werden ein 40-m-Seil und 35 m Seilleitern be-
7621 nötigt. – Schwer zu finden ist die *Eichberghöhle* (790 m NN, T 12 m, L
08 40 m, B 6 m), 250 m NNO des Eichbergschachts. Sie wurde vermutlich
um das Jahr 1890 herum entdeckt und ist ebenfalls nur mit Hilfe von
Seilen und Leitern zu befahren. Das Einstiegsloch (T 10 m, !) ist z. Z.
nicht eingezäunt. Die Größe und die Form des Höhlengangs und das
Vorhandensein eines Gravitationsgerinnes in der Höhlensohle lassen
vermuten, daß es sich um den durch Nachbrüche der Decke abgeriegel-
ten Teil eines größeren Horizontalsystems handelt. Oberirdisch sind an
den entsprechenden Stellen keine Einbrüche zu bemerken, vielleicht
weil die Oberfläche durch Dolomitsandgräber eingeebnet worden ist.
Mitt 16, 1970.

7620 Die *Sommerkirchhöhle* 1,2 km O Melchingen, 600 m NW P. 835 auf
01 dem Hütenbuch* (800 m NN, ki 2, L 6 m, B 7 m, H 2 m) wurde 1941 von
Peters ausgegraben. Neben Resten von Ren, Höhlenbär und Nashorn
konnten Werkzeuge aus dem Aurignacien und neolithische Scherben
geborgen werden. Paret 1961; FBerBW 1, 1974. Die Höhle findet man,
wenn man das Hirschental* aufwärts geht. Am Ende des Hirschentals
kommt rechts eine Tannenschonung, an der vorbei ein Weg zum Hü-
tenbuch* in den Wald führt. Schon nach 20 m geht ein schmaler Pfad
nach links ab, auf dem man nach weiteren 25 m die zum Teil durch Ho-
lundersträuche verdeckte Höhle erreicht.

7621 1 km NW Erpfingen befindet sich das System der *Roßberghöhlen* (1:
10/11 780 m NN, ki 2, L 25 m, H 4–7 m, B 8 m; 2: 790 m NN, L 45 m, T 17 m,
H 8 m, B 2–6 m). Die offene Eingangsspalte der Roßberghöhle 1 und

der Einstiegsschacht der Roßberghöhle 2 sind in der Luftlinie etwa 90 m voneinander entfernt. Auf dieser Strecke liegen drei Erdfälle, deren größter in der Nähe des Einstiegsschachts eingeschrankt ist. Ein vierter Erdfall liegt 30 m O. Wahrscheinlich bestand einst von ihrem Grund aus ein Zugang zur Roßberghöhle 2. Der Boden beider Höhlen ist von Versturz und sandigen Ablagerungen bedeckt. Im Einstiegsschacht behindern Teile von Bäumen das Fortkommen.

Unter der Ruine Hohenerpfingen* liegt die *Burghöhle* (EB 2 m, EH 2,5 7621
m, L 5 m). 20

1,25 m SO Erpfingen liegt auf der Markung Stetten u. H. der *Heilen-* 7621
bergschacht (volkstümlich »Ha[n]smutterlesgsta[n]k«). Wo der Alb- 03
vereinsweg von Erpfingen zur Ruine Holstein 150 m S P. 812 einen Knick macht, geht es 50 m W den Hang abwärts zum abgeschrankten Einstiegsloch. Auf einer Leiter (!) steigt man 8 m ab (790 m NN, ki 2, L 40 m, T 11 m). Die Bezeichnung »Schacht« ist eigentlich nicht zutreffend. Die Höhle verläuft im wesentlichen horizontal und ist an beiden Enden durch Versturz blockiert. Der Zugang erfolgt durch einen Dekkeneinbruch.

Im Felsen, auf dem die Ruine Holstein* steht, befinden sich vier Höhlen
(*Hohler Stein*): 1. über Steigeisen erreichbar (L 8 m, EB 3 m, EH 3 m), 7621
2. (EB 1,5 m, EH 2 m, L 9 m + Halle L 6 m, B 8 m, H 6 m), 3. Backofen- 04
form (EB 2 m, EH 0,5 m, L 5 m), 4. Durchgangshöhle (EB 1 m, EH 4 m, L 6 m, B 3 m).

In Hausen a. d. Lauchert geht man N Haus Nr. 82 (an der Hauptstraße)
vorbei wenige Schritte zum Mundloch des *Hausener Bröllers** (685 m 7621
NN, ki 2, EB 3 m, EH 0,9 m, L 414 m). Diese zeitweise aktive Quell- 05
höhle, deren vorderer Teil, wenn er wasserfrei ist, kriechend auf 10–15 m Länge befahren werden kann, wurde 1959 von einer Stuttgarter Gruppe unter H. Matz unter größten Schwierigkeiten auf 304 m Länge erforscht. Höhle 11, 1960. – Der Säulensiphon im nördlichsten der drei Endgänge wurde 1960 von M. Kolb durchtaucht. Nach 4 m folgt eine Auftauchstelle, dahinter ein neuer Siphon. Diesen durchtauchten 1965 J. Hasenmayer und A. Wunsch (30 m). Der nächste Siphon führt auf 6 m Wassertiefe. Er wurde 1973 von J. Hasenmayer 70 m weit verfolgt. Die Siphone sind flach und nur mit abgenommenem Atemgerät passierbar.

2,4 km W Hausen a. d. L. trifft man auf das *Bettelmannsloch**, eine stattliche Doline (D 30 m).

Auf der Ostseite des Felsens, der die Hochwacht* 500 m N Kirche Bur-
ladingen krönt, findet man das *Hölloch* oder die *Hochwarthöhle*° (870 7720
m NN, ki 2, EH 2 m, EB 3 m, L 30 m). Auf der rechten Seite der leicht 05
abfallenden Eingangshalle führt ein niedriger Durchgang in einen versinterten Kamin, auf der linken Seite fällt ein Gang zunächst steil ab, an

dessen Ende man zu einer mit Sinterbecken bedeckten Platte kommt. In der Eingangshalle sollen vorgeschichtliche Scherben gefunden worden sein.

Beim Straßenbau wurde am Südhang der Hochwacht* N Burladingen
7720 der *Hochwachtschacht* angeschnitten (780 m NN, ki 2, EB 0,6 x 1,2 m,
15 L 16 m, T 9 m, !). Beitr 9, 1976.

Im Laucherttal und seinen Nebentälern der Erpf, Seckach und Fehla entspringen mehrere starke Karstquellen (Strayle 1970, Villinger 1969, 1974b, 1975).

2 km S Melchingen liegt im Woogtal die intermittierende *Woogquelle* (730 m NN, ox 2, Q 0 – über 80 l/s, Pos 1a). In Erpfingen, am westlichen Ortsausgang, tritt aus dem *Brechlöchle,* einer kleinen Höhle im rechten Hangfuß, eine stark schwankende Quelle aus (715 m NN, ki 2, QM 60 l/s, QMin unter 1 l/s, QMax über 500 l/s, Pos 1b), die gewöhnlich den Ursprung der Erpf darstellt, weil die am nördlichen Ortsrand der Gemeinde Erpfingen gelegene, eigentliche *Erpfquelle* (Pos 1a) sehr häufig versiegt.

Eine weitere Quelle nahe der Erpfmühle unterhalb von Erpfingen ist von der Albgruppe XV gefaßt, ebenso der *Lange Brunnen,* 500 m SO Stetten u. H. (695 m NN, Talfüllung über ki 2, Q 28 – über 250 l/s, Pos 3a). Sein Einzugsgebiet erstreckt sich nach NO bis zum Ortsteil Haide, wie ein Färbversuch 1965 gezeigt hat (100 m/h).

In extremen Trockenjahren fällt die Lauchert, deren oberster Oberlauf zwischen Willmandingen und Melchingen im Wanzental ohnehin unterirdisch von den Quellen der Steinlach angezapft ist, bis zum Langen Brunnen vollständig trocken, so daß dieser dann den Ursprung der Lauchert bildet. Die *Lauchertquellen* selbst sind einige unbedeutende Quellen an der Grenze ki 1/2 bei Willmandingen (Pos 1a).

1 km unterhalb von Hausen a. d. L. entspringt am rechten Talrand der zur Wasserversorgung von Hausen und Mariaberg gefaßte *Michelbrunnen* (680 m NN, ki 2/3, QM 80–100 l/s, QMin 10 l/s, Pos 2a). 500 m NNO Trochtelfingen liegen die Quelltöpfe der *Seckachquellen,* die sich durch einen außergewöhnlich gleichmäßigen Schüttungsgang auszeichnen (680 m NN, ki 2, QM 400 l/s, QMin 120 l/s, QMax 1000 l/s, Pos 1a). Inmitten des Quellgebiets wird aus zwei Bohrbrunnen Karstwasser zur Versorgung von Trochtelfingen und der Kasernen bei Großengstingen gefördert. Das Einzugsgebiet ist bisher nicht bekannt.

In Mägerkingen ist als stärkste von mehreren Quellen am rechten Talrand der *Pfarrbrunnen* zur Versorgung der Ortschaft gefaßt (680 m NN, ki 2/3, QM 30–40 l/s, Pos 2a). In Bronnen wird eine starke Karstquelle am rechten Talrand vom Verbandswasserwerk Gammertingen genutzt (668 m NN, ki 2/3, QM 60 l/s). 500 m N Hettingen tritt neben der Lauchert am linken Talrand die für die Mittlere Lauchertgruppe genutzte

Sebastiansquelle aus (650 m NN, ki 2/3, QM um 250 l/s, QMin 70 l/s, Pos 2b), wobei ein großer Teil der Schüttung unsichtbar direkt in die Lauchert fließt. Das Einzugsgebiet reicht bis Feldhausen und Kettenacker, wie zwei Markierungsversuche 1959 und 1966 gezeigt haben (ca. 180 bzw. 18 m/h).

In Burladingen entspringen auf der rechten Talseite die *Fehlaquelle* (725 m NN, ki 1, QM 500 l/s, QMin 10 l/s, QMax 1350 l/s, Pos 3a ?), 1–1,5 km talabwärts rechts der *Messnerbrunnen* und der *Weiherbrunnen* (715 bzw. 710 m NN, ki 1, zus. QM 50 l/s, Pos 3a ?), links der *Kreuzbrunnen* und der *Gassenbrunnen* (720 bzw. 717 m NN, ki 1, QM 75 bzw. 60 l/s, Pos 2a). Messner-, Weiher- und Gassenbrunnen sind vom Kreiswasserwerk Hechingen gefaßt worden. Das gemeinsame Einzugsgebiet der drei rechtsseitigen Quellen erstreckt sich nach SW bis aufs Degenfeld* bei Bitz, wie Färbversuche 1965 gezeigt haben (38–100 m/h). Der Südteil des Degenfelds entwässert jedoch nach S zu den Ebinger und Straßberger Quellen (Bl. Sigmaringen). Strayle 1970.

Der *Schloßbrunnen* rechts der Fehla 2 km oberhalb Neufra, ist zur Wasserversorgung von Neufra gefaßt (690 m NN, ki 2, QM 70 l/s, Pos 2b).

Am Ausgang des Fehlatals ins Laucherttal tritt an der Fischzuchtanstalt neben mehreren kleinen Quellen die *Fischweiherquelle* aus (640 m NN, ki 2/3, QM 55 l/s, Pos 1b/1c). Sie alle werden zum großen Teil von der Fehlaversickerung unterhalb von Neufra gespeist, wie 1963 ein Färbversuch ergeben hat (310 m/h). Damals gelangte Farbe auch in eine kleine Quelle im Laucherttal 1,5 km NW Hettingen am rechten Talrand (ca. 70 m/h) und in Spuren zur *Gallusquelle* (ca. 150 m/h).

Die *Gallusquelle* in Hermentingen ist, vom Aachtopf abgesehen, die stärkste Karstquelle der Westalb. Sie entspringt aus dem westlichen Talrand (640 m NN, ki 3, QM einschl. Entnahme 520 l/s, QMin 90 l/s, QMax 3000 l/s, Pos 2a/3a) und wird seit 1952 von der Zollernalbgruppe zur Wasserversorgung genutzt. Etwa 10% der Schüttung stammen von der Fehlaversickerung. Mit insgesamt 10 Markierungsversuchen in den Jahren 1958–67 wurde nachgewiesen, daß das Einzugsgebiet der Gallusquelle 40–45 qkm groß ist und sich nach W bis nahe Harthausen, nach NW bis Bitz und nach NNW bis zur Fehla erstreckt (37–167 m/h). Strayle 1970; Villinger 1975.

Quer durch das Blatt Albstadt verläuft der 1966–1970 erbaute *Albstollen* der Bodensee-Wasserversorgung vom Einlauf im Büttnautal NW Veringendorf (Bl. Sigmaringen) herkommend, hart NO Harthausen vorbei bis 1,5 km W Burladingen, wo er abknickt und dann nach N zum Auslauf 1,5 km SW Talheim führt. Von S her durchquert der Stollen die Gesteine des gesamten Weißen Juras, um ab Burladingen bis Talheim im oberen Braunen Jura zu verlaufen.

Am Albvereinsweg von Bronnen nach Gammertingen liegt 0,5 km SW

7721 Bronnen das *Eulenloch** (740 m NN, ki 2, EB 4–5 m, H 1,5 m). Die an-
02 nähernd runde Halle (D 12–15 m, H 3–8 m) fällt stark ab. Der Boden
ist mit grobem Versturz bedeckt. An den Wänden sind stellenweise Sin-
terbildungen festzustellen. Der Höhlenraum ist ausgesprochen kalt.

2. Schmiechatal und ostwärts anschließende Hochalb

An der Westgrenze des Blatts, 2,5 km N Onstmettingen, ist der als Aus-
sichtspunkt bekannte *Hangende Stein** (AP 923, ki 2) durch sehr tiefe
Spalten (!) vom Raichbergmassiv getrennt. Beim Steg ist der Einstieg in
7620 die 1912 von L. Schmalzbach entdeckte *Hohenzollernhöhle* (920 m
05 NN, T 25 m, !). Enge, schlüpfrige Schächte führen in drei teilweise mit
Tropfsteinen geschmückte Kammern. In der gleichen Spalte entdeckte
7620 L. Schmalzbach 1915 noch die *Mackensenhöhle* (910 m NN, T 27 m, !).
02 Für die Befahrung beider Höhlen sind gute Ausrüstung und Kletter-
kenntnisse Voraussetzung. BlSAV 24, 1912; 27, 1915. – Kleinere Spal-
ten dieser Art sind am Braunhartsberg* W und am Hochberg NNW
Tailfingen zu finden.
100 m Hangender Stein führt der Wanderweg unmittelbar an einer
Höhlenruine vorbei, deren Boden zum Tal hin stark abfällt (900 m NN,
ki 2, EB 2,5 m, EH 1,5 m, L 4 m).
7720 Die *Linkenboldshöhle** (910 m NN, ki 2+3, L 220 m) ist seit langem
01 bekannt. Der Sage nach sollte die Höhle »Muetes Heer« beherbergt
haben. Sie wurde früher als Schauhöhle gern aufgesucht, ganz beson-
ders nachdem 1875 ein Schlitzgraben mit einem 7 m langen Stollen ei-
nen bequemen Eingang verschafft hatte. Zuvor mußte man mit Hilfe
einer Leiter durch die obere, jetzt vergitterte Öffnung einsteigen. Die
Höhle ist seit 1975 wieder verschlossen. An einigen Wochenenden,
sonst nach Anmeldung, kann die Höhle besichtigt werden. Tel. (07431)
21793 Gebhard oder (07432) 2655 Hugger. Schön ist die Bedeutung
der SSW-NNO gerichteten Spalten für die Höhlenbildung zu sehen.
Der Sinterschmuck ist sehr reichhaltig (Tropfsteine, Wandsinter, Blu-
menkohlsinter). OAB Balingen 1880.
Eine Schachthöhle ist die 1 km NO Neuweiler am Storren* liegende
7720 *Schmauselhöhle** (890 m NN, ki 2, T 5 m). Sie ist eingeschrankt (!).
03 Im Waldteil Hüttenkirche* 2,5 km W Bitz führt ein Trampelpfad von
7720 der Nordostecke des Waldes zum *Hüttenkirchle* (890 m NN, ki 2, L 2–3
07 m, B 5 m, H 2,5 m). Der Name wird von der mündlich überlieferten
Verwendung der Höhle zu Gottesdiensten hergeleitet. Eine württem-
bergische Münze von 1622 wurde bei den Ausgrabungen gefunden.
Wichtiger war der Fund von Klingen des Spätmagdalénien (heute Mu-
seum Ebingen). KB Balingen 1960/61.

Der am Schafhaus* von der Straße Bitz–Trochtelfingen nach S abzweigende Weg führt zunächst in spitzem Winkel nach O, dann in den Wald Bernloch*. Am Ende des Buchenhochwalds, geht es nach 50 m im rechten Winkel links (O) vom Weg ab zur *Bernlochhöhle* (900 m NN, ki 2, L 7720
13 m, B 5 m, H 2 m). Der Eingang ist sehr schön asymetrisch gewölbt. 04
Eine verschüttete Tagöffnung am Ende der Höhle ist außerhalb erkennbar. 1939 grub A. Rieth Feuersteingeräte des Spätmagdalénien, pleistozäne Tierreste, vor allem Wildpferdknochen, und Scherben aus der Jungstein-, Bronze- und Spätlatènezeit aus. KB Balingen 1960/61; FBerBW 1, 1974.

In der *Heidensteinhöhle** (auch *Hartensteinhöhle)* 1,5 km NW Ebingen 7720
fand Eith 1926 Feuersteinmesserchen und pleistozäne Tierreste (heute 06
Museum Albstadt). Der Weg zu der im Eingangsteil niedrigen, dann aber geräumigen Höhle (925 m NN, ki 2, EH 1,5 m, L 25 m, B 7–12 m, H 4 m) ist ab Klarahof bezeichnet (< rot). In der Höhle liegt grober Versturz. Auch über dem Vorplatz muß sich früher eine Decke gewölbt haben. KB Balingen 1960/61.

Unterhalb des Ebinger Schloßfelsen* liegt die *Schloßfelsenhöhle* (890 7720
m NN, ki 2+3, EB 3,5 m, EH 3 m, L 11 m). Ein geräumiges Felsdach ist 14
nicht weit entfernt (B 9 m, H 5 m, L 5 m). Für die Schloßfelsenhöhle nennt J. Binder den Namen »*Schneiders Loch*«, eine weitere Höhle in der Schloßfelsenhalde nennt er »*Scheuerle*«. J. Binder 1910.

Im *Hohlen Felsen** 1,5 km SO Bitz (810 m NN, ti) sind mehrere bis zu 5 7720
m tiefe Nischen. Die Haupthöhle (L 23 m, B 10 m, H 2–5 m) lieferte 02
keine Spuren menschlicher Kulturreste, doch wurden Nagetier- und Vogelknochen gefunden. KB Balingen 1960/61.

Im Wald Kühstelle* 5 km O Ebingen liegen drei kleine Höhlen° beieinander (840 m NN, ki 2), die *Kleine,* die *Enge* und die *Große Kühstelle* 7720
(EB 5 m, EH 2,6 m; L 10 m, B 5–6 m, H 2 m, 2 kz. Gänge), fand R. R. 11–13
Schmidt 1905/06 wenige Geräte des Spätmagdalénien und Knochen von Wildpferd, Wollnashorn und Höhlenbär. KB Balingen 1960/61.

3. Sonstiges

Etwa 50 m SW der Esso-Tankstelle am Ortsausgang von Großengstingen in Richtung Haidkapelle liegt der 1965 eingedolte *Großengstinger Hungerbrunnen* (700 m NN, Pos 1a od. 1b). BlSAV 74, 1968.

Dolinenfelder findet man bei der Haidkapelle* (Entwässerung zum Langen Brunnen zwischen Stetten u. H. und Hörschwag im Laucherttal), im Schäferstal* zwischen Trochtelfingen und Harthausen b. F. und zwischen Tailfingen und Bitz (Degenfeld*). Die Vertiefungen bei Willmandingen sind ehemalige Bohnerzgruben.

Der *Sauerbrunnen** in Kleinengstingen ist keine Karstquelle, sondern ein Brunnen, der das Grundwasser im Vulkantuff des Kleinengstinger Schlotes erschließt. Dank seines hohen Gehalts an freier Kohlensäure ist es ein Mineralwasser. Der Brunnen wurde 1580 entdeckt. Das wohlschmeckende Wasser kann sich jeder Durstige selbst an der Pumpe holen. Wais 1925.

1,4 km NW Willmandingen liegt am Anfang des Seebachtals im unteren
7620 ox 2 die Quellhöhle des Seebachs, der *Willmandinger Bröller* (710 m
04 NN, EB 1 m, EH 1,1 m, L 32 m, QM 1965/66 bis etwa 100 l/s). Beitr 10, 1976. Bis 1846 stand vor dem Höhleneingang eine Mühle, von der keine Reste mehr erhalten sind.

Das 1,5 km NW Ittenhausen gelegene *Hexenloch** in der Südostecke des Blatts wurde vor einigen Jahren eingefüllt.

Die nördliche Ortseinfahrt der B 312 in Oberstetten bildet eine Rechtskurve, die einen stattlichen Erdfall berührt. In ihn werden die Abwässer der Gemeinde geleitet.

L 7722 Munderkingen

Etwa auf der Linie Aichelau–Ehestetten–Apfelstetten–Mehrstetten liegt mit der Klifflinie des tertiären Meeres die Grenze zwischen Kuppenalb (nördlich davon) und Flächenalb. Mit Tautschbuch, Emerberg und Landgericht werden markante Teile des tertiären Hügellandes der Flächenalb nördlich der Donau erfaßt.

1. Großes Lautertal von Offenhausen bis zur Donau

Am Nordrand des Blattes ist eben noch der zum Haupt- und Landgestüt gehörige Gestütshof Offenhausen eingetragen. Von den Mauern des ehemaligen Nonnenklosters wird der künstlich gespannte *Quelltopf der Großen Lauter** eingeschlossen (665 m NN, ki 2, QM 250 l/s, QMin 26 l/s, QMax 1500 l/s, Pos 1c/2b). Ein Nebenaustritt ist zur Wasserversorgung von Offenhausen und Kohlstetten gefaßt. Bei einem Färbversuch 2 km N Bernloch floß 1966 die Farbe zur Großen Lauterquelle (70 m/h) und zur Echazquelle (115 m/h), d. h. hier wurde die unterirdische Wasserscheide zwischen Rhein und Donau getroffen. Ein Markierungsversuch 1,8 km WSW Große Lauterquelle im Jägertal ging dagegen nur zu den Quellen im oberen Echaztal (165–240 m/h). Vom Steinbruch am südlichen Ortsausgang von Bernloch floß die Farbe 1965 zur Läuterlequelle bei Wasserstetten (55 m/h). Villinger 1969.
0,4 km W des Südtors, wo rechts des am Waldrand verlaufenden Wegs
ein Gittermast steht, liegt wenige Schritte waldeinwärts der *Hohle Stein* 7622
bei Offenhausen mit einer kleinen Nische (720 m NN, ki 2, L 2,8 m, B 3 09
m, H 1,6 m), die sich in einer Spalte fortsetzt (L 5,8 m, B 1 m, nach oben enger werdend).
In dem bei Wasserstetten einmündenden Pfaffental* liegt 1,5 km W
Wasserstetten das *Ottilienloch** (*Konstelesloch**). Es ist nach einer 7622
Wegbiegung über dem an dieser Stelle ziemlich buschfreien Steilhang in 01
einem 6 m hohen Felsen zu sehen (670 m NN, ki 2, EB 1,2–1,8 m, EH 2 m; L 10 m, B 2–3 m, H 2–3 m). Der Höhlenraum ist an Querklüften erweitert. Sie sind z. T. stark ausgekolkt. Am Ende zieht sich ein schlief-

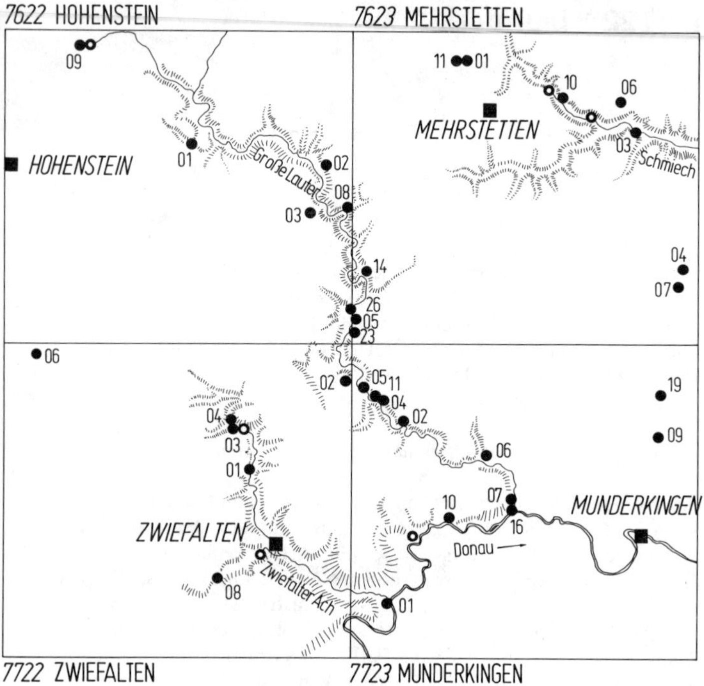

Blatt L 7722 Munderkingen

barer Gang nach O. Sinterreste und etwas Montmilch sind vorhanden. OAB Münsingen 1912. – Wenig unterhalb davon liegt im Pfaffental die *Läuterlequelle* (637 m NN, ki 2, QM üb. 100 l/s, Pos 1a/1c). Sie ist von der Albgruppe X gefaßt.

Als stattlicher Bach entspringt am Fuß des Galgenbergs in Buttenhausen der *Roßbach* (621 m NN, Q 25. 3. 67 220 l/s, QM üb. 100 l/s, Pos 2a).

7622 Im *Hohlen Felsen** bei Buttenhausen (0,7 km SO Buttenhausen) ist
02 eine unbedeutende Höhle (710 m NN, L 6,5 m, EB 2 m, EH 1,4 m).

7622 Um die Ruine Hohenhundersingen* herum gibt es einige kleinere *Höh-*
08 *len:* 1. N (ki 2, EH 1,2–2,2 m, B 6 m, L 4 m); 2. unterm Bergfried (EH 6 m, EB 2,5 m, L 4 m + Spalte L 5 m; an einer Kluft, schöne Mischungs-

korrosionskolke); 3. Spalte unter der Vorburg (B 0,5–0,7 m, L ?, H 4–6 m); 4. in einem Felsen im Tal, durch das die Straße nach Bremelau führt.
Die *Plattenhöhle** 0,7 km W Hundersingen liegt an einem Steilhang im 7622
Wald. Sie ist von unten nicht auszumachen, da sie sich erst hinter einem 03
Vorplatz öffnet (700 m NN, ki 2, L 10 m, B 2 m, H 1–1,5 m). Es ist daher einfacher, die Höhle von oben her zu suchen. Bei einem Hochsitz am Waldrand geht man in den Wald und am rechten (S) Felsenkranz entlang. Der in den hinteren Teil der Höhle führende Schacht (D 1–1,2 m, T 6,8 m) läßt die Lage der Höhle gut erkennen (!). Wer die Höhle von unten erreichen will, muß 100 m nach der Kurve, wo die Straße wieder parallel zum Tal verläuft, senkrecht aufsteigen. Die Höhle wurde 1903 von F. Sautter ausgegraben. Eine genaue Bestimmung der ergrabenen Knochen und Steinwerkzeuge sowie jüngerer Kulturreste fehlt offenbar. BlSAV 15, 1903.
Im Felsen, der die Burgruine Hohengundelfingen* trägt, sind drei kleinere Höhlen und zwei Stollen (Gr. Stollen L 44 m, Kl. Stollen L 15 m).
Unter den Höhlen ist die größte die *Sebastianshöhle* (692 m NN, ki 2, 7623
L 16 m, B 2 m). LHF 2, 1966. 14
Im Ortsteil Wittsteig entspringen am linken Rand des Großen Lautertals die *Wittsteigquellen* (595 m NN, ki 2+3, QM 100–120 l/s, Pos 2b), die z. T. für die Albgruppe VI gefaßt worden sind.
Am Fuß des Klingelfelsen (oder Klingenfelsen), 300 m NW Schloß Derneck, befindet sich unter einem Überhang nach NO zur Lauter hin eine Spalte, die von der Straße gegenüber größer erscheint als sie ist, die *Klingenfelsspaltenhöhle* (595 m NN, ki 2, H 3,5 m, B 2 m, L 4 m). – Dagegen ist die auf der Südseite des Klingenfelsen sich nach O öffnende
Klingenfelsenhöhle geräumiger (605 m NN, EH 5 m, EB 2–3 m, B 6 m, 7623
L 9 m); LHF 6, 1968. 26
300 m SO Schloß Derneck* führt ein bezeichneter Weg von der Straße
den Steilhang hinauf zur *Bettelmannshöhle** (612 m NN, ki 2, EB 6 m, 7623
EH 5 m; L 57 m, B 8 m, H 2–3 m). Der unebene Boden, der mit Ver- 05
sturz und alten Stalagmiten bedeckt ist, steigt leicht an. Im Eingangsteil ist ein Pfeiler stehengeblieben, weiter hinten ist eine Tropfsteinsäule. Quer- und Längsklüfte sind in der auffallend warmen Höhle zu bemerken. – In der Höhle wurden Funde aus der Jungsteinzeit, Latènezeit und dem Mittelalter gemacht. Wais II, 1971, OAB Münsingen 1912; LHF 6, 1968.
250 m O Weiler verläuft parallel zum Tal in einem an der Straße an-
grenzenden Felsen die *Felsdurchgangshöhle Weiler* (595 m NN, ki 2, 7623
L 13 m, H 8 m). Die Höhle hat auf der Nordostseite zwei Eingänge. 23
Von der Mitte aus führen drei Spalten zum Südwestausgang. LHF 6, 1968.

Bei Gundelfingen und zwischen Indelhausen und Anhausen hat die Lauter *Kalktuff* abgelagert.

Auf dem linken Lauterufer zieht sich 500 m NNO Indelhausen in einem Felsen eine Hohlkehle schräg nach oben, im unteren Teil ein Felsdach bildend, danach eine kleine *Höhle* (605 m NN, ki 2, H 3,5 m, B 6 m, L 10 m), um schließlich enger werdend auszulaufen. Eine *Höhlenruine* ist rechts vom Weg zur oben beschriebenen Höhle 100 m nach dem letzten Haus zu sehen.

Von der Brücke bei Pw* S Anhausen (dort auch Parkplatz) führt ein be-
zeichneter Weg (– < gelb) über das Fichteltal, dann einen steilen Hang
7722 hinauf zum *Großen Gerberloch** 0,5 km SW Anhausen (657 m NN, ti, L
02 57 m, B 4–7 m, H 3–5 m). Eine Längskluft und deutlich raumerwei-
ternd wirkende Querklüfte sowie Tropfsteine sind zu bemerken. Un-
7722 terhalb des Großen Gerberlochs ist in einer Schichtfuge das *Kleine*
12 *Gerberloch* angelegt (633 m NN, L 8 m). Es hat drei Eingänge.

7722 Am Eingang des Fichteltals kommt man am *Ochsenloch,* auch *Fichtel-*
11 *talhöhle* genannt, vorbei (601 m NN, ki 2, EB 2 m, EH 1,2 m; L 16 m,
B 14 m, H 1,8 m). Es hat neben dem kleinen Eingang ein Fenster. OAB
Münsingen 1912; LHF 6, 1968.

150 m talab liegt hinter Bäumen verborgen eine kleine Schlucht, die in einem Felsenhalbrund endet. Darin befindet sich eine *Höhle mit zwei Kammern* (600 m NN, ki 2, EB 6 m, EH 2 m; 1. B 4–6 m, H 2–1,2 m, L 7 m; 2. B 2 m, H 2–1,2 m, L 4 m), die hinten durch einen Schlupf verbunden sind. Es schließt sich eine *Kleinhöhle* und nach N ein *Abri* an (B 4 m, H 2,5 m, L 2 m).

Den Beginn der Felsengruppe, die südlich im Schwarzlochfelsen endet, bildet ein gewaltiges Felsentor, das nur bei unbelaubtem Wald auffällt (H 12–15 m, B 5–8 m, L 5 m). Wenig oberhalb ist eine *Durchgangshöhle* (610 m NN, ki 2, EB 4 m, EH 4 m, L 9 m, H 5–6 m), die sich in zwei Nischen und einem Felsspalt (Felsentor) jenseits eines breiten Spalts fortsetzt. In dem zum Felsentor hinleitenden Felsen ist eine weitere *Kleinhöhle* (EB 3 m, EH 1,5 m, L 4 m).

7723 0,9 km S Anhausen öffnen sich die *Ochsenlöcher**, zwei runde Öffnun-
05 gen am Weg (580 m NN, ki 2, D 1,2 m, L 8–10 m).

Der Schwarzlochfelsen beim P. 573 hat seinen Namen vom rußge-
7723 schwärzten *Schwarzloch* an seinem Fuß bekommen (L 6,5 m, B 6–7 m,
11 H 3 m). Daneben sind weitere kleine Höhlen.

Auf der Nordostseite des Käpfles*, 300 m NO Weiler, erinnert der Fels gegen die Lauter an den »*Bienenkorb*« in der Donauenge bei Weltenburg. Auf die erste Höhle (592 m NN, ki 2, EB 4 m, EH 1,8–2,4 m, L 5 m) folgen noch drei in dieser Größenordnung, eine vierte ist in Form einer Hohlkehle ausgebildet (B 24 m, H 0,4 m, L 0,8–2,5 m). Ganz knapp über dem Boden verläuft ebenfalls eine Hohlkehle.

Das *Heuscheuerle** 1,5 km SSO Anhausen ist ein Felsüberhang, der 7723
eine Fläche von 200–250 qm überdacht (580 m NN, ki 2, L 15 m, B 35 04
m, H 10–12 m). Am Ende ist ein schmaler Gang (L 4 m). Eine kleine *Spaltenhöhle* (L 7 m, B 0,3–0,6 m, H 4 m) mit eingeklemmten Versturzbrocken liegt wenige Schritte talauf.

10 m oberhalb des Wanderwegs von der Ruine Monsberg* zur Ruine Wartstein*, rund 300 m O der letzteren, ist ein Gitter in einem betonierten Rahmen (B 0,75 m, L 0,7 m), in den die Worte »Tropfstein 1956 Höhle« eingegraben sind. Die darunter befindliche Höhle, das
Fuchsloch (auch *Wartsteinhöhle* oder *Erbstetter Tropfsteinhöhle* ge- 7723
nannt), wurde kurz vor dem 2. Weltkrieg entdeckt (640 m NN, ti, L 47 02
m, H bis 8 m). Der Zugang ist ein 3,5 m tiefer Schacht. Der Gang biegt nach links ab und führt hinter einer niedrigen Stelle in die Hauptrichtung NNW zurück. Der Sinterschmuck ist teilweise zerstört worden. Mitt 17, 1971; LHF 11, 1971.

Über eine 4 m hohe *Kalktuffbarre* stürzt die Lauter im *Hohen Gießel** 1,7 km SO Anhausen.

Der *Blaubrunnen** (Pos 2a), eine Karstquelle, geht nach der Schneeschmelze rasch zurück.

Auf der Markung Erbstetten und unterhalb der Laufenmühle* verliert die Lauter Wasser (OAB Münsingen 1912). In den Jahren 1963–67 versickerten hier durchschnittlich 170 l/s, im strengen Winter 1962/63 war die Große Lauter sogar fünf Wochen lang ganz trockengefallen. Sehr wahrscheinlich fließt das versickerte Wasser zu den Braunselquellen O Emeringen im Donautal. Villinger 1974 b.

Der Name Laufenmühle (schon 1105 »ad Lauffam«) weist auf den großartigen Wasserfall hin. Verlassene Kalktuffbrüche erinnern an die frühere Nutzung. In einer Kiesgrube N Lauterach kommen in rißeiszeitlichen Schottern Kalktuffgerölle vor. Der Kalktuff muß also im Mittelpleistozän abgelagert worden sein. Prinz 1959.

Im romantischen Wolfstal*, über den bezeichneten Talweg zu errei-
chen, liegt 1,2 km WNW Lauterach die *Bärenhöhle** bei Lauterach 7723
(570 m NN, ti, EB 9 m, H 5 m; L 20 m, B 4–5 m, H 2,8–1 m). G. Riek 06
und H. Stoll gruben die Höhle 1931 aus. Unter einer schwarzen Kulturschicht mit metallzeitlichen Scherben stießen sie auf zwei eiszeitliche Knochenschichten mit neolithischen Scherben, fanden aber keine Werkzeuge. FBer. NF 8, 1935; FBerBW 1, 1974. – In der Nähe befinden sich weitere Felsüberhänge, Nischenhöhlen und ein Gang (L 10 m).

Geht man auf dem rechten Lauterufer von Lauterach an flußabwärts, erblickt man gleich am Anfang des Waldes auf dem linken Ufer eine sehr geräumig erscheinende Höhle, für die ein Name nicht bekannt ist. Der Zugang zu ihr ist nicht ganz einfach. Ihre Maße entsprechen nicht der Erwartung (512 m NN, ti, B 7 m, H 2,5 m, L 5 m).

7723 Die 1 km S Lauterach eingetragene *Bettelhöhle** (518 m NN, ti, L 14 m)
07 wurde wegen des am Eingang angebrachten Tores auch schon *Keller-
höhle* genannt. Ihr gegenüber etwas flußabwärts liegt auf dem linken
7723 Ufer die *Jägerhöhle,* auch *Große Höhle* genannt, eine Art Brandungs-
14 höhle (510 m NN, ti, L 10 m, B 18 m, H 6 m).
Am Pfaffensteg, der den Albvereinsweg über die Lauter führt, öffnet
7723 sich gegen das Flüßchen mit schöner Wölbung die *Pfaffensteghöhle*
16 (509 m NN, ti, L 12 m, B 10 m, H 3 m, Schichtfuge). LHF 6, 1968. –
Kleinere Höhlen findet man auch zwischen Pfaffensteghöhle und dem
Steg unterhalb des E-Werkes auf der rechten Talseite.

Am Fuß eines hohen Weißjurafelsen liegt links der Großen Lauter und 150 m oberhalb von deren Einmündung in die Donau das unscheinbare *Felsdach Lautereck.* Bei einer Grabung fand W. Taute 1963 hier fünf Kulturschichten, die dem Spätmesolithikum, dem Neolithikum (drei Schichten) und der Bronzezeit angehören. Die Funde bezeugen wiederholte Aufenthalte von Menschen in vorgeschichtlicher Zeit, die hier der Jagd und vor allem dem Fischfang nachgingen. Taute 1967.

2. *Tal der Zwiefalter Ach und Nebentäler*

Unmittelbar am Albvereinsweg durch das Glastal* liegt 3 km W Hayin-
7722 gen die *Bärenhöhle** (600 m NN, ki 2, EB 11–13 m, EH 2,5–3,5 m;
04 L 15+5 m Kriechgang, B 2 m, H 2,2 m). Die Höhle enthält große Ver-
sturzbrocken, im Kriechgang auch Perlsinter. Im Eingangsteil sind die
Klüfte stark ausgekolkt.
7722 150 m SO befindet sich eine weitere Höhle, die *Glashöhle°* (615 m NN,
03 ki 2, EB 6,5 m, EH 2 m; L 7 m, H 3,5 m). Hinter dem schön gewölbten
Eingang befindet sich eine kleine Halle. Von der stark zerklüfteten
Decke führen drei Kamine in die Höhe (H 10 m). Den Boden bedecken
Versturzblöcke.
Weitere 250 m SO liegt der Ursprung des *Hasenbachs* (585 m NN, ki 2,
QM ca. 250 l/s, QMin < 100 l/s, QMax > 500 l/s, Pos 1a).
7722 3 km NNW Zwiefalten entströmt die Zwiefalter Ach der *Friedrichshöh-
01 le** oder *Wimsener Höhle* (557 m NN, ki 3, EB 3 m, EH 3 m, L 723 m,
QM 590 l/s, QMin 60 l/s, QMax 2800 l/s, Pos 1b). Das Einzugsgebiet
erstreckt sich nach W und NW. Bei zwei Markierungsversuchen 400 m
NO Aichelau 1957 und bei Tigerfeld 1958 gelangte das Salz zur Wim-
sener Höhle (43 m/h bzw. 81 m/h).

Die Höhle kann auf 70 m Länge mit einem Kahn befahren werden (größte Wassertiefe 3 m). Im anschließenden, verzweigten Labyrinthsiphon fand G. Wellhöfer 1959 zwei Auftauchstellen. 1961 durchtauchte J. Hasenmayer den 20 m langen Siphon und entdeckte mit S.

22a Oberes Tiefental bei Sontheim. Trockental

22b Doline bei Söglingen

23a Nebelhöhle bei Genkingen ▶

23b Finsteres Loch am Rosenstein ▶

Liebold und H. Matz die Schatzkammer, den Tropfsteingang und den Ehrenfelser See. Mit A. Wunsch fand er 1964 den weiteren Verlauf des Hauptganges. 1965 verfolgte er den gefährlichen Schluchtsiphon 120 m weit bis auf eine Tauchtiefe von 30 m. Auf der Suche nach der Herkunft des starken Quellstromes erkundete J. Hasenmayer im Oktober 1975 die Fortsetzung des Schluchtsiphons. Er tauchte durch Schlote und Spalten hinauf bis in 8 m Wassertiefe und erreichte das Ende der blankgewaschenen Durchbruchszone. Dann folgte er langgezogenen, geräumigen, nach Nordwesten führenden Gängen. Schlammgründige Senken führen bis auf 30 m Tiefe, kurze, kluftförmige Aufstiege sind zu durchqueren. In 400 m Entfernung zur Eintauchstelle liegt der Umkehrpunkt, eine weite Halle. Ein dicker Schlammteppich bedeckt den Boden, säulenförmige Felsstützen unterteilen das Gewölbe. Auf dem Rückweg verwehrt aufgewirbelter Schlamm die Sicht. Nur entlang des zuvor ausgelegten Sicherungsdrahtes können die lufterfüllten vorderen Höhlenräume wieder erreicht werden.
Die nun auf 723 m Länge bekannte Friedrichshöhle entstand als Unterwasserhöhle. Mit der Einsenkung des Glastales fiel der Hauptgang teilweise trocken und wurde vom Wasserlauf untertunnelt. Höhenunterschiede, bizarre Auslaugungsformen und Verzweigungen zeigen – vornehmlich im verschwammten Riffkalk – das Bild eines Quelldurchbruches aus dem tiefen Karst, in den der Endsiphon heute noch eintaucht. Mitt 7, 1961; 10, 1964; 14, 1968.
Das lateinische Distichon auf einer Marmortafel am Eingang der Höhle erinnert an den Besuch des Kurfürsten Friedrich von Württemberg bei seinem Minister, dem Grafen Normann, dem er Schloß Ehrenfels verliehen hatte, und mit dem er die Höhle befuhr (August 1803). Damals erhielt die Höhle ihren Namen.

»Grata tuum praesens numen mea nympha salutat.
Laetior unda tibi nunc Friderice fluit.«

(Dankbar begrüßt den hohen Besuch die hier waltende Nymphe. Fröhlicher fließet dir nun, Friedrich, die rauschende Ach).
Die Wimsener Höhle gehört zu den am frühesten urkundlich erwähnten der Schwäbischen Alb, denn schon 1447 wurde im Zusammenhang mit einem Grenzstreit zwischen dem Besitzer von Ehrenfels und dem Kloster Zwiefalten der Fluß, »der uß dem Hölnstain gat«, erwähnt. Wais 1925; SW 33.
SCH 1. 1.–31. 12. tgl n. B., Gasthaus zur Friedrichshöhle, 7427 Hayingen-Wimsen, (07373) 813, Erw DM 1,50, Ki DM 1,–, Ges DM 1,30, 10 Min.
Bei Zwiefalten, wo die Ach *Kalktuff* ablagerte, vereinigt sich die aus dem Glastal und von der Wimsener Höhle herkommende Ach mit der aus der *Kesselquelle** 0,5 km W Zwiefalten abfließenden Kesselach

(539 m NN, Talfüllung üb. ti, QM ca. 700 l/s, QMin 360 l/s, QMax 1570 l/s, T 3,8 m, Pos 1a). Der Färbversuch 1966 in Kettenacker betraf neben der Sebastiansquelle bei Hettingen vor allem die Kesselquelle (525 m/h !), die Tobelbachquelle 1 km SO (150 m/h) und eine Quelle in Grüningen (Bl. Saulgau; 100 m/h).

Im Tobeltal*, durch das die Straße nach Mörsingen führt, findet man
7722 zahlreiche Felsüberhänge und Kleinhöhlen. Die *Tobeltalhöhle 2* mit
08 eingeklemmten Versturzblöcken (EB –5,5 m, EH 3–4 m; L 11 m) liegt
links (S) der Straße, wo die zwei Felsen von beiden Seiten an die Straße
reichen. Im rechten Felsen, 4 m über dem Bachbett, liegt hinter dem
7722 Bewuchs versteckt der Eingang zur *Tobeltalhöhle 1* (570 m NN, ti, L 20
07 m). Nach einem ziemlich steilen Stück folgt ein Kriechgang, dann ein
kurzer, in die Tiefe führender Gang. Links geht in 2 m Höhe ein Gang
ab, der nach 6 m abwinkelt und in eine mit Tropfsteinen geschmückte
Halle führt (H 3 m, D 7 m).

Auf der Südseite des Tobeltals, 1,25 km WSW Zwiefalten, findet man
7722 im *Kleinen Tobelfelsen* eine *Klufthöhle* (560 m NN, ti, EB 1 m, EH 2,5
19 m, T 10 m, L 13 m). Mit etwas Übung im Klettern kann man in der engen Höhle ohne Seil auskommen.

Im Tobeltal treten in nassen Jahren *Hungerbrunnen* aus.

Im Tautschbuch, 1,5 km SO Mörsingen, liegt die *Schweinsgrube**, eine stattliche Doline (720 m NN, D 25–30 m, T 6 m).

3. Donautal

Bei Ausschachtungen für einen Keller wurde 1892 im Kalktuff 10 m
7723 unter dem Gasthaus zum Rößle in Zwiefaltendorf die *Zwiefaltendorfer*
01 *Höhle* entdeckt (L 20 m, B 2–3 m, H 4–6 m). Die Höhle enthält sehenswerte Sinterbildungen. BlSAV 4, 1892; Abh F 4, 1974.

SCH 1. 1.–31. 12. tgl. n. B., Gasthaus Rößle, 7941 Zwiefaltendorf (07373) 322.

Im Talgrund der Donau, 1 km O Emeringen, entspringen die starken Quellen der *Braunsel**, früher Bronsach (512 m NN, ti, QM 500 l/s, QMin < 400 l/s, QMax ca. 800 l/s, Pos 3b). Der nicht ganz 1 km lange Wasserlauf mündet oberhalb von Rechtenstein in die Donau. Das Einzugsgebiet der Braunselquellen reicht vermutlich nach N und NO bis weit jenseits des Großen Lautertals, da auch die Lauterversickerung wahrscheinlich zu den Braunselquellen entwässert.

Auf dem Weg von Rechtenstein zum Braunsel auf dem linken Donauufer häufen sich Quellaustritte unmittelbar aus den Felsen in den Fluß. Die Felsen sind stark zerklüftet (»Heidenküche«). Neben kleineren Hohlräumen, die sich aus solchen senkrechten Klüften entwickelt ha-

ben, gibt es NW Braunselmündung in die Donau eine größere *Spalte* (520 m NN, ti, EH 12 m, EB 0,5 m, L 10 m, B 0,5 m, H 12–0,5 m). Beide Wände weisen Laugformen auf.
Im unteren Schelmental*, unmittelbar nachdem der Weg die Südwestrichtung eingeschlagen hat, befindet sich auf der Ostseite eine kleine *Höhle* (530 m NN, EB 1,8 m, EH 0,8 m, L 6 m, H 3,5 m). Talauf stößt man auf beiden Seiten auf weitere Kleinhöhlen und Spalten.
Unmittelbar an der Donaubrücke in Rechtenstein ist in dem gewaltigen
Massenkalkfelsen die Eingangsspalte der *Geisterhöhle*°. Sie ist über 7723
eine Treppe zu erreichen (falls geschlossen, Schlüssel beim Wirt »Zur 10
Brücke« abholen). In der Höhle wurden 1872 unter römischen Kulturresten Knochen von Höhlenbären und Rentieren, jedoch keine Steinwerkzeuge gefunden. Riek 1935. Sehr schön ist die Abhängigkeit der vier einigermaßen parallel verlaufenden Höhlenräume von den Spalten zu sehen (530 m NN, ti, L 53 m, B 2–3 m, H 5–10 m). BlSAV 15, 1903; LHF 6, 1968.
W Algershofen oberhalb von Munderkingen wurden 1880 im Donautal die *Warmen Quellen* entdeckt (505 m NN, 20° C, Pos 3c). Wais 1971.

4. Schmiechtal und Böttental

0,7 km NNO Mehrstetten liegen im Böttental*, einem der Trockentä-
ler, die zum oberen Schmiechtal führen, der *Hohle Stein* bei Mehrstet- 7623
ten (720 m NN, ki 3/ti, L 17 m) und 2 km NNW Mehrstetten der *Hohle* 11
Stein bei Böttingen (750 m NN, ki 3/ti, L 13+4 m, H 2,2–2,9 m). Jh 4, 7623
1963. 01
Die *Schmiech* entspringt aus einer kleinen Felsnische (621 m NN, ki 2, QM 280 l/s, QMin 60 l/s, QMax 900 l/s, Pos 1b). Sie treibt sofort zwei Mühlen im Ortsteil Springen, Gde. Gundershofen. 1907 war ein Färbversuch vom Barackenlager des Truppenübungsplatzes Münsingen (50 m/h) und 1952 einer von Magolsheim (> 201 m/h) zur Schmiechquelle erfolgreich. Schulz 1957. 1965 fand in Breithülen ein Färbversuch statt, bei dem die Farbe zur Schmiechquelle (85 m/h), zum Schwarzen Weiher (120 m/h) und vor allem zum Urspringtopf (510 m/h) floß. Der Markierungsversuch 1965 am Grimmelberg im Truppenübungsplatz betraf neben Urspringtopf, Ermsquelle und Siebenbrunnen (Bl. Urach) auch die Schmiechquelle (290 m/h). Ein Versuch 1961 in Mehrstetten ergab einen Abfluß zur Quelle in Sondernach.
An der Steige Gundershofen–Ingstetten liegt bei der 3. Kehre, 0,5 km
NW Gundershofen, die *Gundershofener Höhle* (700 m NN, ki 2, L 11,5 7623
m, B 1,8–4,4 m, H 2 m). Sie ist eine Spaltenhöhle und durchquert einen 10
Felsen. Jh 4, 1963.

Einige starke Quellen führen der Schmiech, die *Kalktuff* ablagerte, Wasser zu. Verschiedene sind für Zwecke der Wasserversorgung gefaßt, z. B. die *Schwarzweiherquelle* (595 m NN, ki 2/3, QM 370 l/s, QMin 100 l/s, QMax > 1000 l/s, Pos 3a ?). 3 km WSW Sondernach befindet sich im Heutal* ein *Hungerbrunnen** (646 m NN, Pos 1a), der nur in sehr nassen Jahren läuft. Auch im Bärental* NW Hütten läuft in wasserreichen Zeiten ein *Hungerbrunnen,* volkstümlich derb der »Bettseicher« genannt. In Sondernach entspringen die *Quellen der Sondernacher Ach* (QM zus. um 100 l/s), von denen eine zur Wasserversorgung der Gemeinde gefaßt ist.

Bei Hütten befinden sich einige Höhlen: Am Ortsausgang an der Steige
7623 nach Justingen liegt links (W) die unbedeutende *Hennenhöhle.* Am
09 Eingang des Bärentals*, auf dem Fußweg, der die Steige an der 1. Kehre
7623 verläßt, stößt man nach wenigen Schritten auf die *Bärentalhöhle* oder
06 das *Eulenloch* (630 m NN, ki 2, L 28 m). 1931 fand G. Riek eine Kultur-
7623 schicht mit angebrannten Knochen. Nur klein ist die Höhlung des *Hoh-*
03 *len Felsen** bei Hütten (600 m NN, ki 2, L 5 m, B 2 m, H 4 m), doch
machte R. R. Schmidt 1906 darin Funde aus dem Magdalénien. Jh 4, 1963.

5. Höhlen am Westrand des Blatts

Auf dem Gebiet des Blatts sind zahlreiche *Dolinen* zu finden: S und O Oberstetten, S und O Frankenhofen, O Bf. Mehrstetten, SW Marbach und S Gomadingen, auf dem Krähenberg* W Gundelfingen, zwischen Münsingen–Ziegelhäuser* (Bl. Urach) und Apfelstetten und im Wald Kohl* SO Münsingen.
7622 1,5 km O Oberstetten (am Westrand des Blatts) war früher das *Mün-*
05 *zenloch**, ein kleiner Schacht (D 9–1,2 m, T 4,7 m). Er ist schon seit lan-
gem eingefüllt. OAB Münsingen 1912.
W B 312 zwischen Oberstetten und Pfronstetten liegt im Rehbuch* die
7622 *Rehbuchhöhle*° (770 m NN, ki 2, EB 3 m, EH 1,2 m, L 15 m, B 8 m, H
06 6–7 m). Sie wird im Volksmund *Räuberhöhle* genannt.
7622 Im Alten Hau* 2,5 km OSO Aichelau befindet sich die *Stichhöhle* (730
18 m NN, dol. ki 3, EB 6 m, EH 4 m, L 10 m).

6. Höhlen am Ostrand des Blatts

Am Sträßlein nach Ehingen liegt im Rauhtal* 2 km SSO Weilersteuß-
7623 lingen unterhalb des Rappensteins* die *Schuntershöhle* (620 m NN, ti,
04 L 5,3 m, B 12 m, H 2,9 m). Um 1780 herum wurde die Höhle von einer

Familie Schunter bewohnt. Die von A. Kley 1938/39 ergrabenen Geräte sind mittelsteinzeitlich. W. Taute fand bei seinen Grabungen 1961/62 unter zwei mesolithischen Kulturschichten noch eine solche des Jungpaläolithikums (Magdalénien). Jh 4, 1963; FBer NF 18, 1967.
In einem Nebental des Rauhtals befindet sich 0,7 km O Briel die *Kä-* 7623
*therenkuche** (600 m NN, ti, EB 4,8 m, EH 3,8 m; L 7 m). Gegen Ende 07
des 18. Jahrhunderts hauste in der Höhle ein Weib namens Käther. Jh 4, 1963. – Nach dem 2. Weltkrieg wurde in Ehingen/Donau die Narrenzunft der »Hexen« gegründet. Um sich von den anderen Narrenzünften zu unterscheiden, wählte sie den Narrenruf »Käthere – Kuche«, womit eine Beziehung zu dem »Wilden Weib« namens Käther hergestellt wurde. Mitt 20, 1974.
1 km WSW Schlechtenfeld liegt am Nordhang des Doppbergs* die
Doppberghöhle (560 m NN, ti, EB 6 m, EH 2,5 m, L 6 m). Diese Höhle 7623
soll einem Kesselflicker, genannt der »Pfannamarte«, als Unterschlupf 09
gedient haben. Auch er ist eine Figur der Ehinger Fasnet. Mitt 20, 1974.
1,5 km N Schlechtenfeld entspringt ein *Hungerbrunnen**. In einem
halbkreisförmigen Abri, dem *Felsställe* bei Mühlen, 500 m SO Mühlen 7623
bei Ehingen–Kirchen, wurden 1974 bei Wegebauarbeiten Kultur- 19
schichten angeschnitten. Die Ausgrabung erfolgte 1975 durch das Institut für Urgeschichte in Tübingen. Unter den Tausenden von Artefakten befanden sich neben Feuersteinkernen und Kernkanten hauptsächlich Abschläge und Klingen. Retuschierte Werkzeuge sind selten. Ein auffälliges Mißverhältnis besteht zwischen Abfall und brauchbaren Stükken. Offenbar wurde an dieser Stelle die unweit auf der Hochfläche vorkommenden Feuersteine bearbeitet. Die brauchbaren Stücke wurden mitgenommen. Hierfür sprechen auch die wenigen Knochenwerkzeuge, denn es liegen nur zwei Bruchstücke von Geschoßspitzen und eine Nähnadel vor. Das Fundgut wird dem Magdalénien zugewiesen. ArAusgr 1975.

L 7724 Ulm an der Donau

Die in der Diagonale von Südwest nach Nordost fließende Donau bildet gleichzeitig die Südgrenze der Alb, die auf dem Blattgebiet zur Flächenalb gehört. Sie ist mit dem Hochsträß zwischen Schmiechtal im Westen, Achtal im Norden und der Donau im Süden Teil des tertiären Hügellandes der Flächenalb.

Im ganzen Talabschnitt zwischen Teuringshofen und Schmiechen hat die Schmiech *Kalktuff* abgelagert. Eine Datierung gelang R. Dehm 1951. Er konnte aus Kalktuffgruben bei Schmiechen mittelpleistozäne Schnecken bestimmen. Die 6 m abfallende Kalktuffterrasse bei Teuringshofen war für die Platzwahl ausschlaggebend, als für die Albwasserversorgungsgruppe VIII, die erste ausgeführte Gruppe, das Pumpwerk errichtet werden mußte. 1871 wurde die Versorgung von Hausen o. U., Ingstetten und Justingen aufgenommen. Jh 4, 1963; Vedewa 1970.
Zwischen Talsteußlingen (Bl. Munderkingen) und Teuringshofen wurde schon immer eine Verminderung der Wassermenge der Schmiech wahrgenommen. 1904 wurde eine Färbung durchgeführt. Die Farbe trat in der *Springe** (520 m NN, ti, QM 390 l/s, QMin 58 l/s, QMax > 1000 l/s, Pos 3a ?) am Nordrand von Allmendingen wieder aus (240 m/h). Schulz 1957.
7624 0,6 km OSO Teuringshofen befinden sich die *Vitushöhlen** (650 m NN,
01 ki 2+3, 1. L 10 m, B 8 m, H 3 m; 2. L 6 m, B 4 m, H 2,5 m). Die kleinere
(Nr. 2) ist vom Waldweg aus sichtbar, zur größeren (Nr. 1) muß man in
einer Rinne an dem großen Felsen 100 m W Nr. 2 aufsteigen.
1 km WNW Schmiechen liegt der 1906 von R. R. Schmidt ausgegra-
7624 bene *Hohle Fels** bei Schmiechen, auch *Schmiechenfelshöhle* genannt
02 (590 m NN, ki 2+3, L 10 m, B 5,5 m, H 4 m). Über einer Nagerschicht
wurden Werkzeuge des Spätmagdalénien gefunden. Jh 4, 1963.
Vom *Kogelstein** unmittelbar O Haltepunkt Schmiechen ist ein Überblick nach allen Seiten möglich, so daß die Phasen der Talgeschichte erfaßt werden können von den Zeiten der Ur-Donau, die einst das große Tal von Ehingen über Blaubeuren nach Ulm schuf, bis zur Entstehung des *Schmiecher Sees** (535 m NN). Er erstreckt sich 1,5 km SO Haltepunkt Schmiechen inmitten eines 15 qkm großen abflußlosen Gebiets mit wechselnder Ausdehnung. Seine Größe schwankt zwischen 0 und 95 ha. R. Gradmann und G. Wagner bezeichnen den See als echten

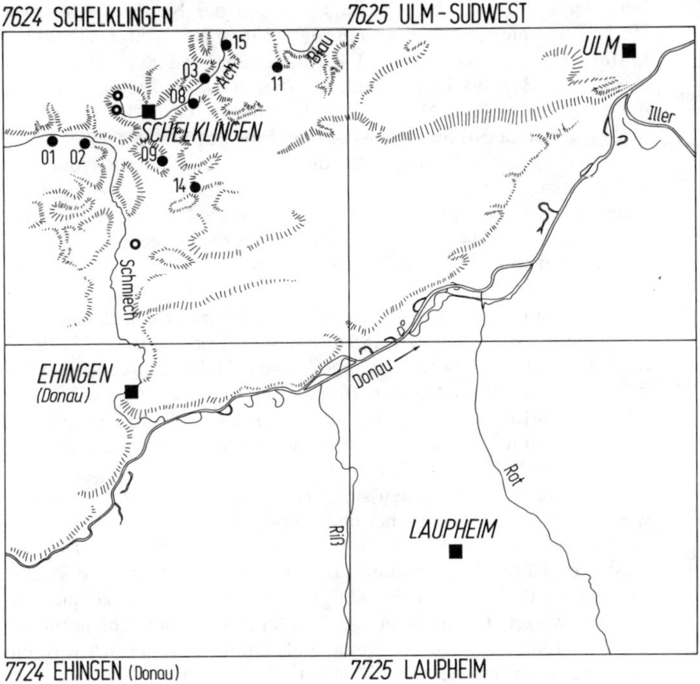

Blatt L 7724 Ulm an der Donau

Karstsee. W. Lillich glaubt dagegen, es handle sich nur um Oberflächenwasser. Jh 4, 1963.

In der ehemaligen Talschleife der Ur-Donau liegt 3 km SO Hp. Schmie-
chen die *Ganserfelsenhöhle* (550 m NN, ti, EB 1,5 m, EH 1,8–2,5 m; L 7624
8,5 m, B 4,5 m, H 2,5 m). Der Ganserfels* liegt wenige Schritte wald- 14
einwärts bei der Einmündung der Straße Schmiechen–Ringingen in die Straße Schelklingen–Ringingen.

In den W P. 532 gelegenen Felsen am Osthang des Schelklinger Bergs*, 7624
1,7 km SO Schelklingen, liegen einige Höhlen: die *Hindenburghöhle* 09
(600 m NN, ti, L 11 m, B 2–3 m, H 1,5–2 m), das *Beckerloch* und einige 10
andere.

Im verkehrsabgelegenen Talrund, das der Herzjesuberg*, ein Umlaufberg der Ur-Donau, beherrscht, treten auf der Nordwestseite zwei starke Karstquellen aus: der *Urspring** (536 m NN, ki 2, QM 500 l/s, QMin 100 l/s, QMax 2500 l/s, T 4,8 m, Pos 3b) bei dem gleichnamigen ehemaligen Benediktinerinnenkloster (heute ev. Internatsschule) und die *Achquelle** (535 m NN, T 4,4 m, QM 400 l/s, QMin 110 l/s, QMax 1200 l/s, Pos 2a/3b) 500 m S Urspring. Eine Salzung, die 1960 in Justingen durchgeführt wurde, ließ die Achquelle, nicht aber den Urspring, ansprechen (21,6 m/h). 1965 floß die Farbe bei dem Versuch am Grimmelberg im Truppenübungsplatz mit größter Geschwindigkeit nur zum Urspringtopf (480 m/h) und daneben zur Schmiechquelle und zu den Quellen im Ermstal (Bl. Urach), während bei einem weiteren Markierungsversuch im gleichen Jahr die Farbe von Breithülen aus noch schneller zum Urspringtopf (510 m/h), zur Schwarzweiherquelle (120 m/h) und zur Schmiechquelle (85 m/h) abfloß. Mitt 17, 1971; 22, 1976.

Im Achtal, 1,5 km ONO Schelklingen, ragen auf der rechten Seite statt-
7624 liche Felsen auf. Im ersten, dem *Hohlen Felsen** (534 m NN, ki 3, L 120
08 m, H 23,4 m) befindet sich eine Halle von etwa 500 qm Grundfläche und fast 6000 m³ Rauminhalt, die zu den größten gehört, die man auf der Alb antrifft. Ein mannshoher Gang (L 30 m) führt in die geräumige Halle (H 12 m). Der Boden steigt rasch an, doch führen Zickzackwege nach oben. Nach rechts und links geht ein 22 m langer Gang ab. Eine Grabung von O. Fraas und J. Hartmann erbrachte 1870/71 Reste von Höhlenbär, Mammut, Ren und Wildpferd. Die Werkzeuge ordnete R. R. Schmidt dem Aurignacien und dem Magdalénien zu. 1844 verwertete G. Reichenbach, Pächter in Urspring, Ablagerungen aus der Höhle in größerem Umfang als Dünger. Alljährlich wird ein Höhlenfest veranstaltet. Jh 4, 1963; LHF 2, 1966.

SCH, Bürgermeisteramt 7933 Schelklingen, (07394) 2001/2002, Schlüssel Bahnwärterhaus oder Freibad, Erw DM –,60, Ki DM –,30.

Auf der anderen Talseite, 2,2 km NO Schelklingen, erhebt sich aus dem Blätterdach des bewaldeten Steilhangs der Sirgenstein oder Sigrenen-
7624 stein*. Der von der Straße zur *Sirgensteinhöhle°* führende Weg ist be-
03 zeichnet. Eine der ältesten Höhlenbeschreibungen des Landes, 1488 von Felix Fabri verfaßt, befaßt sich mit dieser Höhle (560 m NN, ti, L 42 m). Sie ist als Flußhöhle entstanden. In der hinteren Halle (H 6 m) lassen zwei Öffnungen in der Decke das Tageslicht eindringen. Wegen des unebenen Bodens und der zwischen 1. (H 10 m) und 2. Halle auf 1,5 m Höhe herabgehenden Decke empfiehlt es sich aber nicht, sie ohne Licht zu betreten. Seit der Ausgrabung der Höhle durch R. R. Schmidt im Jahre 1906 gehört die Sirgensteinhöhle zu den für die Altsteinzeitforschung wichtigsten Fundstätten. Die gefundenen Werkzeuge gehören ins Moustérien, Aurignacien und Frühmagdalénien. Einzelfunde aus späteren Zeiten lassen erkennen, daß die Höhle immer wieder aufge-

sucht wurde. Reste von Mammut, Wildpferd, Ren, Höhlenbär, Höhlenlöwe, Hirsch, von Alpen- und Schneehuhn und der Höhlenhyäne wurden ausgegraben. Zwei Schichten mit Nagetierresten zeigen Besiedlungslücken an. Jh 4, 1963.

Unmittelbar am Nordrand des Blattes, 4 km NO Schelklingen, liegt bei
der Fa. Prinzing 50 m über der Talsohle das *Geißenklösterle,* eine Höh- 7624
lenruine. 80 m nach der Achbrücke führt ein Pfad am Steilhang hinauf 15
zu einem Felsentor (EB 4 m, EH 4 m) und in den Felsenkessel des Geißenklösterles (D 25 m). Zwei Höhlen (L 8 m und L 10 m) befinden sich in seiner oberen Begrenzung, weitere Kleinhöhlen und ein Felsentor sind am Hang N des Bruckfelsen. Bei einer Probegrabung stieß E. Wagner 1973 in 2 m Tiefe auf eine durch Knochen- und Holzkohle dunkelgefärbte Fundschicht. Über die in drei Grabungskampagnen erzielten Ergebnisse, bei denen 2 m mächtige Schichten untersucht wurden, gaben J. Hahn und E. Wagner einen ersten Bericht. Der oberste Abschnitt entstammt einem kalten, trockenen Klima. In dieser Zeit muß die Höhle immer wieder ein Bärenschlupf gewesen sein. Die Anwesenheit schweifender Jäger ist durch drei zum Gravettien zu rechnende Fundhorizonte belegt. Darunter folgt ein Abschnitt, in dem es durch häufigen Wechsel zwischen Auftauen und Gefrieren zu Bodenfließen gekommen ist, was die Erhaltungsbedingungen für Artefakte ungünstig beeinflußte. Knochenreste sind darum fast keine erhalten geblieben. Die Feuersteinartefakte sind wahrscheinlich dem Aurignacien zuzuordnen. Die untere Schichtenfolge hat sich während eines kalten und feuchten Klimas gebildet. Es lassen sich vier Besiedlungshorizonte unterscheiden, die dem Aurignacien angehören. Im obersten Horizont, der mit der Radiokarbonmethode auf ein Alter von 30 000 bis 32 000 Jahre vor heute datiert werden konnte, wurden bearbeitete Stücke aus Mammutelfenbein geborgen, aus denen eine Mammutplastik zusammengesetzt werden konnte.

Die von W. v. Koenigswald untersuchten tierischen Reste ergaben eine durch alle Schichten gleiche Tierwelt, zu der Hase, Berg- und Halsbandlemming, Schermaus, Schneemaus, Feldmaus, Sibirische Zwiebelmaus, Sumpfmaus, Birkenmaus, Wolf, Fuchs, Höhlenbär, Mammut, Wildpferd, Rentier, Steinbock sowie zahlreiche Vögel und Fische gehören. ArAus 1975: Albrecht u. a. 1976; Hahn u. a. 1976.

Die *Mönchsschmiede** (640 m NN, ti, EB 3 m, EH 1,8 m; L 12 m, B 5 7624
m, H 5–6 m; Gang L 25 m) befindet sich 1 km SSW Gerhausen wenige 11
Meter unter der Hangkante. Schichtfugen und Klüfte sind deutlich zu erkennen. Die Höhle liegt in der Richtung des Wegs, der von der Wirtschaft zum Schillerstein am Waldrand nach SO führt, in den Wald hineingeht. Vorgeschichtliche und mittelalterliche Funde sind bekannt. Jh 4, 1963.

L 7918 Spaichingen

Der Albtrauf verläuft im Blattgebiet von der Südwestecke bis zur oberen Mitte. Der Albanteil wird im wesentlichen vom Großen Heuberg eingenommen, in den die Donau und ihre Nebenflüsse sich tief eingegraben haben. Auffällig ist die große Zahl der Schichtquellen.

1. Donautal von Nendingen bis Beuron

N Papiermühle*, 3,5 km W Nendingen, entspringen am linken Rand des Donautals zwei *Quellen* dicht beieinander (660 m NN, ox 1/2, Q 8 bis üb. 30 l/s). Weiter talabwärts liegen SW Stetten die Quellen des *Kesselbachs* (635 m NN, ox 1/2, Q 60–300 l/s). Batsche u. a. 1970. Unterhalb von Fridingen befinden sich in 617 m NN nochmals *Versinkungsstellen** der Donau (vgl. Bl. Tuttlingen). Bei Vollversinkung werden im Flußbett ganze Felder modellmäßig geformter Strudelkolke sichtbar (D 10–13 cm).

7919 Aus der Quellhöhle des *Wulfenbrunnens* (654 m NN, ox 2, EB 4 m, EH
32 2,5 m, L 5 m, Q 10–150 l/s, 22. 4. 73 300 l/s! Pos 1a), 2 km N Mühlheim, entspringt der *Wulfbach,* der durch weitere Wasseraustritte talab verstärkt wird und mehrere Mühlen treiben konnte (»Mühlheim«). 1960, bei der Erweiterung des Höhleneingangs durch die Falkensteiner Gruppe, durchtauchte M. Kolb den ersten Siphon. Bis 1965 erkundete J. Hasenmayer in der nach N ziehenden Bachhöhle 220 m Siphonstrecke in fünf Siphonen und 140 m lufterfüllte Räume, darunter eine große Halle (B 15 m, H 8 m, L 40 m). Hinter der mit Verbruch angefüllten, sehr niedrigen Eingangszone sind die Gänge kastenförmig und großräumig. Ein nicht passierbarer Unterwasserversturz bildet das Höhlenende. Eine Unterwasserengstelle in den Versturzblöcken des 2. Siphons, in der das Atemgerät abgenommen werden muß, und lose Deckenplatten in einer niedrigen Passage des 3. Siphons gefährden den Taucher. – 1961 wurde durch einen kombinierten Färb- und Salzungsversuch festgestellt, daß die Kolbinger Abwässer im Wulfbach wieder austreten (38 m/h). Beitr 13, 1977.

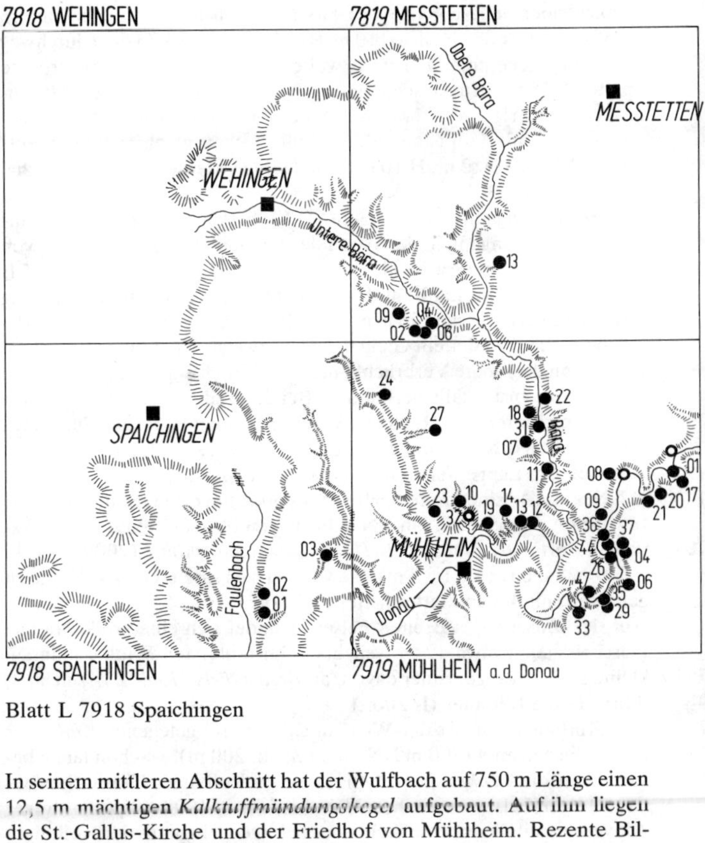

Blatt L 7918 Spaichingen

In seinem mittleren Abschnitt hat der Wulfbach auf 750 m Länge einen 12,5 m mächtigen *Kalktuffmündungskegel* aufgebaut. Auf ihm liegen die St.-Gallus-Kirche und der Friedhof von Mühlheim. Rezente Bildungen fehlen.

Sehr schlecht zu finden ist das *Härtlesloch** 1 km SSW Kolbingen, weil 7919
es in einer Jungkultur liegt (810 m NN, ki 2, L 11,5 m, B 16 m, H 8 m, !). 10
Die Decke ist verbruchgefährdet (gebankte Unt. Felsenkalke), die Höhle ist schmierig. Seit 1971 werden die Kolbinger Abwässer in diese Höhle geleitet. Beitr 13, 1977.

Die 1912 erschlossene *Mühlheimer Höhle** (780 m NN, ki 2, L 93 m) 7919
liegt 2 km NNO Mühlheim. Sie ist auf bezeichnetem Wanderweg von 19
Mühlheim-Altstadt aus zu erreichen. Nach der großen Vorhalle wird die Höhle enger. 20 m vom Eingang, an der Kleinen Leiter, geht es 2,5

m nach oben. Hierauf fällt der Höhlenboden nach wenigen Metern stark ab zur Großen Halle (L 10 m, B 6–7 m, H 10 m). In dem durchweg engen Gang kommt man nach weiteren 20 m an eine überbrückte Spalte (T 25 m, Brücke schadhaft!). Zur Großen Leiter (die 1970 unbrauchbar war!) sind es nochmals 20 m. Man steigt 8 m ab (!) und gelangt in die mit Tropfsteinen und Sinterbecken geschmückte Haupthöhle (L 20 m, B 12 m, H 10 m). Die Höhle ist leider etwas schmutzig. BlSAV 25, 1913.

7919 Die *Große Langenfelshöhle** 2 km SO Kolbingen ist nicht leicht zu fin-
14a den, weil ihr Eingang in der Wand des Langenfelsen liegt und nur von oben her über ein Grasband zu erreichen ist (750 m NN, ki 2+3, EB 15,5 m, EH 1,5 m, L 130 m, !). Vom breiten, aber niedrigen Eingang aus führt der Hauptgang 25 m nach O, dann teilt er sich. Rechts folgt die Große Halle, von der ein Gang nach S abzweigt. Über einen Schluf erreicht man die Obere Verbruchhalle. Sie ist durch einen Schacht mit der Unteren Verbruchhalle verbunden. Bei der Teilung geht es links nach NO in den Sintergang (L 20 m). Von der Großen Halle aus führt noch ein Gang nach N steil aufwärts. Beitr 13, 1977.

7919 Am Fuße des Langenfelsen findet man die *Kleine Langenfelshöhle* (740
14b m NN, L 6 m). Eine breite Spalte ist bis oben hin offen. Beitr 13, 1977.

Im Breiten Felsen* 2,2 km NNW Fridingen öffnet sich mit eindrucks-
7919 vollem Portal die *Breiter-Fels-Höhle 1* oder *Karlshöhle* (700 m NN, ki
12 2, EB 12 m, EH 6 m, L 13 m). Sie verengt sich rasch. Um zur Höhle zu gelangen, muß man klettern. Beitr 13, 1977.

Auf der Talseite des Breiten Felsen befindet sich eine große Nische. Der Fels hängt etwa 12 m weit über. Im hintersten Winkel münden
7919 kleine Höhlengänge. Einer davon, als *Breiter-Fels-Höhle 2* bezeichnet,
48 führt in eine Kammer (L 20 m).

7919 Von Kolbingen aus ist der Weg zur 2,5 km SO gelegenen *Kolbinger*
13 *Höhle** bezeichnet (800 m NN, ki 2+3, üb. 200 m). – Schon lange bekannt war die *Stephanshöhle** (nach einem Kolbinger Uhrmacher benannt) beim Felsentor. In ihrer Nähe verfolgten 1908 einige Tuttlinger Albvereinsmitglieder eine rechts des heutigen Eingangs der Kolbinger Höhle in den Berg führende Spalte 30 m in die Tiefe. 1913 wurde die Höhle dann von Kolbinger Albvereinsmitgliedern erschlossen. Nach einigem Hin und Her übernahm der Schwäb. Albverein (Hauptverein) die Verwaltung. – Man steigt zunächst in einen großen, domartigen Raum hinab, der von der Seite her schwaches Oberlicht erhält. Eine Treppe führt nun in einen Gang hinauf. Er endet mit einer eigentümlich gewundenen Schnecke. Der Durchgang zur folgenden Halle mußte ausgegraben werden. Deren Boden ist bedeckt mit zerbrochenen Tropfsteinen, die aber wieder weitergewachsen sind. Die nächste Halle (L 4–10 m, B 4–10 m, H 4 m) schmückt eine fast mit der Decke ver-

wachsene armdicke Säule. Besonders reich ist der Tropfsteinschmuck am Übergang zur 3. Halle. Auch die folgenden beiden kleineren Hallen sind voll strahlendweißer Tropfsteine. BlSAV 27, 1916; 32, 1920, Schray & Streng 1968; SW 33; Abh F 4, 1974; Beitr 13, 1977.
SCH 1. 4.–31. 10. Sa 13.00–17.00 Uhr, So 10.00–17.00 Uhr; Schwäb. Albverein, Ortsgr. 7201 Kolbingen, A. Hipp, Mittlere Gasse 2, (0 74 63) 7610; Erw DM 1,–, Ki DM –,50, Ges DM –,80; 20 Min.
Das erwähnte *Felsentor*, eine Durchgangshöhle (795 m NN, L 16 m, B 7919
6–8 m), passiert man beim Abstieg zur Kolbinger Höhle. Beitr 13, 34
1977. Unmittelbar nördlich neben dem Felsentor liegt in den Felsen an
der Hangkante der *Kolbinger Schacht* (L 11 m). Im 4 m tiefen Ein- 7919
gangsschacht kann man sich bequem in eine kleine Kammer hinab- 57
stemmen. Beitr 13, 1977.
Die *Schloßfelsenhöhle* (mit Deckenfenster, D 2,5 m) liegt 1,3 km OSO 7919
Fridingen im Naturschutzgebiet zwischen Stiegelefels* und Burgstall* 47
(730 m NN, ki 2, L 46 m, B 11 m, H 10 m). Die Höhle besitzt zwei
Stockwerke. Beitr 13, 1977.
Von der Ziegelhütte unterhalb von Fridingen führt ein bezeichneter
Weg zur *Ziegelhöhle** (710 m NN, ki 2, L 80 m, B 6–8 m, H 8 m). Am 7919
Ende des ansteigenden Gangs folgen nach rechts eine größere Kammer, 33
nach links tropfsteingeschmückte Räume. Wais 1925. – Etwas oberhalb der Höhle findet man eine größere Doline, die möglicherweise mit der Ziegelhöhle in Verbindung steht. Beitr 13, 1977.
150 m talab und ca. 70 m tiefer stößt man auf die *Höhle 1 bei der Ziegel-* 7919
höhle (640 m NN, ki 2–3, EB 20 m, EH 5 m, L 20 m). Eine Mauer am 39
Eingang deutet auf eine frühere Nutzung hin. Beitr 13, 1977.
Westlich über der Ziegelhöhle findet man ein *Felstor,* 50 m W das *Sand-* 7919
loch (EB 6 m, EH 3 m, ansteigend, H 12 m, L 20 m, B 12 m), durch den 45
gelben Sand seines Eingangs unverkennbar. Beitr 13, 1977.
2 km S Leibertingen, wenige Meter W Feldweg Leibertingen–Mühleichenhof, brach 1965 beim Bohren von Löchern für die Masten einer
Telefonleitung der *Buchheimer Schacht* ein (820 m NN, ti, D 0,8 m, T 7919
20 m). Das Einstiegsloch führte in einen geräumigen Schacht, der an ei- 42
ner Südwest-Nordost ziehenden Kluft angelegt war. Der Schacht wurde nach der Entdeckung zugeschüttet. Mitt 12, 1966; Beitr 13, 1977.
Die 2,2 km W Buchheim liegende *Teufelsküche**, eine wildromantische, enge Schlucht, ist als Höhlenruine gedeutet worden. In den Fels-
wänden über und unterhalb sind einige Höhlen zu finden. Das *Teufels-* 7919
loch 1 liegt 20 m talabwärts auf der linken Talseite und ist schon von 29a
weitem sichtbar (EB 10 m, EH 8 m, L 7 m). Auf der rechten Talseite, 10
m über der Teufelsküche, erreicht man das *Teufelsloch 2* (L 20 m). Beitr 29b
12, 1977.
In der zusammenhängenden Felsreihe, die von der Teufelsküche auf

der Süd-Seite des Buttental sich talab erstreckt, liegt 200 m vor der Do-
7919 nau die *Buttentalhöhle* (635 m NN, ki 2, L 8 m, EB 10 m, EH 5 m).
35 E. Peters grub sie 1930 aus und fand zahlreiche Steinwerkzeuge des
Magdalénien an zwei Schlagplätzen und drei Reste von Knochenspeer-
spitzen. Unter den Mahlzeitresten konnten Knochen von Pferd, Ren,
Steinbock, Schaf, Fuchs, Braunbär und Schneehase bestimmt werden.
Bad. FBer 3, 1933; Beitr 13, 1977.
7919 Im unteren Eselstal* (re.) findet man 1,8 km NW Buchheim die *Esels-*
06 *talhöhle*° (700 m NN, ki 2, Eb 6,2 m, EH 1,7 m, L 11 m). Nach 2,5 m
senkt sich die Höhlendecke auf 1,4 m H herab. Hinter einem halbkreis-
förmigen Eingang (B 2,2 m) erweitert sich die Höhle zu einer kleinen
Halle (L 8 m, B 3,5 m, H 5 m). Beitr 13, 1977.
60 m oberhalb der Eselstalhöhle liegen in einem kleinen Felsen die vom
7919 Weg aus sichtbaren Eingänge zur *Oberen Eselstalhöhle* (760 m NN, ki
46 2, L 30 m). Der größte der Eingänge führt in ein 10 m langes Gangstück.
Nach einer niederen Stelle gelangt man links in eine Halle. Vom südli-
chen Höhlenteil führt ein Kriechgang zum zweiten Eingang zurück.
Beitr 13, 1977.
Links der Donau, gegenüber von Schloß Bronnen, liegt am Wanderweg
7919 das *Sperbersloch** (700 m NN, ti, L 45 m). Vom Portal (EB 4 m, EH 4
26 m) an verengt sich der Höhlengang auf 2,5 x 3 m, dahinter liegen drei
Hallen, deren größte über 12 m hoch und 11 m breit ist. Beitr 12, 1977.
Folgt man dem Weg vom Jägerhaus auf der rechten Seite der Donau, so
kommt man an eine Felswand, in der hinter Gebüsch und Bäumen ver-
7919 borgen die *Schwarzwagfelshöhle** liegt (620 m NN, ki 2, EB 7 m, EH 7
44 m, L 13 m). Im weit überhängenden Felsdach münden die Reste mäch-
tiger Deckenkolke. Der Gang verengt sich bergwärts nach wenigen Me-
tern. Beitr 13, 1977.
Blickt man vom Jägerhaus* talab zum Schwarzwagfelsen*, so fällt
rechts von dessen Mitte eine breite Wand auf. Zwischen dieser und ei-
ner kleineren rechts daneben zieht ein bewaldeter Tobel zur Höhe hin-
7919 auf. An seinem oberen Ende liegt das mächtige Portal des *Franzosen-*
58 *lochs,* das im Sommer vom Laubwerk völlig verdeckt wird (690 m NN,
ti, EB 10 m, EH 13 m, L 30 m). Der Zugang vom Talweg aus ist nur über
die steile Schutthalde möglich. Der Höhleneingang wird durch einen
Felspfeiler in die Hauptöffnung zum Tal hin und in ein Fenster zum Fel-
sen hin geteilt. Der Höhlenboden steigt vom Eingang aus ziemlich
gleichmäßig an. E. Peters fand in der Höhle latènezeitliche Scherben.
Mitt 22, 1976; Beitr 13, 1977.
Wo der Weg vom Jägerhaus* zum Hofgut Bronnen die hochragenden
7919 Massenkalkfelsen erreicht, liegt links die *Jägerhaushöhle* (690 m NN, ki
43 3 – ti, EB 10 m, EH 4,5 m, L 11 m). Ihre von Kalktuff bedeckten Schich-
ten wurden 1964–67 von W. Taute ausgegraben. Es ergab sich die um-

fassendste mittelsteinzeitliche Schichtenfolge, die bisher in Mitteleuropa bekanntgeworden ist: Auf 10 Schichten verteilt fanden sich Kulturreste aus der Zeit der frühen Nacheiszeit (zwischen etwa 8000 und 5000 v. Chr.). Darüber folgten weitere fünf Kulturschichten, die der vorrömischen Metallzeit (La Tène), der römischen Zeit, dem Mittelalter (Eisenerzverhüttung um 1000 n. Chr.) und der Neuzeit angehören. FBer NF 18, 1967, Taute 1969, 1972a, 1973; Beitr 13, 1977.

Im Fels, auf dem Schloß Bronnen steht, öffnen sich drei Höhlen. Der Wanderweg führt unmittelbar an den Eingängen vorbei. Die *Bronnen-* 7919
höhle 1 besteht aus einem großen Raum (740 m NN, ti, EB 12 m, EH 14 04
m, L 30 m, B 38 m, H 11 m). Die Wände werden durch Absätze gegliedert. Auf dem Höhlenboden, der von feinem Sand bedeckt ist, liegen einzelne mächtige Versturzblöcke. Die Höhle wird gelegentlich als Schafstall benutzt. Scherben aus der Latènezeit wurden gefunden. Beitr 13, 1977. Mitt 22, 1976.

Die an einer Kluft angelegte *Bronnenhöhle 2* (740 m NN, EB 8 m, EH 7 7919
m, L 8 m) reicht an ihrem Ende unter den O-Teil der Bronnenhöhle 1, 05
von der ihr Eingang 10 m entfernt ist.

Nach weiteren 16 m kommt man zu der 4 m höher in der Felswand liegenden *Bronnenhöhle 3* (750 m NN, EB 5 m, L 25 m). Um zu ihr zu ge- 7919
langen, muß man einen kleinen Überhang überklettern. Der um 4 m an- 28
steigende enge Gang endet an einem Spalt. Beitr 13, 1977.

8 m über der Donau wölbt sich im *Probstfelsen** 2 km SSW Beuron eine 7919
kleine Nische, die 1906 von R. R. Schmidt ausgegraben wurde (615 m 36
NN, ki 2–3, EB 13,5 m, EH 6 m, L 13 m). Die ergrabenen Werkzeuge entstammen dem Magdalénien. Unter den Tierresten waren am häufigsten solche vom Wildpferd vertreten. Außer Tieren, die auf eine Kaltzeit hinweisen (Ren, Steinbock, Eisfuchs, Schneehase, Schneehuhn) fanden sich auch Hirsch- und Rehreste, was auf gemäßigtes Klima schließen läßt. Offenbar war der Rückzug des Eises schon fortgeschritten, als die Höhle besiedelt war. Paret (1961) erwähnt auch Funde aus der Mittelsteinzeit aus dem Probstfelsen. BlSAV 20, 1906; Beitr 13, 1977.

1 km SO Beuron ragt der mit einem Kreuz versehene Petersfels* hoch auf. Er enthält die *Petershöhle*° (730 m NN, ki 2). Sie ist vom Wander- 7919
weg von Beuron nach Wildenstein auf einem schmalen Pfad zu errei- 21
chen (Abzweigung bei einem Bildstock). Eine Holztreppe führt am Felsen hinauf zur Höhle. Der stattliche Raum mit elliptischer Grundfläche (U 80 m, D 20–30 m, H 9–10 m) hat ein Deckenfenster. Wände und Decke sind zerklüftet, weisen aber wegen der großen Tagöffnung keine Tropfsteine auf. Die Höhle soll in Notzeiten als Zufluchtsstätte aufgesucht worden sein (bronzezeitliche und mittelalterliche Funde). Vom Portal aus bietet sich ein herrlicher Ausblick auf Beuron. Beitr 13, 1977.

In einem dem Petersfelsen benachbarten Felsen, der vom Wanderweg
7919 Beuron–Wildenstein gut zu erreichen ist, befindet sich das *Offene Loch*
25 (L 20 m). Von dem großen Eingang aus führt ein mit Versturzblöcken
bedeckter Gang steil aufwärts. Am Ende ist die Decke durchgebrochen.
Diesem Deckenfenster verdankt die Höhle ihren Namen. Beitr 13,
1977.

0,5 km NO liegt im Paulsfelsen* die der Petershöhle ähnliche, aber
7919 kleinere *Paulshöhle* oder *Karlshöhle* (EB 4 m, EH 4 m, L 10 + 10 m).
20 Sie ist vom Wanderweg aus über die steile Halde schwierig zu erreichen
(Depotfund der Spätbronzezeit). Beitr 13, 1977.

500 m NW Holzbrücke Beuron, am O-Hang des Ochsenbühls*, liegt
die nach einem Forstarbeiter, der sie 1887 entdeckt hat, benannte
7919 *Scheidemannhöhle* (730 m NN, ki 2, EB 2,5 m, EH 1,2 m, T 27 m).
08 Nach einem niederen Schluf folgt ein Raum von 4x4 m, danach zwei
weitere, kleinere, die schließlich in eine Spalte übergehen. Beitr 13,
1977.

Geht man vom Kriegerdenkmal am Soldatenfriedhof* von 1814 bei
Beuron 600 m am Hang entlang nach SSW, trifft man neben einem
7919 kleinen Felsen auf das *Gurgelloch* (740 m NN, ki 2, 1. EB 2 m, EH 1 m;
09 2. EB 1 m, EH 0,6 m; T 26 m/T 32 m, !). Die Höhle besteht aus zwei
Schächten und hat drei Etagen mit Gängen von ca. 15 m Länge. Beitr
13, 1977.

Die *Biselliquellen* bei Maria Trost* 500 m N Beuron wurden 1969 für die Wasserversorgung gefaßt (615 m NN, ox 2, QM ca. 200 l/s, QMin ca. 50 l/s, QMax ca. 500 l/s, Pos 2a/3b). Ein Markierungsversuch ergab 1964, daß ihr Einzugsgebiet nach N bis zu den Harthöfen reicht. Strayle 1970.

Auf dem linken Donauufer, 1,5 km ONO Beuron, liegt in der Nähe der
7919 Kapelle St. Maurus* die kleine *Benediktushöhle*° (650 m NN, ki 2), die
01 als Lourdesgrotte gestaltet worden ist. Beitr 13, 1977.

2 km O Beuron entspringt am Donausteigle* der *Buchbrunnen** (Pos 3b?).

Unmittelbar über dem vom Donauhaus* auf dem rechten Donauufer
7919 entlang führenden Weg trifft man 2 km O Beuron auf die *Roter-Brun-*
17 *nen-* oder *Maurushöhle*° (610 m NN, ox 2, 1. EB 4 m, EH 5,5 m; 2. EB
2,5 m, EH 3,7 m, L 185 m). Wasserausbrüche seit 1965 schwemmten
große Teile der Höhlenablagerungen in die Donau. Dabei wurden
Steinwerkzeuge des Spätmagdalénien, des Spätneolithikums und Keramik, vor allem der La-Tène-Zeit, gefunden. Eine Notgrabung führten 1969 R. Dehn und W. Taute durch. Taute 1969. – Auf die Eingangshalle (B 6 m, H 4 m, L 12 m) folgt die Haupthalle (B 4,5 m, H 3–4 m, L 10 m). Nach weiteren 15 m ist der Hauptgang zu Ende. Der Franzosenschlauch zweigt in der Eingangshalle nach 6 m rechts ab (B 0,8–2

24 *Tegelberg bei Geislingen. Wasserfall an Kalktuffbarre*
25 *Blautopf bei Blaubeuren* ▶

27 Todsburger Schacht

◀ *26 Hungerbrunnen zwischen Altheim, Heldenfingen und Heuchlingen, a Trockenjahr, b niederschlagsreiches Jahr, c Wildwasserabfluß im Hungerbrunnental*

28a Falkensteiner Höhle bei Urach. 1. Siphon

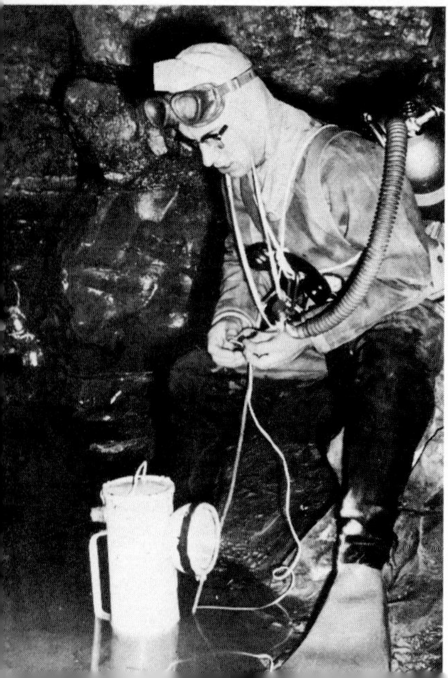

28b Mordloch bei Eybach

29 Brunnensteinhöhle unter dem Lichtenstein

30 a *Mausohrkolonie im Winterschlaf*

30 b *Wurmfarn an einer Lampe in der Bärenhöhle*

m, H 1 m, L 30 m). Ebenfalls in der Eingangshalle zweigt links hinten der Wassergang ab (B 1,5 m, H 1,5–4 m, nach 28 m ansteigend zu einem Kamin, !, 2 m Schluf, danach breiter, niedriger Raum, nach 45 m Teilung in zwei nicht mehr zu befahrende Gänge). 25 m vom Eingang, auf der Höhe des Schuttbergs, zweigt nach rechts der Sintergang ab. Beitr 13, 1977.
Unterhalb der Höhle, unmittelbar am Donauufer, entspringt der *Rote Brunnen* (607 m NN, QM ca. 250 l/s, Pos 3b ?). Die 1965 in Leibertingen eingegebene Farbe trat in der Quelle wieder aus (200 m/h).
Der für die Hohenberggruppe gefaßte *Großschmiedebrunnen** 1,5 km SO Irndorf ist die größte Karstquelle zwischen Sigmaringen und Fridingen (602 m NN, ox 2, QM ca. 400 l/s, QMin 120 l/s, QMax 4000 l/s, Pos 3b). Sein Einzugsgebiet wurde zwischen 1964 und 1968 durch Markierungsversuche ermittelt. Es reicht nach N bis gegen Meßstetten (98–280 m/h). Strayle 1970. – 350 m talauf entspringt der *Kleinschmiedebrunnen**.

2. Faulenbach-, Ursen- und Lipbachtal

2 km NO Wurmlingen liegt in einem Felsen unmittelbar an der Hang-
schulter die *Nonnenhöhle** (840 m NN, ki 2). Ihr Name ist von der 7918
»Nonne« genannten Felssäule vor dem Eingang abgeleitet. In Notzei- 01
ten soll die kleine Höhle als Unterschlupf gedient haben.
750 m N befindet sich unmittelbar am Wanderweg unter einem Fels- 7918
block der *Bettelmannskeller** (840 m NN, ki 2). Auch die Höhle im 02
*Stierjörgenfels** 3,5 km ONO Weilheim bietet keine Besonderheiten 03
(820 m NN, ki 2).
5 m unterhalb der Hangschulter ist 1 km NO Mahlstetten das *Sauloch** 7918
(870 m NN, ki 2). Vom Einstieg geht es 4 m in die Tiefe (!) in eine kleine 24
Halle (B 5 m). Zwei Kriechgänge (1. L 20,5 m; 2. L 8 m) enthalten Montmilch, Warzen- und Wandsinter. Beitr 13, 1977.
Am Ende des Schäfertals* NO Mahlstetten entspringen die Quellen des *Lipbachs* (770 m NN, ox 1/2, 29. 9. 66 Q zus. 50 l/s, Pos 1a).
Das *Steigeleloch** am Fuß einer Felswand über der Wolfensteige* 2,25 7919
km NW Kolbingen weist keine Besonderheiten auf (830 m NN, ki 3, EB 27
1,8 m, EH 1,2 m, L 8 m, B 6,5 m, H 4 m). Beitr 13, 1977.
Ein enger, niedriger Gang ist die *Rappenfelshöhle** 1,7 km SW Kolbin- 7919
gen in der Nähe des Rappenfelsen (770 m NN, ki 2, L 36 m, B 0,7–2 m, 23
H 1,1–2,4 m). Der Eingang, am Fuß des Felsen, ist nur 60 cm breit. Auch zwei Fuchslöcher führen in die Höhle. Beitr 13, 1977.

Innerhalb der Ruine Granegg*, 1,8 km NW Königsheim, befindet sich ein eingeschrankter *Schacht* (T 10 m, D 5–7 m).

Eine großartige Naturbrücke stellt das *Heidentor** dar, 1,2 km NW Egesheim (900 m NN, ki 2, B 5 m, H 6,5 m).

Unmittelbar vor der Haarnadelkurve N Königsheim (in der Richtung
nach Egesheim) fällt auf der Bergseite an einem Baum eine Tafel mit
7819 der Aufschrift *Dörrhaldenhöhle* auf. Da der vordere Teil der Höhle zu
02 Bruch gegangen ist, muß man zum Eingang über einige Blöcke hinab-
steigen (880 m NN, ti, EB 2 m, EH 2 m, L 40 m, H bis 5 m).

Von Königsheim folgt man dem bezeichneten Wanderweg zur Ruine
Granegg* bis zum Wald und überquert dann das vom Tal heraufkom-
mende Sträßlein. Wo der Wald endet, geht es im rechten Winkel zu ei-
nem Wiesenweg, der bald in den Wald und zur Hangkante führt. Dort
7819 zweigt links ein Pfad zur *Beilsteinhöhle*° ab (910 m NN, ki 2, L 50 m).
09 Verwitterte Wegzeichen des aufgegebenen Wanderwegs am Hang hel-
fen, den Weg zur Höhle zu finden. Etwa 1,5 m über dem Boden gelangt man durch ein enges Loch in einen Spalt (L 20 m, B 4 m, H 3–5 m), dessen Boden ziemlich eben ist. Er steigt am Ende 2 m an und verengt sich (B 0,6–1 m, H 0,6–1 m). Nach 4 m Kriechstrecke erreicht man eine Kammer (D 3–4 m, H 5 m). Danach geht es etwa 4 m hinab (Seil!). Am gegenüberliegenden Ende befindet sich hinter einem Durchschlupf (H 1 m, B 0,6 m) eine enge Röhre, in der man 4 m nach oben klettern kann. Ein Kriechgang führt in eine kleine Kammer (H 1–1,5 m, B 1,5 m, L 4 m). Ein weiterer Kriechgang mit einer unangenehmen Engstelle führt in eine lehmige Kluft. Nach einem Abstieg von 4 m führt unten ein Gang 20 m weiter. Die Höhle besitzt schöne Tropfsteine. In ihrem Sinter waren Bärenknochen und -zähne eingeschlossen, die nach E. Fraas nicht vom Höhlenbären, sondern vom Braunbären stammen (Funde im Heimatmuseum Spaichingen). BlSAV 7, 1895; FBer 3, 1895.

0,4 km NO Königsheim wurde 20 m vor der Fabrik beim Bau der Kana-
lisation ein kleiner Schacht angeschnitten, der in einen größeren Hohl-
7819 raum führt, die *Fabrikhöhle* oder *Föhloch* (900 m NN, ki 2, D 1 m, T 4,5
05 m; B 18,5 m, H 0,3–2,8 m, L 20 m). Die Höhle setzt sich nach NO unbe-
fahrbar fort.

Bei einer Baumgruppe mit Bildstock 0,5 km NO Königsheim öffnet sich
7819 am Grund eines Erdfalls der Eingang zur *Friedrichshöhle** (900 m N, ki
06 2, L 70 m). Sie wurde früher *Klingenlöchle* genannt. [Die als *Klingen-*
7819 *loch** bezeichnete Höhle liegt jedoch 0,5 km NNO. Sie soll nach der OAB
04 Spaichingen 1876 über 30 m tief gewesen sein. Die heutige Tiefe be-
trägt 22 m (D 5 m).] 1895 wurden in den 4 m tiefen Erdfall hinab ein
bequemer Weg angelegt und vom Eingang (EH 2 m) Stufen in den ins

Innere führenden Gang (L 20 m, B 6 m, H 3–5 m) geschlagen. Davon ist
nichts mehr zu sehen. Leider wird der Erdfall als Schuttabladeplatz an-
gesehen. Nach rechts öffnet sich eine stattliche Halle (B 13–15 m, H 15
m, L 22 m, G 50 %). Geradeaus ist eine kleinere Halle (B 2–7 m, H 3 m,
L 7 m), die einmal sehr schön gewesen sein muß. Leider sind viele
Tropfsteine abgeschlagen worden. Die noch vorhandenen Reste sind
völlig verrußt. Links verbirgt sich hinter einem niedrigen Schlupf (H 0,8
m) eine weitere Halle (B 8 m, H 10 m, L 10 m). Sie enthält große Bo-
dentropfsteine, die fast bis zur Decke gereicht haben. BlSAV 7, 1895.
Geht man vom Steighaus* 1,5 km SO Nusplingen in Richtung Nusplin-
gen, so findet man im ersten Felsen die *Steighaushöhle.* Ein schmaler 7819
Pfad führt zum versteckt liegenden Höhleneingang (870 m NN, EB 5,3 13
m, EH 2,3 m, L 10,5 m). Die Decke der mit Versturzblöcken übersäten
und mit verwittertem Sinter ausgestatteten Halle senkt sich nach weni-
gen Metern so weit herab, daß der Rest der Höhle nur noch schliefend
zu befahren ist. Beitr 7, 1975.
Am westlichen Talhang N Nusplingen entspringt die wohl stärkste
Karstquelle im Bäratal, die *Heckentalquelle* (750 m NN, ox 1/2, Q 80
l/s).
In der Südflanke des Rabenfelsen* 600 m NNO Bärenthal muß man
unter dem in 17 m Höhe weit vorspringenden Felsüberhang 3 m hoch-
klettern, um zum *Rabenloch* zu gelangen (800 m NN, ki 2, L 16 m). 7919
Beitr 13, 1977. 22
Bei der Brücke über die Bära in Bärenthal liegt das künstlich angelegte
oder erweiterte *Wagenloch* (EB 6 m, EH 3 m, L 11 m). Beitr 13, 1977. 7919
Auf der linken Seite des Bäratals, 500 m NW Bärenthal, liegt 50 m un- 31
ter der Hangkante das *Mondmilchloch** (810 m NN, ki 2, T 31,5 m). 7919
Zugang am besten von oben. Frische, plastische Montmilch ist nur noch 18
an wenigen Stellen zu finden. Unter 35° abfallend, führt eine kaum
mannshohe Eingangsröhre, die im Querschnitt fast kreisrund ist, 15 m
in den Felsen. Das obere Stockwerk ist etwa 60 m lang. An der Decke
sind mächtige Tropfsteinstümpfe zu sehen, auf denen junge Stalaktiten
angesetzt haben. Sehr schön ist auch der Perl- oder Warzensinter an den
Wänden (einzelne Gebilde von Taubeneigröße). Am Sumpf, einer
Wasserstelle, sind Sintertreppen, die flache Wasserbecken voneinander
trennen. Einige Schächte führen in die Tiefe (bis zu 28 m, !, Seil). Beitr
13, 1977.
Unterhalb der Höhle liegt im Bäratal ein *Kalktuffsteinbruch*°, an dessen
Südrand die Kalktuffbildung andauert. Auf halber Höhe zwischen
Höhle und Steinbruch entspringt eine Quelle, die in einem gemauerten
Becken gefaßt ist. Gleich daneben ist ein Wasserfall. – Auch in dem
Tälchen, durch das die Straße nach Gnadenweiler aufwärts führt, ist
Kalktuff, vor allem Kalktuffsand, anzutreffen.

In die inzwischen weitgehend abgebaute *Kalktuffbarre* von Ensisheim wurde die Klostermühle hineingebaut, deren Rad einen Durchmesser von 11,5 m hat. Das Rad wurde von einer starken Karstquelle angetrieben, die schon seit längerer Zeit für die Albwasserversorgung gefaßt worden ist. Ein Teil ihres Wassers stammt aus der Gegend der Hartböfe. BlSAV 74, 1968; Strayle 1970.

7919 1 km ONO Bärenthal stößt man auf das bizarr geformte *Felsentor** bei
40 Gnadenweiler, eine Naturbrücke. Beitr 13, 1977.

7919 Das *Eulenloch** 1 km SW Bärenthal (810 m NN, ki 2, T 19,5 m, !,) ist
07 eine Schachthöhle mit eingezäunter, annähernd quadratischer Einstiegsöffnung (B 3 m). Der Schacht erweitert sich nach unten (L 10 m, B 4,5 m). Von der tiefsten Stelle des mit grobem Versturz und Reisig bedeckten Bodens führen zwei versturzgefährdete Gänge ab (L 20 m), ein dritter ist schon verschüttet. Leider liegen in der Höhle immer wieder Tierkadaver. Beitr 13, 1977.

7919 Von der Bäratalstraße aus führt ein Fußweg zum *Hohlen Felsen** 1,5 km
11 S Bärenthal (730 m NN, ki 2, EB 11 m, EH 5,5 m, L 35 m, B 6,5 m, H 2,2–3,8 m). Durch ein großes Fenster zum Bäratal hin erhält die ganze Höhle Tageslicht. Beitr 13, 1977. – Nicht weit davon, 0,5 km SW, liegt das *Hummelsloch**, eine Doline (790 m NN, D 20 m, T 6 m).

Schon von der Straße Beuron–Bärenthal aus ist unterhalb der ehemali-
7919 gen Burg Lengenfels* der Eingang der *Lengenfelshöhle* zu sehen. Vom
55 Parkplatz Klingletal führt ein schmaler Pfad hinauf (740 m NN, ki 2+3, EB 9 m, EH 5,5 m, L 36 m). Vom großen Portal aus betritt man den ca. 30 m langen Hauptgang, der an einem versinterten Versturz endet. Kurz zuvor geht rechts eine Seitenkammer ab. Beitr 13, 1977.

50 m nördlich führt der Fußweg zur ehemaligen Burgstelle durch die
7919 *Lengenfelsdurchgangshöhle* (740 m NN, 1. EB 35 m, EH 8 m; 2. EB 7
56 m, EH 3 m; L 20 m). Der Gang steigt nach W steil an. Er mündet in eine große Doline, die unterhalb der ehemaligen Burg liegt. Beitr 13, 1977.

L 7920 Sigmaringen

Das tief eingeschnittene, an Windungen reiche Donautal verläuft etwas südlich der Blattmitte ungefähr von West nach Ost. Es teilt bis Sigmaringen die Flächenalb. Dort erreicht es das von den Moränen der Rißciszeit überdeckte Gebiet. Die Linie Schwenningen–Frohnstetten–Harthausen auf der Scher ist die Grenze zwischen Flächenalb und Kuppenalb (im Norden). Der südliche Teil des Lauchertgrabens tritt vor allem bei Veringenstadt deutlich in Erscheinung.

1. Donautal von Sigmaringen bis Langenbrunn-Werenwag

Eine *Naturbrücke* ist bei der Hedinger Wiese (Sportplatz und Reitbahn) SO Sigmaringen zu sehen.
Am Mühlberg in Sigmaringen (600 m NN, ti) befinden sich drei Höhlen: Die *Drachenhöhle,* eine Spaltenhöhle (L 15 m), erreicht man, wenn 7921
man vom Fußgängersteg an der Eisenbahnbrücke 25 m donauabwärts 04
geht und dann links am Felsen vorbei 12 m aufsteigt. 60 m unterhalb des
Fußgängerstegs geht es links 30 m aufwärts zum *Hexenkessel* (D 12 m, T 7921
8–15 m, 2 Eingänge). Durch den rechten Eingang führt eine Treppe in 13
den Kessel. 250 m unterhalb des Fußgängerstegs steigt man 15 m zur
Mühlberghöhle hinauf (B 2,5 m, H 1,5–2 m, L 8 m). 7921
250 m NW Kaserne Sigmaringen ist 1949 im Wald Frauenstock* der 07
Frauenstockerdfall eingebrochen (645 m NN, T 48 m). Seit 1954 sind 7921
die unteren Teile des Schachts durch Nachbruch unbefahrbar geworden. 11
SW Kloster Gorheim entspringt am Ausgang eines kleinen Trockentals in das Donautal die starke Quelle des *Gorheimer Bachs* (575 m NN, ki 2+3, Q um 50 l/s, Pos 1c).
250 m W Hüttenwerk Lauchertthal befinden sich im Liebental (auf der Karte »Luibental«) mehrere *Hungerbrunnen* (590 m NN, Pos 1a), die nach stärkeren Niederschlägen aktiv werden. Es treten zwei verschiedene Karstgerinne in diesen Quellen aus. Bei hohem Wasserstand scheint die Trennung zwischen den beiden Gerinnen zu verschwinden. Jh 4, 1963; Mitt 18, 1972.

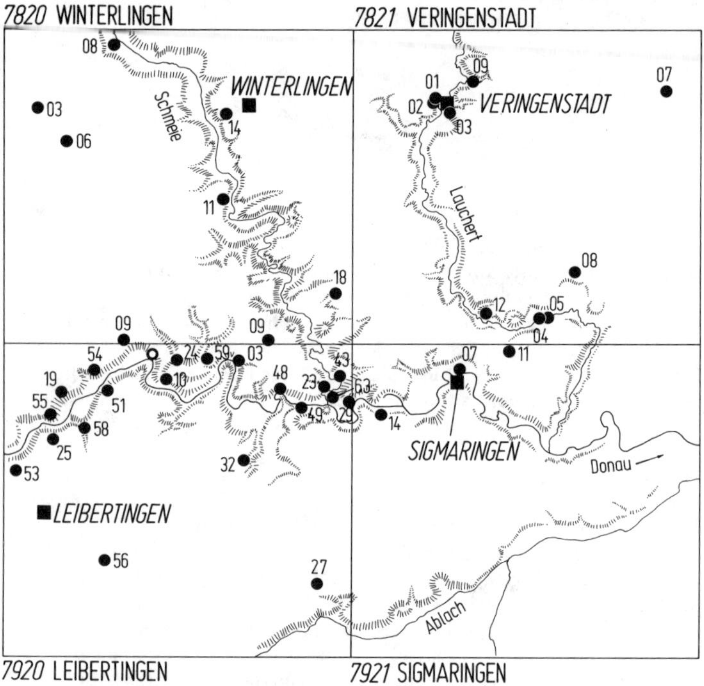

Blatt L 7920 Sigmaringen

7920 Die *Högnerhöhle* im Felsen hinter der Bahnhofsgaststätte Inzigkofen
63 wird als Bierkeller benutzt. Sie ist sehr trocken (610 m NN, ti, EB 3 m, EH 2 m, L 7 m).

Überquert man die Donau auf der Brücke beim Bf. Inzigkofen und wendet sich auf dem rechten Ufer gleich rechts, so steht man nach 50 m
7921 vor einer Felswand mit Kolken. Unter diesem *Felsdach Inzigkofen* fan-
16 den E. Peters 1938 und W. Taute 1965 mittelsteinzeitliche Steinwerkzeuge und Geweihharpunen. FBer NF 18, 1967; Taute 1973.

7921 Im Donautal beim Amalienfelsen, 1,25 km W Laiz, am Rundweg um
14 die Gedächtniskapelle für die Gefallenen von Stalingrad sind zwei kleinere Höhlen, die *Kapellenhöhle* mit *Felstor* und die *Teufelsbrückenhöhle*.

7921 Weitere 300 m donauaufwärts führt vom Talweg links ein Fußweg hin-
08 auf zu den *Inzigkofer Grotten* (ca. 590–600 m NN, ti, H bis 10 m, L bis

17 m, B bis 11 m). In diesen Auswaschungshöhlen wurden metallzeitli-
che Funde gemacht. Kasper III, 1964.
Im Eisenbahntunnel durch den Höhnberg* liegt 80 m vom südlichen
Tunnelmund entfernt die 1877 entdeckte *Höhnbergtunnelhöhle* (585 m 7920
NN, ki 2, L 90 m, B 5–10 m, H 2–8 m). Der Westteil ist aufgefüllt und 23
trocken, der Ostteil fällt zu einem See ab (T i. a. 2,5–3 m, 1948 T 4,9 m).
Bemerkenswert sind Calcitkristallfelder an den Wänden. Sie weisen
darauf hin, daß die Höhle früher längere Zeit von Wasser erfüllt gewe-
sen sein muß. Im Winter weist die Höhle besonders prächtigen Eis-
schmuck auf. Aufschluß 8, 1957; Beitr 6, 1975.
Am südlichen Eingang des Höhnbergtunnels liegt in einem vorsprin-
genden Felsen die als Durchgangshöhle ausgebildete *Höhnberghöhle 1* 7920
(600 m NN, ki 2, L 25 m). Der untere Höhlenteil ist an eine Schichtfuge, 22
der obere an eine talparallel verlaufende Kluft gebunden. Die Gang-
profile sind dreieckig. Beitr 6, 1975.
Nur über Kletterrouten vom Schwierigkeitsgrad IV erreichbar, sind die
beiden Höhlen im Dreiecksfelsen bei der Ruine Gebrochen Guten-
stein*. In 15 m Höhe liegt die *Kanakenhöhle* (620 m NN, ti, B 5 m, H 3 7920
m, L 5 m). Die Westwand wird von einer Verwerfung durchzogen, die in 29
halber Höhe zur Entstehung einer dreieckigen Spalthöhle beitrug, der 7920
Dreieckshöhle (630 m NN, EB 3 m, EH 3 m, L 12 m). 07
Ausgebaut und beleuchtet ist die *Burghöhle Dietfurt* (600 m NN, ti, L 7920
110 m, H 8 m, B 1–7 m). Der Schlüssel zur Höhle ist in der Diensthütte 49
der DRK-Bergwacht am Fuß der Burg Dietfurt zu bekommen. Nach
dem Eintritt in die Höhle befindet man sich in einem größeren Raum
mit kuppelartiger Decke. Links führt ein schmaler, niedriger Schluf in
den S Höhlenteil. Geht man über die Hängebrücke der Kluft folgend
die Treppe hinab, gelangt man in den Festsaal. Weitere Treppen führen
in einen dritten Raum hinab. Auch dieser Raum ist beim Ausbau umge-
staltet worden. Das ehemals stattliche westliche Höhlenportal wurde
bis auf ein kleines Fenster zugemauert. Von der rechten Wandnische
des Festsaals führt ein parallel verlaufender Gang in einen vierten
Raum. Die Höhle wurde offensichtlich entlang einer Kluft von fließen-
dem Wasser zu einer Zeit gebildet, zu der der Burgfelsen noch nicht iso-
liert war. Ablagerungen, die sicher aus dem Tertiär stammen, beweisen,
daß die Verkarstung schon in dieser Zeit weit fortgeschritten war. Dar-
über wurde eine 1 m mächtige Sinterschicht angetroffen. Darauf liegen
Sedimente, die nur von einem See der Rißeiszeit stammen können.
Damals hatte der Rißgletscher bei Vilsingen das Donautal verschüttet,
was zu einem gewaltigen Aufstau geführt hatte. Aus der ausgehenden
Eiszeit und der Nacheiszeit schließlich stammen bis zu 2 m mächtige
über den Seetonen liegende Schichten.
Die Höhle wurde 1928/29 von einer Gesellschaft umgestaltet, die sich

darin, zumeist an Ostern und Pfingsten, zu festlichen Versammlungen, die mit einem Harmonium musikalisch umrahmt wurden, zusammenfand.

Nach dem 2. Weltkrieg suchte ein Unbekannter in der Höhle nach einem angeblich dort vergrabenen goldenen Kegelspiel. Hierbei hob er eine gewaltige Grube aus (L 4 m, B 1 m, T 5 m). 1970 wurden urnenfelderzeitliche und früh- bis hochmittelalterliche Scherben entdeckt. Das Staatl. Amt für Denkmalpflege Tübingen veranlaßte darum 1971 eine Probegrabung, der 1972 eine vierwöchige Grabung folgte. Die ältesten Fundstücke reichen bis ins Magdalénien zurück. Bei einer Nachgrabung durch H. Reim wurde 1974 ein vollständig erhaltenes Gefäß der Frühlatènezeit gefunden. In die ältere Hallstattzeit gehören einige Scherben. Hervorzuheben ist die hervorragende Qualität der urnenfelderzeitlichen Keramik, wie sie sonst nur bei Grabbeigaben zu finden ist. Da auch Reste von Feuerböcken gefunden wurden, könnte die Höhle als Kultraum verwendet worden sein. Reste einer bronzezeitlichen Amphore und Skelettreste eines Jugendlichen wurden unter einer Steinplatte angetroffen. FBer BW 1, 1974; Beitr 8, 1975; Mitt 22, 1976; Albrecht u. a. 1976.

Auf der rechten Seite des Mühlenkanals der Dietfurter Mühle liegt die
7920 *Mühlenhöhle* (585 m NN, ti, EB 2 m, EH 4 m). Nach 8 m Länge ist die
35 Höhle zusammengebrochen. Auf der Oberfläche des Berges läßt sie sich noch ca. 200 m weit verfolgen.

Halbwegs zwischen Dietfurt und Gutenstein befindet sich die Engstelle
7920 des Teufelslochs* mit der *Kellerhöhle*° (auch *Pferdestall* genannt), am
48 Fuß der Felswand (600 m NN, ki 2). Ein eisernes Tor, Mauerwerk im Innern und ein Luftschacht lassen die frühere Verwendung erkennen. Gleich nach dem Eingang sieht man sich in einem hohen Dom (L 5 m, B 4–5 m, H 10–12 m). Entlang von talparallelen Klüften bildeten sich die nach rechts führenden Höhlenräume aus (L 25 m, H 15 m). Die Höhlenwände und die Decke zeigen Tropfstein- und Sinterschmuck, auch frische Bergmilch und Warzensinter. Während der Schneeschmelze und nach starkem Regen ist die Tropfenfolge von der Decke so dicht, daß man geneigt ist, von »Höhlenregen« zu sprechen.

Auf bezeichnetem Wanderweg geht es vor dem ersten Tunnel von der Donautalstraße zum Aussichtsfelsen Teufelsloch* bei Dietfurt hinauf.
7920 Der Weg führt an mehreren Kleinhöhlen vorbei zum *Gelben Loch* (650
66 m NN, ti, B 1,5–4 m, H 1–4 m, L 21 m). Auf der Ostseite des Aussichtsfelsen steigt man mit Seilsicherung 15 m in die Tiefe und stößt dann zwischen einer Buche und dem Grasband, das sich auf dem Felssims ent-
7920 langzieht, auf der Felsseite auf den Eingang der *Gutensteiner Tropf-*
20 *steinhöhle* (680 m NN, ti, EB 0,5 m, EH 0,4 m, L 73 m). Die ersten 30 m bestehen aus einer Druckröhre (H 0,8 m, B 1 m) mit einem 3,7 m tiefen

Gravitationsgerinne. Dieser Teil enthält einige Tropfsteine. Man steigt dann in einer reich versinterten Querkluft 2 m ab (H 6,5 m, B 7,4 m). Die Höhle setzt sich anschließend mit einem Kastenprofil 13 m weit fort (H 1,4 m, B 1,4 m) und enthält trockenen Höhlenlehm. Danach steigt der Gang auf 7 m Länge an und endet nach weiteren 5 m. Eine Erklärung für die Höhlenform steht noch aus. Mitt 20, 1974.

Ebenfalls auf dem linken Donauufer, gegenüber von Gutenstein, hat der steil zur Straße abfallende Fels (50 m vor dem Tunnel) eine kesselartige Höhlung, in der eine Madonna aufgestellt worden ist *(Lourdesgrotte)*. Es handelt sich hier nicht um einen Strudelkolk der Donau, vielmehr muß man die Höhlung als Verwitterungsform im verschieden widerständigen Riffkalk deuten.

In der Donauschleife beim Thiergartenhof liegt 50 m nach dem Tunnel
etwas über der Straße die Nische des *Bröllers** (595 m NN, ki 2, EB 15 7920
m, EH 5 m, L 10 m). Diese Quellhöhle ist für gewöhnlich trocken. 03
Wenn der Karstwasserstand aber rasch ansteigt, z. B. 1958 nach der Schneeschmelze, dann sprudelt mit starkem Geräusch das Wasser aus dem Portal (1919, 1956, 1958, 1965). 1959 legten H. Matz und M. Kolb den stellenweise nur 25 cm hohen Quellspalt frei. Sie entdeckten dahinter eine Klufthöhle, die 25 m schräg abwärts bis etwa auf die Höhe des Donauspiegels führt. Unter der Wasserfläche eines Sees setzt sich der Gang als Schacht fort. J. Hasenmayer tauchte 1960 bis zum Blockgrund in 12 m Tiefe. 1965 schlüpfte er von dort in die horizontale Fortsetzung der Höhle, eine erweiterte, stark auf- und absteigende, versturzfreie Kluftspalte von ca. 1 m Breite und 3 m Höhe, die 100 m weit, immer unter Wasser, nach Norden zieht. Am Umkehrpunkt verengt sich die Spalte auf 0,3 m Breite. Form und Höhleninhalt lassen einen Quellast vermuten, der von einer tiefer liegenden nach Süden gerichteten Höhle zur Donau hinaufführt. Beitr 7, 1975. Beim Ausräumen des Schutts im Eingangsteil wurden Knochen, Tonscherben, ein Mahlstein und eine Knochenflöte gefunden. G. Smolla stellte in der Vorhalle bronzezeitliche Kulturschichten fest. Mitt 22, 1976.

Oberhalb des Bröllers, auf der linken Seite, liegt die *Obere Bröllerhöhle* 7920
(620 m NN, B 14 m, H 20 m, L 15 m). Diese Nischenhöhle soll 1936 von 06
E. Peters untersucht worden sein. Mauerreste am Fuß der Felswand, Thiergarten zu, lassen eine ehemalige Höhlenburg vermuten.

Im Graben des Waldwegs oberhalb der Kurve der Straße zwischen
Bröller und Jörgenbrunnen befindet sich der *Straßenschacht* (700 m 7920
NN, ti, D 0,8 m, T 8 m, danach unzugängliche Spalte). Der sehr nasse 47
und schmierige Schacht ist mit Bohlen abgedeckt.

250 m talauf liegt zwischen Straße und Felswand der üblicherweise ebenfalls trockene Quelltrichter des *Jörgenbrunnens** (593 m NN, ki 2, Pos 2a/3b). Überquert man die Straße, so sieht man einen kräftigen

Bach (Q 50 – über 200 l/s, 20. 4. 73 1200 l/s) in kurzem Lauf der Donau zuströmen. Der Quelltrichter stellt also nur noch das Übereich dar. Farbe, die O Stetten a. k. M. eingebracht wurde, trat im Jörgenbrunnen wieder aus (80 m/h). Hahn 1968.

Geht man vom Jörgenbrunnen auf der Straße 300 m talauf und steigt
dann zwischen zwei Felsen den Hang hinauf, liegt in halber Höhe un-
terhalb einer hinaufziehenden Felswand der unscheinbare, enge Ein-
7920 stieg des *Jörgenbrunnenschachts* (ca. 650 m NN, ki 2, T 17 m, !). Der
81 sich nach unten erweiternde Schacht führt in eine kleine Halle.

750 m N Thiergarten, rechts der Straße nach Stetten a. k. M., ist ca. 80
7920 m über der Talsohle die *Amandahöhle* (710 m NN, ti, EB 0,5 m, EH 1
59 m, T 20 m). Nach kurzem Abstieg im engen Schacht gelangt man in eine
glockenförmige Halle, deren Boden mit Versturzblöcken bedeckt und
sehr naß ist (B 6–8 m, L 15 m).

Von dem Tal, durch das die Straße von Gutenstein nach Langenhart
führt, zweigt nach W ein Seitental ab, das Kriesental*. Etwa 80 m auf-
wärts, dann auf der Südseite 15 m den Hang hinauf, gelangt man zum
7920 *Kriesenlochschacht* (680 m NN, ti, T 45 m). Auf einen 2 m langen
32 Kriechgang folgt ein Schacht (D 1,2 m, T 15 m), danach ein enger
Durchschlupf in eine Spalte.

1,5 km SW Thiergarten entspringt rechts der Donau am Ausgang des Raintals* der *Rainbrunnen* (598 m NN, ki 2, Q 10 – über 100 l/s, Pos 1c), der zur Wasserversorgung von Thiergarten und des Truppenübungsplatzes genutzt wird. Hahn 1968.

7920 Zur *Falkensteinhöhle** 2 km WSW Thiergarten führt 10 m vor dem be-
10 zeichneten Weg »Schaufelsen – Naturfreundehaus« ein Trampelpfad
von der Straße steil den Hang hinauf (630 m NN, ki 2). Vor Beginn der Ausgrabungen durch E. Peters und V. Toepfer im Jahre 1933 maß die Höhle L 10 m, B 11 m, H 1,5 m. Durch zeitraubendes und mühsames Ausschlämmen der Höhlenablagerungen (das Wasser mußte aus der Donau in einen Behälter am Hang 10 m hochgepumpt werden, der abgegrabene Lehm dorthin in Butten gebracht werden) gelang es, rund 9000 Feuersteinwerkzeuge, Knochengeräte und Schmuck aus der Mittelsteinzeit zu gewinnen. Eine Besonderheit stellt ein beilartig zugeschliffener Stein mit Hirschgeweihfassung dar (geschliffene Werkzeuge kommen im allgemeinen erst in der Jungsteinzeit vor). Neben den Resten der erbeuteten Tiere wurden auch angebrannte Knochenreste von Menschen gefunden. Über der Mittelsteinzeitschicht folgten Fundschichten mit den Hinterlassenschaften der Jungsteinzeit, der Bronze- und Eisenzeit und des Mittelalters. Alle Funde und Peters' fertiges Manuskript wurden 1945 von unverständigen Menschen weggeworfen. BlSAV 46, 1934; Hohenz. Jh. 2, 1935. – Bei einer Nachuntersuchung 1963 und 1964 fand W. Taute neben weiteren mittelsteinzeitlichen

Steinwerkzeugen auch sorgfältig gearbeitete Knochengeräte und ein schlicht verziertes Geweihstück. FBer NF 18, 1967; Mitt 22, 1976.

Geht man von der Neumühle* auf dem Wanderweg entlang der Donau 600 m flußaufwärts, danach 40 m den Hang hinauf, stößt man auf die
Bretterhöhle (640 m NN, ti, EB 1 m, EH 1,2 m, L 3 m, B 3 m, H 4 m, an- 7920
schließend befahrbare Spalte). Der Name geht auf ein Brettergestell 02
zurück, auf dem in der unsicheren Nachkriegszeit Vorräte aufbewahrt worden sind.

1 km W Neumühle wird die Gruppe der Lenzenfelsen* von einem durchgehenden Hangstück gequert. 20 m unter dem oberen Hangrand
liegt die *Gewöllehöhle* (720 m NN, ti, B 2 m, H 2 m, L 8 m). Eine Unzahl 7920
von Gewöllen, Vogelknochen und -krallen bedecken den Boden. 18

Am Nordende des Schaufelsens* liegt im Schwammkalk ein sehr schö-
nes *Felsentor*. Die *Klarahöhle** in den *Hohlen Felsen** 1,5 km WNW 7920
Thiergarten ist eine Spaltenhöhle (680 m NN, ki 2, EB 3,8 m, EH 3,8 m, 24
L 28,5 m, B 4–5 m, H 4–5 m). Die Höhle beginnt mit einer geräumigen Halle, die nach hinten leicht ansteigt und immer niedriger wird. Beitr 7, 1975.

Am Hang hinter dem Gasthaus zur Mühle in Unterneidingen fließt aus zwei gemauerten Kanälen die kräftige *Mühlquelle (Talmühlequelle)* (600 m NN, ki 1/2, QM ca. 200 l/s, QMin < 100 l/s, QMax ?, Pos 2b/3b), die aus einer Schichtfuge entspringt. Nach einem Färbversuch SO Meßstetten sprach die Quelle an (125 m/h). Strayle 1970. Sie wurde 1973 neu gefaßt.

500 m SW Neidingen (b. Haus Nr. 49) hat ein jetzt nur noch kleines Bächlein am Hang *Kalktuff* abgelagert. Da die Quelle gefaßt ist, kann nur noch das Übereich abfließen.

Vom Albvereinsweg von Werenwag zum Schaufelsen führt etwa 350 m NNW P. 786 ein Pfad rechts zum Reiftal* hinab. Am Fuß der mächtigen
Felswand öffnet sich ein 12 m breites Felsdach, das sich zur *Reiftalhöhle* 7820
verengt (650 m NN, ki 2, L 5 m, B 5,5 m, H 3,5 m). Der Höhlenboden 12
wird von gewaltigen Versturzblöcken gebildet, zwischen denen Füchse hausen.

Bei Neidingen mündet das Reiftal ins Donautal. Sein unterer Teil heißt
»Im Fall«*. Hier liegt links die *Fallfelsenhöhle* (690 m NN, ki 2, B 20 m, 7920
H 8 m, L 6 m). Am Uhufelsen gegenüber auf der rechten Talseite befin- 37
det sich unter einem großen Felsdach die *Uhufelsenhöhle* (720 m NN, ki 7920
2, B 3 m, H 3 m, L 6 m). 50

In Hausen i. T. liegt die *Dorfquelle* zwischen der Straße und der Bahn an der Kurve (597 m NN, ox 2, Q 40–250 l/s, Pos 1c). 1 km SW Hausen i. T. liegt im Talgrund die Quelle des *Weiherbächles* (598 m NN, Talfüllung über ox 2, Q 20–60 l/s, Pos 3). Strayle 1970. Der Kalktuffbruch hinter der Schule ist aufgelassen.

Bei den *Höhlen im Korneliusfelsen**, die nur über den sehr steilen
7920 Hang erreichbar sind, handelt es sich z. T. um unbedeutende Nischen
54 (670/700 m NN, ki 2; westliche Höhle: WEB 1,5 m, EH 6 m;
OEB 3 m, EH 1,2 m; H 8 m, L 22 m. 2. Höhle: EB 5 m, EH 3 m, L 7 m. 3. Höhle: EB 7,5 m, EH 3 m, L 5 m, Boden Glaukonithorizont. 4. Höhle: EB 3 m, EH 7 m, L 4,5 m, Glaukonit. 5. Höhle: EB 2,5 m, EH 2 m, L 4 m.

7920 1954 wurde von A. Schön die nur schwer zugängliche *Geierhöhle* bei
17 Hausen i. T. entdeckt und von ihm mit Mitgliedern der Bergwacht Sig-
maringen erforscht. Es handelt sich um eine zweigeschossige Kluft- und Spaltenhöhle, deren Kamine eine Höhendifferenz von fast 100 m aufweisen. Bemerkenswert sind Flußgerölle der Ur-Donau, die Faustgröße erreichen können. Die vorgefundenen Vogelknochen konnte E. Schüz als zum Weißkopfgeier gehörig bestimmen (1. Nachweis für die Schwäbische Alb). Die Vögel sind offenbar in den oben damals noch offenen Schacht gestürzt. 45 m Strickleiter und Kletterkenntnisse sind erforderlich. Schüz 1963/64; BlSAV 70, 1964.

Im oberen Teil der Westseite des Geiersteins, 10 m rechts des an der
7920 Hangkante entlangführenden Fußwegs, liegt der *Geiersteinschacht*
70 (780 m NN, ki 2, D 1–2 m, T 18 m). In der talseitigen Wand des Felsen
11 befindet sich eine Höhlenruine, die *Fensterhöhle.*

An der Straße von Hausen i. T. nach Kreenheinstetten erblickt man bei km 2,9 (100 m nach dem Tunnel) rechts eine hübsche, freistehende Naturbrücke, das *Steintor** *B 5 m, H 4 m).

7920 Zur *Felsenschmiede* genannten kleinen Höhle° unterhalb Schloß We-
55 renwag (730 m NN, ki 2) gelangt man, wenn man den Wanderweg ins
Tal hinab benützt.

Langenbrunn verdankt seinen Namen einigen Quellen. Die wichtigste wurde gefaßt (PW*, 608 m NN, ox 2, Q 17–185 l/s), doch ist ein Quellteich für das Übereich noch zu sehen. Eine weitere Quelle, die *Schloßquelle,* entspringt SW Schloß Werenwag in einem Kanal (604 m NN, ox 2, Q 10–40 l/s, Pos 1c). Bei Markierungsversuchen im Gebiet von Hartheim, Meßstetten und Schwenningen in den Jahren 1964–68 erreichte die Farbe die Quellen im Donautal zwischen dem Großschmiedebrunnen und der Unterneidinger Mühlquelle (32–280 m/h). Hahn 1968; Strayle 1970.

Wo an der Kehre des Sträßleins von Langenbrunn nach Lengenfeld der
Wald beginnt, zweigt ein nicht bezeichneter Fußweg ab. Er führt am
7920 Fachfelsen* entlang, in dem in halber Wandhöhe die von der Talstraße
46 aus sichtbare unbedeutende *Stafahöhle* liegt. 600 m weiter liegt die ein-
57 drucksvolle Ruine der *Kuckuckshöhle* (700 m NN, ki 2).
7920 750 m S Langenbrunn öffnet sich unmittelbar am Sträßlein nach Len-
25 genfeld im *Hohlen Felsen** die *Scheunenhöhle* (700 m NN, ki 2, L 73 m).

Wer von Lengenfeld kommt, bleibe unbedingt auf dem Sträßlein, da der bezeichnete Wanderweg auf den Hohlen Felsen führt. Die Aussicht auf Schloß Werenwag ist vom Höhlenportal und vom Kreuz auf dem Felsen gleich schön. – Ein großer Vorraum mit mächtigem Portal (EB 17 m, EH 6 m) liegt etwa 1 m tiefer als die Straße. Ein höher gelegener mannshoher Gang (L 15 m) schließt sich an. Er wird auf weitere 12 m Länge immer niedriger. An seinem Ende geht es durch einen niederen Schlupf in die Hintere Halle (L 10 m, B 4 m, H 8 m, !). Im Niveau des hinteren Höhlenteils zieht sich auf der Westseite eine deutliche Hohlkehle bis zum Eingang (Glaukonitbank = Grenze ki 2. 3/4). Eine niedrige Öffnung auf der Westseite führt in einen Kamin mit Strudelkolken (H 8 m). Am weithin sichtbaren Felsen sind weitere Nischen. Beitr 6, 1975.

Beim Abstieg vom AP Bischofsfelsen* auf dem Wanderweg nach Hausen i. T. verläßt man nach der 2. Kehre den Weg und geht ohne Weg 250
m den Felsen entlang, um zur *Kreenheinstetter Höhle* zu gelangen (680 7920
m NN, ki 2, EB 12 m, EH 4 m, L 61,5 m). Von der 25 m langen Ein- 58
gangshalle zweigt etwa in der Hälfte ein 10 m langer Gang ab. Am Ende der Halle ist ein Kamin mit interessanter Karrenbildung (25 m Höhe). Die Decke senkt sich rasch. Am Ende führt nochmals ein Kamin in die Höhe (25 m). Der Höhlenboden ist von zahlreichen Versturzblöcken bedeckt. Beitr 6, 1975.

Etwas oberhalb der Scheunenhöhle liegt im Tobelgraben die kleine, jedoch an Sinterschmuck reiche *Makkaronihöhle* (730 m NN, EB 1,5 m, 7920
EH 0,5 m, L 4 m). – Nur 20 m darüber, am Fuß der Felswand, befindet 34
sich das *Schlupfloch* (750 m NN, EB 3 m, EH 1 m, L 18 m). Die Höhle 7920
besteht aus einem kesselartigen Raum mit 12 m langem Kriechgang. 42

200 m S Schwedenkreuz (Steinkreuz auf dem Hohlen Felsen) ist der
Erdeinbruch Schwedenkreuz, neuerdings *Bandschacht* genannt (800 m 7920
NN, ki 3, D 1–2 m, T 18 m, L 29 m). Beitr 2, 1973. 26

In der kleinen Felsengruppe zwischen Fachfelsen und Bandfelsen ist ein
kleiner Schacht, die *Eierhöhle* (740 m NN, ki 2, D 0,6 m, T 8 m). 7920
08

An der Nordostecke des Burgfelsens von Wildenstein* liegt an dessen
Fuß die *Wildensteiner Höhle* (720 m NN, ki 2, EB 5 m, EH 3 m, L 10 m). 53
Der Boden der steil ansteigenden Höhle ist mit gelbem Sand bedeckt.

Der Fußweg am Burgfelsen entlang führt auf der Nordseite zur *Gang-* 7920
höhle (710 m NN, ki 2, EB 2 m, EH 3 m, L 12 m). Die Höhle zieht waag- 15
recht in den Felsen, zunächst mit rechteckigem Profil, verengt sich dann aber zu einem Spalt.

Vom Bahnhof Hausen i. T. geht man 300 m NW zum westlichen Glas-
trägerfels. Dort liegt der *Glasträgerfelsschacht,* auch *Bahnhofsschacht* 7920
(720 m NN, ki 2, EB 2 m, EH 4 m, T 40 m). Der Schacht erweitert sich 19
nach unten, so daß man an der Seilleiter frei absteigen muß. – Links am

7920 Fußweg zu diesem Schacht befindet sich die *Fluchthöhle,* in der 1945
13 die Bewohner des Bahnhofs und der zugehörigen Häuser Schutz gesucht haben (680 m NN, ki 2, EB 3–4 m, EH 2 m, L 12 m). – Weitere
7920 100 m westlich zieht sich die *Spalthöhle* in den Berg (720 m NN, ki 2,
72 EB 1 m, EH 6 m, L 15 m).
7920 Im Felsen der Wagenburg* auf der rechten Talseite ist das *Hohlenloch*
51 zu sehen. Es wird auch *Wagenburghöhle* genannt. Nach der Sage soll darin eine verwünschte Jungfrau gehaust und einen Schatz gehütet haben. Sie hatte einen schwarzen Hund bei sich.

2. Zwischen Donau und Ablach

In die Grundmoräne der Rißeiszeit eingebettet, fließen im Wildpark* S Sigmaringen, vor allem im Gebiet zwischen Engelswies und Igelswies, eine Anzahl kleiner Bäche. Sie enden in Dolinen des überdeckten Tithoniums, die als Schlucklöcher dienen. 0,9 km N Igelswies verzeichnet die Karte die *Versinkungsstelle** des *Annenbachs**. Die Wiederaustrittstelle ist eine kleine Karstquelle im Ablachtal 700 m W Menningen, wie ein Färbversuch 1963 gezeigt hat (37 m/h). Dittrich 1956; Hahn 1968.
Im Hardwald*, 1,25 km NW Menningen, liegt eine große Doline (D 8 m, T 6 m). An ihrem Grund öffnen sich zwei Gänge. Der nach O ziehende endet nach wenigen Metern, dagegen führt der westlich verlau-
7920 fende Gang nach 8 m zum *Menninger Schacht* (640 m NN, ti, D 2,5 m, T
27 43 m, !). In 35 m Tiefe zweigt ein 15 m langer Gang ab, der in einen weiteren, ca. 25 m tiefen Schacht führt. Von diesem geht ein Kriechgang ab (L 14 m). Es folgen eine Kammer (D 1,8 m, H 1 m) und nochmals 8 m Kriechgang. Nur von gut ausgerüsteten Gruppen zu befahren.
7920 2,5 km N Talheim liegt der *Hohle Stein** (730 m NN, ki 2, L 13 m, EB
56 4,5 m, EH 1,7 m). E. Peters hat die Höhle 1939/40 ausgegraben. O. Paret (1961) vermutet, daß sie in der Altsteinzeit bewohnt war. Am Höhlenende sind einige Sinterbildungen. Sehr schön ist die erzeugende Kluft zu sehen.

3. Schmeietal und Heuberg

7820 Innerhalb des unzugänglichen Truppenübungsplatzes liegen neben
03 zahlreichen Dolinen 6 km W Straßberg der *Große Hohle Fels** (870 m
06 NN, ki 2) und 5 km WSW Straßberg der *Kleine Hohle Fels** (870 m NN, ki 2, L 10 m, EB 2 m, EH 1,8 m). In beiden Höhlen suchte man vergeblich nach Kulturresten aus der Altsteinzeit. KB Balingen 1960/61. –

Die *Heidenhöhle** am Westrand von Straßberg wurde durch den Stein- 7820
bruchbetrieb zerstört. Es ist nicht sicher, ob mit der »Grotte bei Straß- 04
berg«, aus der R. R. Schmidt 1907 Steinwerkzeuge aus dem späten Magdalénien barg, die Heidenhöhle gemeint war.

In der *Ehestetter Torhöhle* 4 km NW Straßberg (250 m WNW Ehestet- 7820
ter Hof*) wurde eine Feuersteinklinge gefunden. Die Hauptöffnung 08
der Höhle geht nach O, eine kleinere nach S (800 m NN, ki 3, 1. EB 3 m, EH 8,5 m,; 2. EB 5 m, EH 6 m; L 12 m, H 1,5 m). Ob die Höhle das von J. Binder (1910) erwähnte *Grieseloch* beim Ehestetter Hof ist, ist unklar.

Fast am nördlichen Blattrand liegen im Schmiechatal (so heißt das Schmeietal im ehemals württembergischen Oberlauf) nahe beieinander mehrere große Karstquellen: am linken Talrand unterhalb des Mühlenfelsen* die vom Wasserwerk Ebingen gefaßte *Balinger Quelle, Dieselquelle* und *Wiesenquelle* (698–696 m NN, ki 1/2, zus. QM 191 l/s, QMin 90 l/s, QMax 450 l/s, Pos 3a?). Durch zahlreiche Färbversuche in den Jahren 1966–68 wurde nachgewiesen, daß sich ihr insgesamt 24 qkm großes Einzugsgebiet sowohl nach N bis W Bitz erstreckt (48–175 m/h), als auch nach SW ins Gebiet des Großen Heubergs bis 4 km jenseits der Schmiecha (20–156 m/h). Dort deckt es sich weitgehend mit dem 14 qkm großen Einzugsgebiet der rechts der Schmiecha entspringenden, ebenfalls zur Wasserversorgung von Ebingen genutzten *Ehestetter Quelle* (701 m NN, ki 1/2, QM 173 l/s, QMin 90 l/s, QMax 450 l/s, Pos 3a?), wie die Markierungsversuche ergeben haben (22–167 m/h). 400 m talaufwärts liegt der *Große Hungerbrunnen* als Übereich der Ehestetter Quelle (Q bis über 500 l/s, Pos 1a). Strayle 1970.

Etwas unterhalb P. 767 W Winterlingen wurde 1953 in die Versickerungsstelle der Winterlinger Abwässer Salz eingebracht. Es wurde im *Gretsbrunnen* 1 km SW (Pw*) bei Straßberg (665 m NN, ki 2/3, QM über 100 l/s, Pos 2a?) wieder festgestellt (30 m/h). Schulz 1957. Dort trat auch ein Teil der im südlichen Degenfeld sowie 2,5 km NW und 4,5 km WNW Straßberg eingebrachten Farbe wieder aus (176, 41 und 14 m/h). Strayle 1970.

Am Grunde der *Eulengrube**, einer Doline 1,5 km SW Oberschmeien, 7920
gelangt man an einen Schacht (745 m NN, ti, EB 0,9 m, EH 1,1 m, T 09
7,5+14 m, L 38 m, !). Nach dem Eingang führt ein Schluf steil hinab. Nach der Rutschbahn kommt man in die 6 m hohe Eingangshalle. Hier teilt sich die Höhle. Im Westgang gelangt man über eine Stufe von 0,5 m in die obere Schachthalle. Durch einen 7,5 m tiefen, teilweise überhängenden Schacht geht es in die untere Schachthalle. Sie führt steil nach unten und ist mit Versturz verfüllt. Von der Eingangshalle kommt man durch einen kurzen Schluf in einen Schacht (T 3 m), der in den steil abwärts ziehenden Nordostgang mündet (Steinschlaggefahr!). Der enge

Gang ist 8–15 m hoch. Zur Befahrung ist eine 10 m lange Stahlseilleiter
oder ein entsprechendes Seil erforderlich. Beitr 6, 1975. Die Sage be-
richtet vom Eulengrubenweible, das Hudelann genannt wurde. Diese
Hudelann soll innerhalb eines bestimmten Gebiets um die Eulengrube
in der Dämmerung und bei Nacht in wechselnder Gestalt ihr Unwesen
getrieben haben, die Leute bedrückend und erschreckend. Nur un-
schuldigen Kindern und Leuten, die etwas Geweihtes bei sich trugen,
tat sie nichts. SZ 1976.

Bei einem *Felsdach am Brechfelsen* 900 m ONO Frohnstetten befindet
7820 sich die gefaßte *Frohnstetter Wasserhöhle* (650 m NN, ki 2, EB 8 m, EH
09 6 m, L 3 m). Der Überlauf wird bei der Schneeschmelze oder nach Stark-
regen als Bröller aktiv. Nach Pumpversuchen im Frühjahr 1964, bei
denen der Anfangsteil des mit 45° Neigung in die Tiefe führenden
Gangs besichtigt werden konnte, wurde der Höhleneingang durch eine
Tür verschlossen, um Unfällen vorzubeugen. Mitt 19, 1973.

70 m darüber, am Hangweg, entdeckte A. Ritter die nach ihm benannte
7820 *Ritterhöhle* (720 m NN, ki 2, T 44 m, !). Der Zugang wurde 1972/73 in
11 mühevoller Arbeit freigelegt. Die Höhle ist gefährlich und darum mit
einem Gitter verschlossen worden. Der Schlüssel wird in der Gärtnerei
Ritter in Frohnstetten aufbewahrt. Mitt 19, 1973.

Am Fahrweg, der von Winterlingen nach Straßberg durch das Mühltal
führt, ist 1 km WSW Winterlingen ein Felsen, der bis zum Fahrweg her-
abreicht. Dort steht ein mit Farbe auffällig markierter Baum. Man steigt
7820 dort den Steilhang hinauf und kommt zum Eingang der *Großen Tropf-*
14 *steinhöhle Straßberg* (760 m NN, ki 2, EB 0,6 m, EH 1,2 m, L 30,5 m, T
13,5 m). Die seit langem bekannte Höhle beginnt mit einem etwa 3 m
langen Krabbelgang, der zu einem Absatz von 2 m Tiefe führt. Es folgt
ein größerer Raum, von dem ein enger Schluf abzweigt. Ein Schacht (T
9 m) führt hinab in das untere Stockwerk. Dort führt ein enger, hoher
Gang nach W weiter. Nach wenigen Metern fällt eine Stufe 2 m tief ab.
Kurz darauf verengt sich der Gang. 10 m Stahlseilleiter oder entspre-
chendes Seil sind erforderlich. Beitr 6, 1975.

1 km oberhalb der Einmündung der Schmeie in die Donau liegt dort, wo
7920 vom Schmeietal nach Osten das trockene Kirchtal abzweigt, der *Zigeu-*
43 *nerfels* mit einer kleinen, nach SSW geöffneten Höhle (590 m NN, ki 3,
EB 10 m, EH 2,6 m, L 3 m). Der Zigeunerfels wurde 1971–73 von W.
Taute ausgegraben. Festgestellt wurden 9 Kulturschichten, von denen
die untersten dem Magdalénien, die mittleren dem Spätpaläolithikum
und die obersten dem frühen Mesolithikum angehören. Es handelt sich
um die bestgegliederte Kulturschichtenfolge Süddeutschlands für die
Zeit zwsichen etwa 11 000 und 7000 v. Chr. Die Untersuchung der in
den Schichten enthaltenen Tierknochen (meist Reste der Jagdbeute)
zeigt durch Klimaveränderungen bedingte Faunenwechsel: Auf die

Tiere der späteiszeitlichen Kaltsteppe (Rentier und Wildpferd) folgt
eine Fauna, wie sie heute im Hochgebirge angetroffen wird (vorherr-
schend Steinbock) und schließlich die nacheiszeitliche Waldfauna (vor-
herrschend Reh). Taute 1972 b, 1973; v. Koenigswald 1972; v. Koe-
nigswald & Taute 1974; Albrecht u. a. 1976.
Am Rand eines kleinen Trockentals liegt 1,3 km NO Sigmarin-
gen–Oberschmeien der Guipstein. Der Fels, der von Buchen gekrönt
wird, ist durch Buschwerk gegen Sicht vom Tal aus abgeschirmt. Auf
der ganzen Breite des Felsen zieht sich ein Überhang hin, unter dem die
Guipsteinhöhle beginnt. Sie besteht aus der Haupthöhle (735 m NN, ki 7820
2–3, EB 16 m, EH 3,2 m, L 36 m) und einer Nebenhöhle. Beitr 9, 1976. 18

4. Laucherttal

Bei Kanalisationsarbeiten wurde 1956 500 m N Ortsausgang Benzin-
gen in Richtung Veringendorf an einem Feldrain der *Benzinger Kanal-* 7820
schacht angeschnitten (740 m NN, ki 3, D 1–2 m, T 29 m, unten B 4 m, L 10
7,5 m) und als Schluckloch für die geklärten Abwässer verwendet. Er ist
deshalb mit einem festen Deckel verschlossen worden. Beitr 7, 1975.
Bei Veringenstadt liegen mehrere Höhlen, die alle von E. Peters ausge-
graben worden sind. Geschnitzte Wegweiser stehen an den beiden Lau-
chertbrücken an der Hauptstraße. 1965 wurde auf der unteren Lau-
chertbrücke die Skulptur eines Neandertalers aufgestellt (Entwurf A.
Rieth, Ausführung E. Raach). Die Inschrift lautet: »So wie dieser aus
einem mächtigen Muschelkalkblock gehauene Urmensch in sich ru-
hend Ausschau hält, so saßen vor etwa 50 000 Jahren Menschen vom
Schlage des Neandertalers vor den Höhlen um Veringenstadt. Daran
soll diese Steinplastik erinnern, die hier als Zeichen für die lange Ah-
nenreihe der Menschheit steht.« BlSAV 66, 1960. – Die Narrenzunft
von Veringenstadt hat diesem Standbild eine neue Maske nachempfun-
den, den »Nandi«. In der Fasnetszeit wird der Nandi auf der Brücke mit
Zylinder, Brille und Umhang bekleidet.
Auf der rechten Talseite (SW Bf.) befindet sich die kleine *Annakapel-* 7821
lenhöhle (670 m NN, ki 3/ti, L 8 m, B 6 m, H 2 m). In ihr wurden 01
1934/35 Funde aus dem Magdalénien gemacht. Der Weg zur Höhle ist
bezeichnet (> gelb). An der alten Stadtmauer, wo das Sträßlein die
Höhe erreicht, zweigt links der bezeichnete Weg zur *Göpfelsteinhöhle** 7821
ab (660 m NN, ki 3/ti). Sie besteht aus einer geräumigen Vorhalle und 02
führt nach der Verengung zum eigentlichen Eingang (EB 3 m, EH 3 m)
zweistockig ins Innere des Felsens (unt. St. L 6 m, B 4–5 m, H 1,2 m; ab.
St. L 6–7 m, B 6–7 m, H 4–5 m). Die erzeugenden Klüfte sind deutlich
zu sehen. Peters fand bei der Ausgrabung 1934/35 Steinwerkzeuge des
Moustérien und des Aurignacien und Reste der Beutetiere.

7821 Links der Lauchert liegt die *Nikolaushöhle** (670 m NN, ki 3/ti, L 30 m,
03 B 10–15 m, H 5 m, Boden ansteigend). 1934–37 grub Peters die Höhle
aus. Er fand neben zahlreichen Tierresten Steinwerkzeuge des Magda-
lénien und neolithische Scherben. Mitt 22, 1976.

Seit alters versammelt sich die heranwachsende Jugend von Veringenstadt am Sonntag vor dem Nikolaustag um ein Feuer in der Nikolaushöhle. Früher wurden Kartoffeln und Äpfel gebraten, heute brät man Rote Würste und trinkt Bier dazu.

Wo der Weg zur Nikolaushöhle den Talweg verläßt, führt nach Westen
7821 ein Feldweg weiter zum *Schafstall*°, einem Felsüberhang (650 m NN, L
10 30 m, B 5 m). Die Grabung 1944–48 erbrachte Werkzeuge des Mousté-
rien. Die Funde liegen im Heimatmuseum Veringenstadt, das sich im
Rathaus befindet (geöffnet von Mo–Fr von 14–17 Uhr, vorm., Sa/So
nur nach Anm. Bürgermeisteramt Veringenstadt (0 75 77) 32 54, Erw
DM 1,–, Schulen, Ges zus. DM 5,–).

Oberhalb von Veringenstadt führt bei der Kiesgrube gegenüber der
Firma Schwörer ein neuer Weg links den Berg hinauf in der Richtung
auf das Brunnental*. Nach etwa 200 m muß man rechts den Hang etwa
7821 50 m hinaufklimmen zur *Rudolfshöhle,* manchmal auch *Brunnenhal-*
09 *denhöhle* genannt, in Veringenstadt jedoch nur als »*Fiedledätscher-*
loch« bekannt, (685 m NN, ki 3/ti, L 20 m, B 8 m, H 2,5 m). Bei 15 m ist
die Höhle nur noch 1 m hoch und teilt sich. Im rechten Gang führt hin-
ten ein Kamin 5 m in die Höhe.

Wenig talabwärts von der Mündung des Brunnentals entspringt im Laucherttal die zur Wasserversorgung von Veringenstadt gefaßte *Brunnenhaldenquelle* (632 m NN, ki 2, QM 85 l/s, Pos 2a).

50 m hangabwärts in der Richtung auf Veringenstadt stößt man auf eine *Höhlenruine* (670 m NN, L 4,5 m, B 7 m, H 1,5 m). Der Höhlenboden ist mit Feinschutt und trockenem Lehm bedeckt. Links über dem Eingang gehen von einer Galerie vier Nischen ab, jeweils 2–3 m tief.

2 km W Veringenstadt liegen nahe beieinander die vier intermittierenden *Büttnauquellen* im Unterlauf eines ausgedehnten Trockentalzuges (645–635 m NN, ki 2, zus. Q 0 – über 400 l/s, Pos 1a). Als der Albstollen der Bodensee-Wasserversorgung, dessen Einlauf 500 m SO liegt, 1967/68 den Bereich oberhalb der Büttnauquellen durchquerte versiegten sie so lange, wie das Karstwasser während der Bauzeit durch den Stollen abgefangen wurde.

In Veringendorf entspringen dicht nebeneinander die *Ahlenbergquelle* (615 m NN, Kt, 1967–71: QM 85 l/s, Pos 2a) in einem alten Kalktuffsteinbruch und O davon am Fuße einer Kalktuffwand, über die bei Hochwasser ein Teil des Lauchertabflusses als eindrucksvoller Wasserfall herabstürzt, die *Wasserfallquelle* (614 m NN, Kt, 1967–71 QM 130 l/s, Pos 2a?). Wie Markierungsversuche gezeigt haben, reicht das Ein-

zugsgebiet der Ahlenbergquelle nach NW bis in die Gegend von Bitz
(4–13 m/h), wobei es sich größtenteils mit dem der Büttnauquellen
(47–147 m/h) und teilweise mit dem der Gallusquelle deckt. Das Ein-
zugsgebiet der Wasserfallquelle ist dagegen noch unbekannt. Wahr-
scheinlich liegt es NO Veringendorf. 400 m talabwärts tritt am rechten
Talrand die zur Versorgung von Veringendorf und Benzingen gefaßte
Königsstraßenquelle aus (616 m NN, ki 3, QM 26 l/s). Ein Färbversuch
1962 SO Benzingen betraf die Königstraßenquelle (56 m/h), während
1957 Salz von NO Benzingen zu den Büttnauquellen abfloß. Villinger
1974 b, 1975.
Zwischen Veringenstadt und Jungnau, ebenso zwischen Bingen und der
Mündung in die Donau, lagerte die Lauchert *Kalktuff* ab.
Auf der linken Seite des Laucherttals liegt 1,5 km NNW Sigmaringen
der Rappenfelsen*. Auf einer nach Norden ziehenden Kluft ist die
Rappenfelsenhöhle angelegt (610 m NN, ti, EB 10,5 m, EH 5 m, L 25 7821
m). Links vom Eingang befindet sich eine kleine Kammer in 1,5 m 12
Höhe (B 2,5 m, H 2,5 m, L 2,5 m). Von der Decke hängt ein quader-
förmiger Felsblock. Der Hauptraum der Höhle (B 8–2 m, H 3 m, L 20
m) steigt etwas an und wird nach 13 m enger.
1,2 km N Bingen befindet sich unmittelbar am Sträßlein, das W am *Bu-* 7821
*senberg** vorbeiführt, eine kleine Höhle° (635 m NN, ti, EB 3,5 m, EH 2 08
m, L 9 m, B 1,2 m, H 0,8–1 m). Darin fand E. Engel um die Jahrhun-
dertwende ältere Scherben, jedoch keine Knochen. BlSAV 14, 1902.
Eine weitere, nicht näher bezeichnete *Höhle bei Bingen* erbrachte zur
gleichen Zeit Reste von Nashorn, Rentier und Wildpferd. BlSAV 13,
1901. Die von E. Peters 1939 und 1942 ausgegrabene *Kohltalhöhle* un-
terhalb von Hornstein ist aufgefüllt worden. Gefunden wurden Kultur-
reste aus dem Magdalénien, Knochen von Halsbandlemming, Schnee-
hasen, Fuchs und von der englischen Wühlmaus. FBer 11, 1950.
500 m SSW Hornstein mündet von Nordwesten das Kohltäle ins Lau-
cherttal. Ein *aufgeschnittener Schacht* fällt am Felsen auf der Nordseite
des Kohltäles auf. In 3 m Höhe geht der Schacht in eine horizontale
Druckröhre über, die am Ende verschüttet ist (620 m NN, ti, ED 0,8 m,
L 6,6 m).
Im Bittelschießer Täle kommt man 0,5 km S Hornstein an die *Bittel-* 7821
*schießer Höhle** (auf der Karte »Büttelschießer H.«; 610 m NN, ti, L 25 04
m, B 9 m, H 14 m – bis zum Ende des offenen Kamins). Die Höhlen-
sohle liegt fast im Niveau der Lauchert. Die Anlage an Klüften ist er-
kennbar, einzelne Korrosionsformen sind zu sehen. – In der Nähe be-
finden sich weitere kleine Höhlen. 100 m unterhalb des Stegs über die
Lauchert liegen rechts weitere Höhlen. Ein enger werdender, steiler
Gang führt in einer davon nach oben zum Felsen hinaus. Der vielfach
durchlöcherte Massenkalkfels zeigt deutliche Erosionsmarken.

Weitere 100 m talab kommt man nach einer Wegbiegung rechts zur
7821 *Helgahöhle* oder *Spiralhöhle,* die aus zwei Stockwerken besteht (620 m
05 NN, ti, L 73 m). Der untere, teilweise sehr niedrige Teil der Höhle (L 18 m) enthält kaum Sinterbildungen. Der obere Teil ist durch zwei Spiralgänge zu erreichen, deren Zugang links hinter dem Eingang ins untere Stockwerk liegt. Das obere Stockwerk besteht aus einem Kessel, der eine große Tagöffnung aufweist, und aus einem engen, doppelt abgewinkelten Gang (L 48 m), der Reste von in jüngster Zeit abgeschlagenen Tropfsteinen enthält. Der Gang verengt sich zu einem Kriechgang, der ins Freie führt. Mitt 20, 1974.

Zu einer interessanten Höhlenruine führt ein Weg vom Sträßlein Sigmaringen–Hornstein lauchertaufwärts, am Wald Frauenstock* entlang der Bahnlinie. Etwa 90 m oberhalb des Bahneinschnittes im rechten Winkel abbiegen, zwischen Felsen im Wald ist diese Ruine zu finden. Sie hat kleine Nischen, einen verwitterten Strudelkolk, eine herrliche Naturbrücke und hangaufwärts ein Trockenbachbett, das bei starker Schneeschmelze (Februar 1970) Wasser führt. Dann bildet sich unter der Naturbrücke ein tosender Wasserfall.

5. Nordostecke des Blatts

Im Wald Adernzopf 1,5 km N Emerfeld liegt 350 m NW der Kreuzung des Sträßleins von Emerfeld nach Ittenhausen mit dem Brandhau-
7821 Hauptweg* die Höhle *Adernzopf*° (770 m NN, ti, L 38 m, T 27 m, !).
07 Das Eingangsloch (D 3 m) ist eingeschrankt, weil die Wände senkrecht in 11,6 m Tiefe abfallen. Unten öffnet sich eine geräumige Halle (H 10 m, B 3–4 m, L 17 m, Neigung 45°), an deren Ende 1952 eine Fortsetzung mit zwei prächtigen Tropfsteinkammern folgte. Sie ist heute verschüttet. Sinterbildungen sind besonders an der rechten Wand der Halle zu finden. Am Anfang der Wandversinterung öffnet sich am Boden das Einstiegsloch zum Sinterschacht (T 6 m). Da die Höhle als Abdeckplatz für Tierkadaver verwendet wird, nimmt ihre Tiefe ständig ab. Früher soll sie 35 m betragen haben. 1796 soll sich die Bevölkerung von Emerfeld in dieser Höhle vor den Franzosen verborgen haben. 15 m Strickleitern erforderlich. Kontakte mit den Tierkadavern lassen sich vermeiden. Gründliche Reinigung der Ausrüstungsgegenstände! BlSAV 13, 1901; Mitt 22, 1976.

Beim Bau der Kläranlage in Inneringen stieß man 1962 auf eine
7821 Schachthöhle, die als *Kläranlagenschacht* bezeichnet wurde, weil der
13 Schacht anschließend gleich für die Ableitung der geklärten Abwässer benutzt wurde (800 m NN, ti, D 0,7–2,5 m, T 25 m). Beitr 7, 1975.

Unweit der Starkstromleitung 2 km SO Hochberg stößt man auf einen

Schacht, auf dessen Grund Bohnerz zu finden ist. Dies und die ganze 7821
Anlage des Schachtes deuten auf eine ehemalige Bohnerzgrube hin 11
(750 m NN, ti, B 6 m, L 15 m, T 12 m).

1976 wurde 2,5 km SO Veringenstadt ein Lehrpfad angelegt, der neben einer frühgeschichtlichen Siedlung und einer Station »Schwammriff« (mit geologischem Profil durch den südlichen Lauchertgraben) vor allem alle Einzelheiten des in diesem Raum bis 1877 betriebenen *Bohnerzabbaus* erläutert. Zillenbiller 1975. – Im Gebiet des Lehrpfads sind sieben Schächte anzutreffen (800–811 m NN, ki 3, T 6,5–8 m, !). Sie sind zwar zum Teil in der Zeit des Untertageabbaus ausgemauert worden, doch ist ihr Zustand so, daß vor dem Befahren gewarnt werden muß.

L 7922 Saulgau

Im Blattgebiet nimmt die Alb nur das nördlich der Donau gelegene Gebiet ein. Es ist mit Ausnahme der Nordwestecke von tertiären Schichten überlagert (Tautschbuch).

Am Nordrand des Blattes befinden sich im Dobelhau 1,4 km NNO Die-
7823 telhofen in den Pfohsanden der Oberen Süßwassermolasse die *Schwe-*
01 *denhöhlen** (630 m NN). Noch vor einem Menschenalter waren von den 12–15 Höhlen einige begehbar. Sie waren als rechtwinklige Gänge angelegt (L 10 m, jeder Teil L 5 m, B 3 m, H 2,5 m). Heute sind sie nahezu verschüttet (!), nur eine künstliche Eingangswölbung ist noch zu sehen. In Kriegszeiten wurden die Höhlen von den Einwohnern der umliegenden Ortschaften aufgesucht. Im Jahre 1620 sollen sie nachweisbar bewohnt gewesen sein. BlSAV 17, 1905. Vom Albvereinsweg Bussen–Obermarchtal zweigt ein beschilderter Weg (– blau) ab, der an den Höhlen vorbeiführt.

Die *Lourdesgrotte** 1 km W Uttenweiler in der Böschung der alten Straße wurde laut Inschrift 1882 gebaut. Es handelt sich um eine Kapelle, keine Höhle.

1,6 km WSW Wilfingen liegt im Buchenjungwald verborgen, aber an einigen Altbäumen von dem N vorbeiführenden Weg her zu erkennen, die *Teufelsgrube** (638 m NN, ti, D 15–20 m, T 18–20 m, !).

Im *Hohlen Felsen** bei Friedingen in der Nordwestecke des Blattes
7822 (2 km SW Friedingen) ist nur eine kleine Höhle, zuweilen auch *Heiden-*
01 *küche* beim Weiler Warmtal genannt (660 m NN, ti, L 4 m, B 5,3 m, H 1,3 m). In dieser Höhle sollen der Sage nach Menschen geopfert worden sein. Auch im Kalkofental* 2 km W Friedingen sind einige Höhlen dieser Größenordnung anzutreffen.

Die *Langewattequelle** 2 km WNW Langenenslingen (595 m NN, QM ca. 200 l/s, Pos 1a) ist schon gelegentlich versiegt.

Die *Biberquelle* entspringt bei der Oberen Mühle* bei Langenenslingen (570 m NN, QM ca. 450 l/s, QMin 80 l/s, QMax Pos 3c). Der Bach hat O Altheim *Kalktuff* abgelagert.

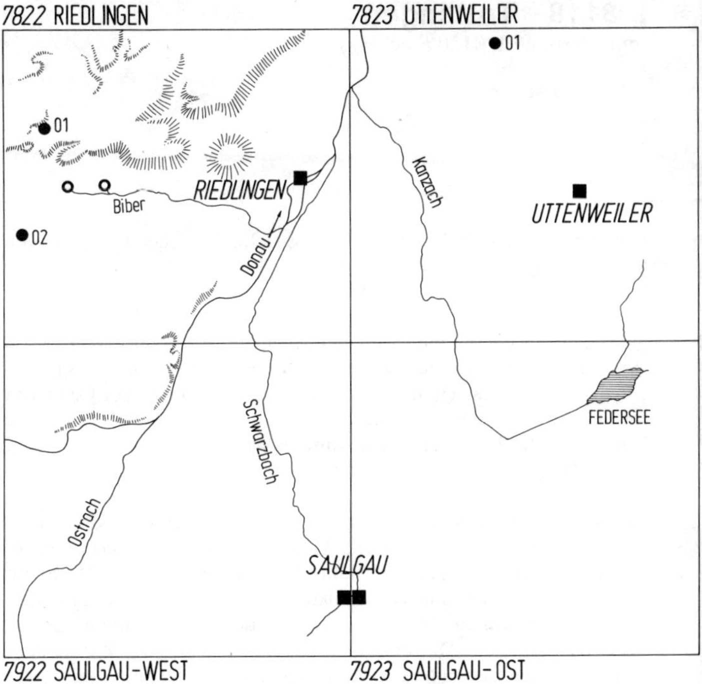

Blatt L 7922 Saulgau

L 8118 Tuttlingen
(mit Westrand L 8120 Stockach)

Die Donau, mit ihren Hauptversinkungsstellen zwischen Immendingen und Tuttlingen, durchfließt die Flächenalb in der Nordwestecke des Blattgebiets. Ungefähr in der Diagonale von Südwest nach Nordwest verläuft die Linie der größten Ausdehnung des rißeiszeitlichen Rheingletschers, die des würmeiszeitlichen Rheingletschers verläuft etwa von Beuren über Engen nach Schwandorf. Große Teile des Gebiets (westlich von Engen, zwischen Hattingen–Emmingen–Liptingen) sind von tertiären Ablagerungen bedeckt. Im Südwesten ragen zahlreiche Schlote des tertiären Hegauvulkanismus auf.

Die interessanteste Karsterscheinung des Blattgebiets stellt zweifellos die *Donauversinkung* dar. Zu ihr gehören die Versickerungsstellen bei Immendingen (652 m NN*) und Möhringen* und der *Aachtopf** als Wiederaustrittsstelle. Aus dem Jahre 1874 stammt die erste Nachricht über eine Vollversinkung. Die Zahl der Vollversinkungstage hat seither ständig zugenommen. Sie ist jedoch kein absolutes Maß für die versunkene Wassermenge. Der erste brauchbare Nachweis des Zusammenhangs zwischen Donau und Aach gelang A. Knop 1877 mit drei Versuchen (Schieferöl, Salz, Fluoreszein). Öl, Farbe und praktisch die gesamte Salzmenge trat in der Aachquelle (481 m NN, Pos 3a [1b?]) wieder aus (11,7 km, G 15 %, 195 m/h). Das Wasser versinkt in den Wohlgeschichteten Kalken des Weißen Juras (ox 2) und tritt in verschwammten liegenden Bankkalken des Weißen Juras (ti) wieder aus. Oberhalb der Versinkung beträgt die mittlere Wassermenge der Donau 20 000 l/s. Der Aachtopf schüttet im Mittel 8530 l/s (QMin 1310 l/s, QMax 24 100 l/s), wovon ein beträchtlicher Teil dem eigenen Einzugsgebiet der Quelle entstammt, das rund 240 qkm groß ist. Im Gebiet der Donauversinkung zwischen Immendingen und Fridingen wurden bis 1963 ein Dutzend weiterer Markierungsversuche unternommen. Im August 1969 wurde ein Großversuch mit 12 Markierungsstoffen gleichzeitig durchgeführt. Die Abflußverhältnisse des Gebiets dürfen seither weitgehend als geklärt gelten.
Aus der kurzen Durchflußzeit, der Temperaturkonstanz und aus der geringen Klärung des Wassers läßt sich schließen, daß es sich bei den

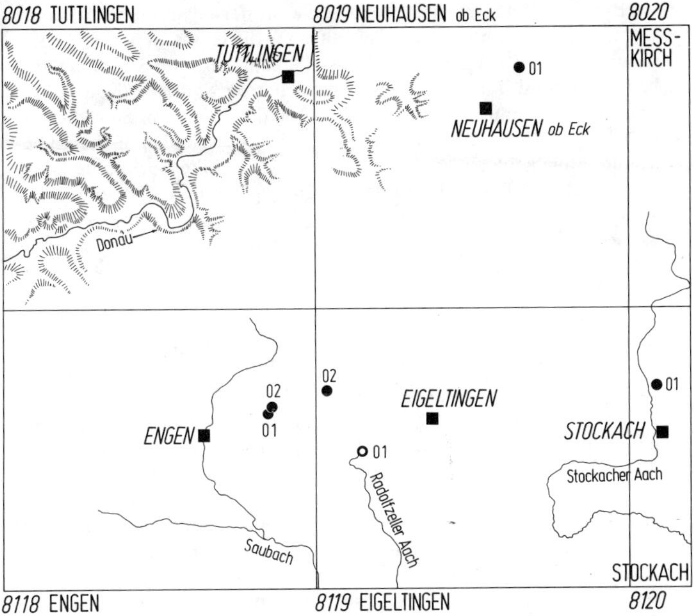

Blatt L 8118 Tuttlingen mit Westrand L 8120 Stockach

durchflossenen Hohlräumen nicht um ein Netz feiner Spalten, sondern um ausgebildete Abflußbahnen handeln muß. Das Fehlen einer hydrostatischen Druckwelle im unterirdischen Durchfluß und die zu vermutende von S her rückschreitende Höhlenentstehung in die ansteigenden Gesteinsschichten hinein machen die Existenz einer offenen Flußhöhle 8119
wahrscheinlich (schließlich muß pro Jahr mit der Lösung von ca. 3000 01
m^3 Kalk durch das durchfließende Donauwasser gerechnet werden, was einem Würfel von 10x10x30 m entspräche). – Zwischen 1962 und 1969 gelang es J. Hasenmayer vom Grund des Quelltopfs aus in einer großen, klammförmigen Unterwasserhöhle 300 und 400 m weit nach N vorzustoßen (d. h. bis etwa in die Gegend unter dem großen Erdfall im Wald Eggen°, Ges L 650 m). Die Tauchtiefen betrugen 12–18 m. 130 m

im Berg entdeckte er eine große Halle, in der er auftauchen konnte (»Strömungsbahnhof«). Das Eindringen in die Höhle ist nur bei Schüttungen unter 5500 l/s möglich. Engstellen mit stärkerer Strömung, trübes Wasser und Gangverzweigungen machen die Tauchabstiege gefährlich. – 1971 konnte J. Hasenmayer durch den Fund von Sinterbecken und Tropfsteinresten in 17 m Wassertiefe beweisen, daß die heute bekannte Tauchstrecke durch eine ehemals lufterfüllte Bachhöhle führte und der Aachtopf nur den Notausgang der gesuchten »Donauhöhlen« darstellt.

Diese Auffassung wird durch die Überlegungen zum Alter der Quelle gestützt. Bis zum Beginn des Pleistozäns entwässerte das ganze südliche Albgebiet nach N zur Donau. Im Mindel-Riß-Interglazial erfolgte die Ausräumung des Hegaubeckens. Es wurde durch den Rißgletscher wieder zugeschoben. Danach wurde im Riß-Würm-Interglazial die Tiefenerosion wieder aufgenommen. Eine Tiefenrinne läßt sich bis Volkertshausen S von Aach verfolgen. Die unterirdische Entwässerung hat sich auf dieses Niveau eingestellt (Basis 410 m NN = 40 m unter Gelände, 70 m unter dem Aachtopfspiegel). Der Würmgletscher deckte das Gebiet bis an den S Albrand ein letztes Mal zu. Von den Schmelzwasserströmen am Gletschernordrand wurden dann neue Rinnen eingetieft, auf die sich die Abflüsse einstellen konnten. Eine dieser Schmelzwasserrinnen ist das Trockental zwischen Eigeltingen und Aach, das die B 31 benützt. Über die Datierung der Schmelzwasserrinne kann auch das Alter der Aachquelle mit ca. 16 000 Jahren angegeben werden. Es ist zu vermuten, daß durch das Eintiefen der Schmelzwasserrinne ein weiter nach S führendes Abflußsystem angeschnitten worden ist. Beobachtungen beim kombinierten Markierungsversuch 1969 und die Beobachtung, die an der Nebenquelle 5 m W Aachtopf in Zeiten minimaler Schüttung (z. B. Okt. 1971) gemacht werden kann, daß nämlich diese Quelle zur Schwinde wird, deren Wasser an keiner der Aachtopfquellen wieder austritt (Färbung 1964), stützen die Vermutung. – Leider gibt es bis jetzt keine Anhaltspunkte für die Datierung des Beginns der Donauversickerung.

Neben dem Aachtopf gibt es in den Uferbereichen, aber auch im Fluß bis hinab zur Straßenbrücke, weitere 11 kleine Quellen. Etwa 70 m O Aachtopf befindet sich eine etwas höher gelegene, heute trockene Quellnische, die noch im vorigen Jahrhundert zeitweilig geschüttet haben soll. – Die kleine Höhle unmittelbar über dem Wasserspiegel des
8119 Aachtopfs heißt *Sarahloch.* Käß 1965, 1969, 1970; Mitt 9, 1963; 14,
03 1968; 16, 1970; 18, 1972; Villinger 1969; Batsche u. a. 1970; Hasenmayer 1972; Hötzl & Huber 1972; KlSchr 11, 1971.

Die lange Dauer der Vollversinkung (bis zu 300 Tage im Jahr) wirkte sich in den letzten Jahren und Jahrzehnten für die Städte Möhringen und Tuttlingen immer unangenehmer aus, weil die Vorflut für die Abwasserbeseitigung fehlte. Gegen die völlige Abdichtung des Donaubetts wehrten sich verständlicherweise die Unternehmen und Gemeinden, die auf die Wasserkraft der Aach angewiesen sind. Der sich durch Jahrzehnte hinziehende Streit der beiden Interessengruppen fand 1963 mit der Bekanntgabe eines von beiden Seiten gutgeheißenen Plans ein Ende. In einem fast 2 km langen Stollen durch den Möhringer Berg wird seit 1970 das Wasser zeitweise an den Versinkungsstellen zwischen Immendingen und Möhringen vorbeigeleitet. Auch beim Kraftwerk Fridingen (Bl. Spaichingen) ist eine Umleitung vorgesehen. Unterhalb von Fridingen soll dann das Wasser so gestaut werden, daß die dortigen Versinkungsstellen das ganze Jahr über gespeist werden. Käß 1974; Lochmüller 1974.

Ein größerer *Erdfall* liegt 0,5 km N Aachtopf im Wald Eggen* (549 m NN, L 200 m, T 20 m).

Eine weitere bedeutende Doline ist das *Hattinger Loch** 1,2 km W Hattinger Tunnel (750 m NN, U 200 m, T 10 m). Dicht dabei liegt das *Michelsloch** das leider als Schuttabladeplatz verwendet wird (400 m O, T 6 m), und das *Gefallene Loch** (1,5 km NNO, T 10 m).

Der entlang der B 14 eingetragene Name *Seltenbach** bezeichnet eine Wildwasserrinne. Sie ist von der Stadtgrenze an eingedolt. Beim Haus Stockacher Str. 63 schluckt eine seit 1771 genannte Doline alles Wasser (nicht mehr sichtbar). 1953 gab es die letzte Überschwemmung. 1954 wurde beim Brenntenbühl ein Rückhaltebecken angelegt. Streng 1961.

Nur wenig N der Endmoräne der Würmeiszeit liegen im Brudertal und
im Wasserburger Tal bei Engen drei kleine Höhlen. Die erste ist die *Pe-* 8118
tershöhle (nach dem Ausgräber benannt), hart S P. 532 (535 m NN, ti, L 02
10 m, B 6 m, H 6 m). Man verläßt die von Engen nach Aach führende B 31 nach der Autobahn auf dem Feldweg, der links ins Tal abgeht und unmittelbar zur Höhle führt. E. Peters fand 1927 bei seiner Grabung Reste von Wildpferden, Rentieren, Eisfüchsen, Schneehasen und Schneehühnern, dazu zahlreiche Werkzeuge aus dem Magdalénien. Bemerkenswert sind gravierte Knochenstäbe, Elfenbeinscheibchen mit Verzierungen und zwei als Frauenfiguren gedeutete Plastiken aus Gagat. Die Funde werden in den Museen in Donaueschingen, Engen und Freiburg verwahrt. Das Höhlendach wurde durch Zementriegel wieder gefestigt. An den Wänden sind die Grabungsschichten angezeichnet. Die Petershöhle gehört zu den bedeutendsten Fundstellen des Magdalénien in der Bundesrepublik Deutschland. Peters 1930; Mauser 1970; Albrecht 1974; Albrecht u. a. 1976.

Den 250 m talab auf der linken Talseite gelegenen *Hohlen Felsen* (538 8118
m NN, ti, EB 2,8 m, EH 2 m, L 37 m) hat zuerst E. Peters untersucht 01
und teilweise ausgeräumt. Weil keine Funde gemacht wurden, stellte er

die Grabung ein. In den 30er Jahren wurden dann Tongefäße der Glockenbecherkultur gefunden, die im Heimatmuseum Engen gezeigt werden. Die Profile der Höhle lassen auf eine ehemalige Flußhöhle schließen, deren Gefälle bergeinwärts geht. Sandsteingerölle, die neben Frostbruchschutt zu finden sind, könnten vom Gletscher der Würmeiszeit in die Gegend verfrachtet und von Schmelzwässern eingeschwemmt worden sein. Mitt 22, 1976.

Von der B 31, das kleine Sträßlein entlang ins Wasserburger Tal*, liegt nach 2 km links der Große Felsen*. Nach den eigenartigen Felssäulen
8119 heißt er seit der Grabung, die Peters 1927/28 durchführte, der *Bild-*
02 *stockfels*. Er enthält vier kleine Höhlen, die Knochen und Steinwerkzeuge gleichen Alters wie in der Petershöhle bargen. Die Grabungsprofile sind noch sichtbar. Peters 1930.

8019 Die *Felsenstube** 2 km NO Neuhausen o. E. ist unbedeutend (700 m
01 NN, ti).

2 km hart NNW Stockach, 500 m WNW Berlingerhof, liegen im W
8120 Steilabfall des Heidenbühls die *Heidenlöcher* oder *Heidenhöhlen von*
01 *Zizenhausen* (600 m NN, Sandfels der Leistensande der Oberen Meeresmolasse). 1876 wurden sieben untere und fünf nur über Leitern erreichbare obere Höhlen erwähnt, 1912 waren es fünf untere, drei obere und zwei Nischenhöhlen. 1962 wurden von H. Wagner folgende Maße genannt: 1. Höhle: EB 4,9 m, EH 2,2 m, L 3,2 m; 2. Höhle: EB 4,1 m, EH 2,3 m, L 6,0 m; 3. Höhle: EB 6,0 m, EH 2,3 m, L 6,1 m; 4. Höhle: EB 4,5 m, EH 2,5 m, L 4,1 m; 5. Höhle: EB 7,2 m, EH 2,5 m, L 5,5 m. Zwischen 2. und 3. Höhle klaffen zwei Nischen 4,0x3,4x2.0 m und 4,0x2,5x3,0 m. Von der 1. Höhle geht ein niedriger, 1,6 m breiter, 12,0 m langer Gang und mündet in ein Rondell (H 2,5 m, D 4,2 m), 1. Höhle somit Gesamtlänge 19,4 m. Vom Rondell zweigt zur 2. Höhle ein weiterer Gang ab, aus dessen Wänden eine Anzahl breiter Vorsprünge ausgehauen sind. Der Volksmund bezeichnet diesen Teil einschließlich der 2. Höhle als Keller und die Vorsprünge als frühere Faßlager; ehedem soll hier bei besonderen Anlässen auch gewirtet worden sein. – Als Verbindung zwischen der 3. und 4. Höhle öffnet sich in der felsigen Trennwand eine Lücke (B 1 m, H 2 m). Die 4. Höhle heißt bei der Bevölkerung die »Küche«, die 5., rauchgeschwärzt und hochgewölbt, die Hafnerhöhle; in ihr wurden Reste ungebrannter Tongeschirre gefunden. – In allen Höhlen sind teils Sitzplätze ausgehauen, teils Wandauskerbungen, die zur Aufbewahrung von Waffen und Gerätschaften gedient haben mögen.

Die Felsenlöcher der oberen Gruppe haben geringe Tiefen, die beiden Nischen nur 2,0 und 3,1 m, die drei Höhlen, von denen eine besonders schwer zu erreichen ist, zwischen 3,5 und 4,2 m.

In den Heidenhöhlen wurden um 1800 römische Münzen aus der Zeit der Kaiser Titus Aurelius (138–161) und Marcus Aurelius (161–180 n. Chr.) gefunden. Erb 1961; Wagner 1962.

L 8318 Singen

Nur im Westen des Blattgebiets, bei Thayngen, steht Jura an. Im übrigen Blattgebiet sind würmeiszeitliche oder tertiäre Ablagerungen anzutreffen. Die Hegauvulkane bestimmen das Bild der Landschaft.

19- Im Kanton Schaffhausen in der Schweiz liegt W Thayngen das *Keßler-*
3007 *loch*° (440 m NN, ti, EB 12,5 m, L 18,5 m). Man findet es vom Zementwerk Thayngen aus oder von der Straße nach Bibern, die von der Straße Schaffhausen–Thayngen abzweigt (kleiner Parkplatz mit Hinweisschild in der Kurve). Die Höhle liegt noch in dem Gebiet, das in der Würmeiszeit vom Rheingletscher bedeckt war. 1873 stieß K. Merk bei Ausgrabungen auf Steinwerkzeuge aus dem Magdalénien, außerdem auf einen aus Mammutelfenbein geschnitzten Kopf eines Moschusochsen und auf die Ritzzeichnung eines äsenden Rentiers auf einem Knochenstück. Weitere Grabungen in den 20er Jahren dieses Jahrhunderts erbrachten u. a. Reste von 500 Rentieren, etwa 1000 Schneehasen und vielen Schneehühnern. Im Museum Allerheiligen in Schaffhausen versucht ein Diorama in natürlicher Größe eine Vorstellung vom Leben der Rentierjäger zu geben. Merk 1875; Nüesch 1902; Heierli 1907; Guyan 1963.

80 m N Keßlerloch befindet sich in der gleichen Felswand hinter den Gebäuden der Zementfabrik eine an der Basis erweiterte senkrechte
19- Spalte, die *Neue Höhle* (440 m NN). K. Sulzberger grub darin 1928 und
3008 stieß dabei auf eine Feuerstelle und zahlreiche Artefakte aus dem Magdalénien. Vetterli 1965, 1972; Bandi 1947.

100 m SO Keßlerloch, 5 m rechts der ins Fabrikgelände führenden Straße, liegt am Fuße einer Felswand auf der Nordseite des Finster-
19- walds die *Höhle Finsterwald* (435 m NN, ti, EB 1 m, EH 1,1 m, L 19 m).
3166 Vetterli 1965, 1972.

Im Fulachtal, 500 m SW Keßlerloch, 40 m N Straße Thayngen–Herb-
19- lingen und von dieser aus weithin sichtbar, öffnet sich die Höhle *Vorder*
3006 *Eichen* (440 m NN, ti, EB 1,5 m, EH 1,5 m, L 5,5 m). K. und H. Sulz-

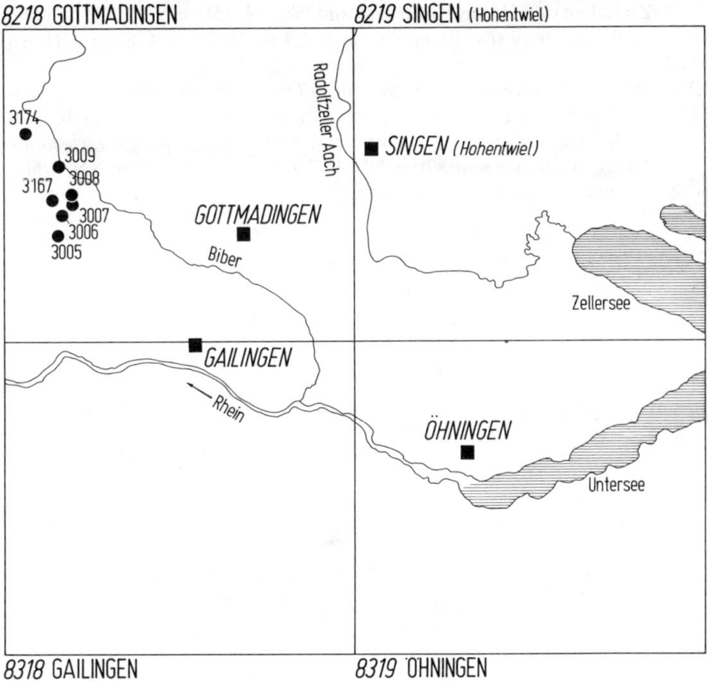

Blatt L 8318 Singen

berger entdeckten darin zahlreiche Artefakte aus dem Magdalénien. Bemerkenswert sind einige bearbeitete Gagatstücke, jenen aus dem Petersfels und dem Keßlerloch vergleichbar. Vetterli 1965, 1972; Bandi 1947.

Im selben Tal, 1,2 km SSW Keßlerloch auf der linken Seite der Fulach,
liegt das Felsdach *Untere Bsetzi* (430 m NN, ti, EH 6 m, L 2 m). Das 19-
Felsdach wurde im Zusammenhang mit der Grabung Vorder Eichen 3005
1914 von K. und H. Sulzberger untersucht und 1915 ausgegraben. Eine Nachgrabung nahm K. Sulzberger 1920 vor. Auch hier wurden Artefakte aus dem Magdalénien gefunden. Eine von Kulturresten freie Basisschicht enthielt eine typische Kaltzeitfauna. Vetterli 1965, 1972; Bandi 1947.

Zwischen den Höfen Hinterbild und Wippel, 150 m N P. 508, liegt die
19- *Höhle bei Wippel* (495 m NN, ti, B 3,7 m, H 2,5 m, L 8 m). Vetterli
3167 1972.

19- 1,2 km N Lohn ist die *Tüfelschuchi-Höhle* bei Opfertshofen anzutreffen
3174 (638 m NN, ti, L 11,5 m). Zwischen ihr und Thayngen, 1,8 km SO, befinden sich unterhalb des Aussichtspunkts die beiden *Cherzenstübli-*
19- *Höhlen* (*Tüfelschuchi* 570 m NN, ki 2; *Cherzenstübli* 540 m NN, prähi-
3009 storische Funde). Vetterli 1972.

Schrifttumsverzeichnis

Aufsätze in Zeitschriften und Reihen sind häufig nur unter Angabe der Zeitschrift zitiert. Folgende Abkürzungen wurden verwendet:

Abh	= Abhandlungen zur Karst- und Höhlenkunde
ArAusgr	= Archäologische Ausgrabungen – Bodendenkmalpflege in den Reg.-Bez. Stuttgart und Tübingen
Bad FBer	= Badische Fundberichte
Beitr	= Beiträge zur Höhlen- und Karstkunde in Südwestdeutschland
BlSAV	= Blätter des Schwäbischen Albvereins
FBer	= Fundberichte aus Schwaben
FBer BW	= Fundberichte aus Baden-Württemberg
Hohenz Jh	= Hohenzollerische Jahreshefte
Höhle	= Die Höhle
Jh	= Jahreshefte für Karst- und Höhlenkunde
KB	= Kreisbeschreibung
KlSchr	= Kleine Schriften zur Karst- und Höhlenkunde
Kd BW	= Kulturdenkmale in Baden-Württemberg, Kleine Führer
LHF	= Laichinger Höhlenfund
Mitt	= Mitteilungen des Verbandes der Deutschen Höhlen- und Karstforscher
OAB	= Oberamtsbeschreibung
SW	= Schwabenwerk-Taschenbuch

Albrecht, G.: Neue Untersuchungen am Petersfels bei Engen im Hegau. – Archäol. Korrespondenzbl. 4, Mainz 1974.

Albrecht, G., J. Hahn, W. v. Koenigswald, H. Müller-Beck, W. Taute & W. Wille: Die klimatische Veränderung des terrestrischen Lebensraumes und ihre Rückwirkung auf den Menschen. – Zbl. Geol. Paläont. Teil II, H. 5/6, Stuttgart 1976.

Bandi, H.-G.: Die Schweiz zur Rentierzeit, Frauenfeld 1947.

Batsche, H. u. a.: Kombinierte Karstwasseruntersuchungen im Gebiet der Donauversickerung (Baden-Württemberg) in den Jahren 1967–69. – Steir. Beitr. z. Hydrogeologie, Jg. 1970, Graz 1970.
Bauer, E. W.: Vom Wasser der Falkensteiner Höhle. – Die Natur 69, Schwäbisch Hall 1961.
–: Ein Beitrag zur Kenntnis der Bauerloch-Höhle bei Neuffen. – Jh. geol. Landesamt Baden-Württemberg 7, Freiburg 1965.
–: Höhlen – Welt ohne Sonne, Wien–Esslingen–Stuttgart 1971.
Baumeister, W.: Die Schertelshöhle bei Westerheim (Schwäbische Alb), Ludwigsburg o. J.
Baur, O., Frank, H. u. a.: 70 Jahre Laichinger Tiefenhöhle, Laichingen 1962.
Binder, H.: Niederschlag, Abfluß und Verdunstung im Gebiet des Blautopfs in den 35 Abflußjahren von 1925 bis 1959. – Jber. Mitt. oberrh. geol. Ver. NF 42, Stuttgart 1960.
–: Die Bedeutung der Lone und ihres Tals für den Menschen. – Mitt. Ver. Naturwiss. u. Mathem. Ulm 26, 1961.
–: Namen und Sagen von Höhlen der Schwäbischen Alb. – Die Schulwarte 22, Stuttgart 1969.
–: Ein kleines Kapitel zum Thema »Höhlennamen und Höhlensagen«. – BlSAV 78, Stuttgart 1972.
–: David Friedrich Weinland. – Lebensbilder aus Schwaben und Franken 13, Stuttgart 1977 (im Druck).
Binder, H. & K. E. Bleich: Schauhöhlen in Deutschland. – Stuttgart o. J. (1969) = SW-Taschenbuch 33.
Binder, J.: Geognostischer Führer durch die Schwäbische Alb, Ebingen 1910.
Birkner, F.: Untersuchung paläolithischer Wohnstätten im Ries im Jahr 1913. – Jb. Hist. Ver. Nördlingen u. Umgeb. 3, Nördlingen 1914.
Bittel, K.: Bemerkungen zu der von Heinrich Schickardt geplanten und von Johannes Kretzmaier ausgeführten Wasserleitung von der Brunnenmühle zum Schloß Hellenstein. – in: 75 Jahre Heimat- und Altertumsverein Heidenheim 1901–1976, Heidenheim 1976.
Bleich, K. E.: Das Alter des Albtraufs. – Jh. Ver. vaterl. Naturkunde Württemberg 115, Stuttgart 1960.
–: Zur Altersfrage der Verkarstung und ihrer Phänomene. – Jh. Karst- u. Höhlenkunde 6, München 1965.
Bögli, A.: Beitrag zur Entstehung von Karsthöhlen. – Die Höhle 14, Wien 1963.
–: Inkasion. – Laichinger Höhlenfreund 4, Laichingen 1969.
–: Das Hölloch und sein Karst, Neuchâtel 1970.
Bögli, A. & H. W. Franke: Leuchtende Finsternis, Bern 1965.
Bühler, K. H.: Heidenheim im Mittelalter. – Veröff. d. Stadtarchivs

Heidenheim a. d. Br. 1, Heidenheim 1975.
Dehm, R.: Mitteldiluviale Kalktuffe und ihre Molluskenfauna bei Schmiechen nahe Blaubeuren. – N. Jb. Geol. Paläont., Abh. 93, Stuttgart 1951.
Dehn, W. & E. Sangmeister: Die Steinzeit im Ries. – Materialhefte z. bayer. Vorgeschichte 3, Kallmünz 1954.
Dittrich, G.: Wasserschwinden in der südlichen Alb und ihrem Vorlande. – Schwäb. Heimat 7, Stuttgart 1956.
Dobat, K.: Die Pflanzen- und Tierwelt der Charlottenhöhle. – Abh. Karst- u. Höhlenkunde, Reihe A, H. 3, München 1968, 2. Aufl. 1974.
–: Die Pflanzenwelt der Nebelhöhle. – Abh. Karst- u. Höhlenkunde, Reihe A, H. 4, München 1969(a), 2. Aufl. 1973, 3. Aufl. 1976.
–: Ein biologischer Lehrgang durch die Schauhöhlen der Schwäbischen Alb. – Die Schulwarte 22, Stuttgart 1969(b).
Dongus, H.: Alte Landoberflächen der Ostalb. – Forsch. dt. Landeskde. 134, Bad Godesberg 1962.
–: Die Oberflächenformen der westlichen Mittleren Alb. – Abh. Karst- u. Höhlenkunde, Reihe A, H. 8, München 1973.
–: Die Oberflächenformen der Schwäbischen Ostalb. – Abh. Karst- u. Höhlenkunde, Reihe A, H. 11, München 1974.
Erb, L.: Über den Mechanismus der Donauversickerung und der Aachquelle. – Mitt. bad. Landesver. Naturkde. u. Naturschutz NF 5, Freiburg 1952.
Frank, H.: Dunkle Portale, Laichingen 1966.
–: Kleiner Führer durch die Sontheimer Höhle, Sontheim o. J.
Franke, H. W. & M. A. Geyh: Neue Radiokohlenstoffdaten von Höhlensinter aus fränkischen Höhlen. – Geol. Bl. NO Bayern 19, Erlangen 1969.
Franke, H. W.: Geheimnisvolle Höhlenwelt, Stuttgart 1974.
Freund, G.: Die ältere und mittlere Steinzeit in Bayern. – Jber. Bayer. Bodendenkmalpflege 4, München 1963.
Frickhinger, E.: Das Himmelreich mit den Ofnethöhlen. – Schwabenland 1939.
Friese, H.: Die Karsthohlformen der Schwäbischen Alb. – Stuttg. Geogr. Studien, Reihe A, Stuttgart 1933.
Geyer, O. F., M. P. Gwinner: Der Schwäbische Jura. – (Slg. Geol. Führer 40), Berlin 1962.
Groschopf, P.: Einführung in die Karstprobleme der mittleren Schwäbischen Alb. – Jh. Karst- u. Höhlenkunde 4, München 1963.
–: Geologie der Karstquellen im Gebiet um Geislingen und Weißenstein (Landkreis Göppingen). – Jh. Karst- u. Höhlenkunde 6, München 1965.

–: Das Karstwasser der Schwäbischen Alb und seine Nutzung. – Die Schulwarte 22, Stuttgart 1969(a).
–: Karsthydrographische Probleme der Schwäbischen Alb. – Abh. V. IKS Stuttgart 1969, Bd. 5, München 1969(b).
–: Markierungsversuche und karsthydrologische Forschungen auf der östlichen Schwäbischen Alb. – Geol. Jb., C 2, Hannover 1972(a).
–: Geologischer Bau. – Der Stadt- und der Landkreis Ulm, Ulm 1972(b).
Grüninger, W.: Rezente Kalktuffbildung im Bereich der Uracher Wasserfälle. – Abh. Karst- u. Höhlenkunde, Reihe E, H. 2, München 1965.
Guyan, W. U.: Die Urzeit von Thayngen. – In: Geschichte von Thayngen, Thayngen 1963.
Gwinner, M. P.: Die Geologie des Blattes Urach (7522) 1:25000 (Schwäbische Alb) – Arb. Geol. Paläont. Inst. TH Stuttgart NF 24, Stuttgart 1959.
–: Geologische Karten der Schwäbischen Alb. – BlSAV 83, Stuttgart 1977.
Hahn, J.: Ausgrabung eines spätpaläolithischen Rastplatzes in der Spitzbubenhöhle, Gem. Herbrechtingen-Eselsburg, Kreis Heidenheim (Baden-Württemberg). Archäologische Informationen 2, Tübingen 1973.
Hahn, J., H. Müller-Beck & W. Taute: Eiszeithöhlen im Lonetal. Archäologie einer Landschaft auf der Schwäbischen Alb. Führer zu vor- und frühgeschichtlichen Denkmälern in Württemberg und Hohenzollern 3, Stuttgart 1973.
Hahn, J., W. v. Koenigswald, E. Wagner & W. Wille: Das Geißenklösterle bei Blaubeuren (Alb-Donau-Kreis) – eine altsteinzeitliche Höhlenstation der Mittleren Alb. – FBer BW 3, 1976.
Hahn, W.: Erläuterungen zu Blatt 7920 Leibertingen. – Geol. Karte v. Baden-Württemberg 1:25000, Stuttgart 1968.
Heierli, J.: Das Kesslerloch bei Thayngen. – Schweizer Ges. Altertumskunde 1907.
Henzler, G.: Der Kalktuff im Wiesaztal (Schwäbische Alb). – Mitt. Verb. dt. Höhlen- u. Karstforscher 20, München 1974.
Hötzl, H. & W. Huber: Über die Hydrogeologie und wasserwirtschaftliche Nutzung der Aachquelle (Baden-Württemberg, BRD). – Geol. Jb., C 2, Hannover 1972.
Ilming, H., Stammer, G. & Trimmel, H.: Die Höhlenführerprüfung in Österreich. Lehrstoffübersicht. – Wiss. Bh. Die Höhle 25, Wien 1976.
Käß, W.: Erfahrungen bei Färbungen mit Uranin. – Steir. Beiträge zur Hydrogeologie, Jg. 1965, Graz 1965.

–: Die Donauversickerung bei Immendingen und Fridingen. – Mitt. Württ. Wasserwirtschaftsverband, Stuttgart 1974.
Kasper, A.: Kunstwanderungen kreuz und quer der Donau, Schussenried 1964.
Keller, F.: Rosensteins Urgeschichte, Heubach 1921, 2. Aufl. 1933.
Kettenmann, J.: Sagen im Kreis Göppingen. – Veröff. Kreisarchiv Göppingen 2, Weißenhorn 1975.
König, C.: Fledermäuse unserer Höhlen. – Die Schulwarte 22, Stuttgart 1969.
Koenigswald, W. von: Der Faunenwandel an der Pleistozän-Holozän-Grenze in der steinzeitlichen Schichtenfolge vom Zigeunerfels bei Sigmaringen (Vorbericht). Archäologische Informationen 1, Tübingen 1972.
Koenigswald, W. von & W. Taute: Faunistische und kulturelle Veränderungen an der Pleistozän-Holozän-Grenze in Süddeutschland. Nachrichten der deutschen Geologischen Gesellschaft 1974.
Král, Z.: Study of the Origin and Colouring of Dripstone. – Československý Kras 23, Praha 1972.
Kromer, M.: Wasser in jedwedes Bürgers Haus, Frankfurt–Berlin 1962.
Kyrle, G.: Theoretische Speläologie, Wien 1923.
Landeswasserversorgung, Die Staatliche, Stuttgart 1955.
Landeswasserversorgung, 50 Jahre LW 1917–1967, Stuttgart 1967.
Lehmann, H.: Die Karstlandschaften der Erde in vergleichender Sicht. – Mitt. Verb. dt. Höhlen- u. Karstforscher 13, München 1967.
Lillich, W.: Die Geologie der Blätter Mehrstetten und Schelklingen (Nr. 7623 und Nr. 7624) 1:25000 (Schwäbische Alb). – Arb. Geol. Paläont. Inst. TH Stuttgart NF 34, Stuttgart 1962.
Lochmüller, U.: Die wasserwirtschaftlichen Probleme der Donauversickerung. – Mitt. Württ. Wasserwirtschaftsverband, Stuttgart 1974.
Mall, W.: Die Geologie der Blätter Dettingen am Albuch und Giengen an der Brenz 1:25000 (Schwäbische Alb). – Arb. Geol. Paläont. Inst. TH Stuttgart NF 54, Stuttgart 1968.
Mauser, P. Fl.: Die jungpaläolithische Höhlenstation Petersfels im Hegau (Gemarkung Bittelbrunn, Ldkrs. Konstanz). – Bad. Fundberichte, Sonderheft 13, 1970.
Meck, K. K.: Chronik von Heidenheim, 1. Teil. – Heidenheim 1904.
Meier, E.: Deutsche Sagen, Sitten und Gebräuche aus Schwaben, Stuttgart 1852.
Merk, K.: Die Höhlenfunde im Kesslerloch bei Thayngen, Kt. Schaffhausen, Zürich 1875.
Narr, K. J.: Die Altsteinzeitfunde aus dem Hohlenstein bei Nördlingen. – Bayer. Vorgeschichtsblätter 30, München 1965.

Nüesch, J.: Neue Grabungen und Funde im Kesslerloch bei Thayngen, Kt. Schaffhausen 1902. – Anz. schweizer Altertumskunde Jg. 1900.
Paret, O.: Württemberg in vor- und frühgeschichtlicher Zeit, Stuttgart 1961.
Pechhold, E.: Wie entstehen Knöpfchensinter? – Die Höhle 27, Wien 1976.
Peters, E.: Die altsteinzeitliche Kulturstätte Petersfels, Augsburg 1930.
Prinz, H.: Die Geologie des unteren Großen Lautertales und des angrenzenden Donaugebietes. Blatt Munderkingen (Nr. 7723) 1:25000. – Arb. Geol. Paläont. Inst. TH Stuttgart NF 19, Stuttgart 1959.
Rehm, M. & K. Becker: Hundert Jahre Albwasserversorgung 1870–1970, Stuttgart 1970.
Reinboth, F. & F. Göbel: Bemerkungen zum Excentriquesproblem. – Die Höhle 26, Wien 1975.
Riek, G.: Kulturbilder aus der Altsteinzeit Württembergs, Tübingen 1935.
–: Die Eiszeitjägerstation am Vogelherd im Lonetal, Bd. I, Tübingen 1934.
–: Das Paläolithikum der Brillenhöhle bei Blaubeuren (Schwäbische Alb). – Forsch. z. Vor- u. Frühgesch. i. Baden-Württemberg 4, I und II, Stuttgart 1973.
Riek, G. & F. Heller: Drei jungpaläolithische Stationen am Bruckersberg in Giengen an der Brenz. – Veröff. Staatl. Amt Denkmalpflege Stgt., Reihe A, H. 2, Stuttgart 1957.
Schädel, K., W. Hiller, G. Schulz & F. Wacker: Erläuterungen zur Geol. Übersichtskarte 1:100000, Kreis Balingen, Freiburg 1960.
Schmid, K.-H.: Abbau und Verwendung von Kalktuff im Echaztal. – Abh. Karst- u. Höhlenkunde, Reihe A, H. 7, München 1972.
Schmidt, R. R.: Die diluviale Vorzeit Deutschlands, Stuttgart 1912.
Schray, F. & H. Streng: Vom Naturdenkmal Kolbinger Höhle. – Tuttlinger Heimatblätter 1968, Tuttlingen 1968.
Schreiner, A.: Erläuterungen zur Geologischen Karte des Landkreises Konstanz mit Umgebung 1:50000, 2. Ges. Aufl., Freiburg 1974.
Schulz, G.: Färb- und Salzungsversuche an unterirdischen Wässern in Südwestdeutschland. – Jh. geol. Landesamt Baden-Württemberg 2, 1957.
Schüz, E.: Der Geierstein in der Schwäbischen Alb als einstige Lebensstätte des Weißkopfgeiers (Gyps fulvus). – Jh. Ver. vaterl. Naturkde. Württemberg 118/119, Stuttgart 1964.
Schwab, G.: Die Neckarseite der Schwäbischen Alb, Stuttgart 1823, Neudruck Tübingen 1960.
Schwenkel, H.: Uracher Heimatbuch, Urach 1933, Neudruck 1976.

Seewald, Chr.: Archäologischer Fundkatalog. – Der Stadt- und der Landkreis Ulm, Amtl. Kreisbeschreibung, Stuttgart 1972.
Sihler, H.: Blautopf und Karsthydrographie. – Jh. Ver. vaterl. Naturkde. Württemberg 85, Stuttgart 1929.
–: Der Blautopf. – Blaubeurer Heimatbuch, Blaubeuren 1950.
Spöcker, R. G.: Karstmorphologische Untersuchungen im Laubensteingebiet. – Jh. Karst- u. Höhlenkunde 3, München 1962.
Stirn, A.: Kalktuffvorkommen und Kalktufftypen der Schwäbischen Alb. – Abh. Karst- u. Höhlenkunde, Reihe E, H. 1, München 1964.
Strayle, G.: Untersuchungen zum Karstwasserhaushalt der Schwäbischen Alb. – Abh. V. IKS Stuttgart 1969, Bd. 5, München 1969.
–: Karsthydrologische Untersuchungen auf der Ebinger Alb (Schwäbischer Jura). – Jh. geol. Landesamt Baden-Württemberg 12, Freiburg 1970.
Strayle, G. & E. Villinger: Der gegenwärtige Stand der karsthydrologischen Untersuchungen auf der Schwäbischen Alb. – BlSAV 82, 1976.
Streng, H.: 125 Jahre Stockacher Straße ohne Seltenbach. – Tuttlinger Heimatblätter NF 19–21, Tuttlingen 1961.
Taute, W.: Urgeschichtliche Kulturreste in Höhlen und unter Felsdächern der Schwäbischen Alb. – V. Int. Kongr. Speläologie Stuttgart 1969, Exkursionen, München 1969.
–: Das Felsdach Lautereck, eine mesolithisch-neolithisch-bronzezeitliche Stratigraphie an der oberen Donau. Palaeohistoria 12, Groningen 1967.
–: Funde aus der Steinzeit in der Jägerhaus-Höhle bei Bronnen – Fridingen – Lebenskreise einer Stadt an der oberen Donau. Thorbecke Bilderbücher, Sigmaringen 1972 (a).
–: Die spätpaläolithisch-mesolithische Schichtenfolge im Zigeunerfels bei Sigmaringen (Vorbericht). Archäologische Informationen 1, Tübingen 1972 (b).
–: Neue Forschungen zur Chronologie von Spätpaläolithikum und Mesolithikum in Süddeutschland. Archäologische Informationen 2, Tübingen 1973.
Trautwein, S.: Aufbau und Geschichte der Landschaft um Heidenheim. – Heidenheimer Heimatbuch, Bd. I, Heidenheim 1938.
Trimmel, H.: Höhlenkunde, Braunschweig 1968.
Trinkwasser aus der Donau, Zweckverband Landeswasserversorgung, Stuttgart 1973.
Vetterli, A.: Die Höhlen des Kantons Schaffhausen, Winterthur 1965.
–: Höhlenkataster der Schweiz – Region Nordostschweiz, Teil I Schaffhausen–Thurgau–Zürich. – Stalactite 22, Nr. 2, 1972.
Villinger, E.: Karsthydrologische Untersuchungen auf der Reutlinger

Alb (Schwäbischer Jura). – Jh. geol. Landesamt Baden-Württemberg 11, Freiburg 1969.
–: Seichter Karst und Tiefer Karst in der Schwäbischen Alb. – Geol. Jb., C 2, Hannover 1972.
–: Hydrogeologie. In: Erläuterung Blatt 7522 Urach. – Geol. Karte Baden-Württemberg 1:25000, Freiburg 1974 (a).
–: Karsthydrologie der mittleren Schwäbischen Alb.
–: Jh. Karst- u. Höhlenkunde 10, München 1974 (b), in Vorbereitung.
–: Hydrogeologie. In: Erläuterung Blatt 7721 Gammertingen. – Geol. Karte Baden-Württemberg 1:25000, Freiburg 1975.
–: Über Potentialverteilung und Strömungssysteme im Karstwasser der Schwäbischen Alb (Oberer Jura, Südwestdeutschland). – Geol. Jahrbuch, Hannover 1976, im Druck.
Wagner, E.: Das Mittelpaläolithikum der Großen Grotte bei Blaubeuren (Baden-Württemberg). Archäologische Informationen 2, Tübingen 1973.
Wagner, G.: Erd- und Landschaftsgeschichte mit besonderer Berücksichtigung Süddeutschlands, Öhringen 1931, 2. Aufl. 1950, 3. Aufl. 1961.
–: Die Bärenhöhle bei Erpfingen, Öhringen 1952.
–: Die Schwäbische Alb. Werden und Wesen, Essen 1958.
Wagner, G., A. Koch: Raumbilder zur Erd- und Landschaftsgeschichte Südwestdeutschlands. – Veröff. Landesbildstellen Baden und Württemberg 3, Stuttgart 1961.
Wais, J.: Albführer, 10. Aufl., Stuttgart 1925.
Wais, R.: Albführer, Bd. I, Stuttgart 1954.
–: Albführer, Bd. II, Stuttgart 1971.
Weidenbach, F.: Altes und Neues vom Brenztopf. – Jber. Mitt. oberrh. geol. Ver. NF 39, Stuttgart 1957.
Westphal, F. & K. E. Bleich: Jungpleistozäne Säugerreste aus einer neuen Höhle auf Gemarkung Undingen. – Jh. Ver. vaterl. Naturkde. Württemberg 114, Stuttgart 1959.
Wetzel, R.: Die Bocksteinschmiede im Lonetal, Bd. I, Stuttgart 1958.
–: Der Hohlestein im Lonetal. – Mitt. Ver. Naturwiss. u. Mathem. Ulm 26, Ulm 1961.
Wetzel, R., G. Bosinski: Die Bocksteinschmiede im Lonetal (Markung Rammingen, Kreis Ulm). – Veröff. Staatl. Amt Denkmalpflege Stgt., Reihe A, H. 15, Stuttgart 1969.
Wurster, E.: Die Entwicklung der Landeswasserversorgung und ihr Anteil an der Trinkwasserversorgung von Württemberg. – Mitt. Württ. Wasserwirtschaftsverband, Stuttgart 1975.
Zillenbiller, E.: Bohnerzgewinnung auf der Schwäbischen Alb. – Gammertingen 1975.

Zürn, H.: Die vor- und frühgeschichtlichen Geländedenkmale und die mittelalterlichen Burgstellen des Stadtkreises Stuttgart und der Kreise Böblingen, Esslingen und Nürtingen. – Veröff. Staatl. Amt Denkmalpflege Stgt., Reihe A, H. 1, Stuttgart 1956.

Die Veröffentlichungen des Verbandes der Deutschen Höhlen- und Karstforscher e. V. umfassen

Jahreshefte für die Karst- und Höhlenkunde,
Bibliographien zur Karst- und Höhlenkunde in Deutschland,
Kleine Schriften zur Karst- und Höhlenkunde,
Abhandlungen zur Karst- und Höhlenkunde,
Exkursionsführer und Abhandlungen des 5. Internationalen Kongresses für Speläologie Stuttgart 1969,
Mitteilungen des Verbandes der deutschen Höhlen- und Karstforscher – ab 1977 mit dem Titel Karst + Höhle.

Sie sind zu beziehen durch die Fr. Mangold'sche Buchhandlung, Postfach 37, Karlstraße 6, 7902 Blaubeuren.

Museen

Museen im Gebiet der Schwäbischen Alb mit geologischen (g), höhlenkundlichen (h) und vor- und frühgeschichtlichen (v) Abteilungen (nach: Museen in Baden-Württemberg, Stuttgart 1977):

1 Aalen (Ostalbkreis) – Heimat- und Schubartmuseum v
3 – Museum für Geologie und Paläontologie g
9 Albstadt (Zollernalbkreis) – Heimatmuseum Albstadt v
29 Balingen (Zollernalbkreis) – Heimatmuseum, Waagenmuseum gv
38 Blaubeuren (Alb-Donau-Kreis) – Heimatmuseum Blaubeuren gv

40 – Urgeschichtliches Museum *v
65 Donaueschingen (Schwarzwald-Baar-Kreis) – Fürstlich Fürstenbergische Sammlungen *gv
70 Ehingen (Alb-Donau-Kreis) – Heimatmuseum Ehingen v
78 Engen (Lkr. Konstanz) – Heimatmuseum v
93 Fridingen an der Donau (Lkr. Tuttlingen) – Heimatmuseum Fridingen v
97 Geislingen an der Steige (Lkr. Göppingen) – Heimatmuseum gv
103 Giengen an der Brenz (Lkr. Heidenheim) – Museum der Stadt Giengen an der Brenz gv
107 Göppingen (Lkr. Göppingen) – Städt. Naturkundliches Museum *gv
122 Hechingen (Zollernalbkreis) – Hohenzollerische Landessammlung, Hechinger Heimatmuseum *v
129 Heidenheim (Lkr. Heidenheim) – Museum Schloß Hellenstein v
132 Heubach (Ostalbkreis) – Miedermuseum Heubach v
156 Kirchheim unter Teck (Lkr. Esslingen) – Museum der Stadt Kirchheim unter Teck gh*v
163 Konstanz (Lkr. Konstanz) – Rosgartenmuseum *v
175 Laichingen (Alb-Donau-Kreis) – Museum für Höhlenkunde *h
178 Langenau (Alb-Donau-Kreis) – Heimatmuseum Langenau v
215 Mengen (Lkr. Sigmaringen) – Heimatmuseum Mengen gv

237 Oberndorf am Neckar (Lkr. Rottweil) – Heimatmuseum Oberndorf a. N. gv
222 Münsingen (Lkr. Reutlingen) – Heimatmuseum Münsingen g
249 Pfullingen (Lkr. Reutlingen) – Pfullinger Heimatmuseum v
260 Reutlingen (Lkr. Reutlingen) – Heimatmuseum Reutlingen *v
261 Naturkundemuseum Reutlingen *g
262 Riedlingen (Lkr. Biberach) – Heimatmuseum Riedlingen gv
283 Schwäbisch Gmünd (Ostalbkreis) – Städt. Museum Schwäbisch Gmünd im Prediger g
286 Sigmaringen (Lkr. Sigmaringen) – Fürstlich Hohenzollernsches Museum *v
289 Singen-Hohentwiel (Lkr. Konstanz) – Hegau-Museum Singen im Schloß *v
292 Sontheim (Lkr. Heidenheim) – Heimatmuseum »Schloß Brenz« g
293 Spaichingen (Lkr. Tuttlingen) – Naturhistorisches Museum Spaichingen gv
295 Steinheim am Albuch (Lkr. Heidenheim) – Meteorkratermuseum Steinheimer Becken g
297 Stockach (Lkr. Konstanz) – Heimatmuseum v
328 Tübingen (Lkr. Tübingen) – Museum für Geologie und Paläontologie *g
336 Tuttlingen (Lkr. Tuttlingen) – Heimatmuseum gv
341 Ulm (Stadtkreis) – Naturaliensammlung der Stadt Ulm g
342 Prähistorische Sammlungen Ulm *v
349 Veringenstadt (Lkr. Sigmaringen) – Heimatmuseum Veringenstadt v

(* = besonders wichtig)

Register

Fotonachweis

Dobat, Tübingen: 30a, 30b, Geisler, Stuttgart: 25. Hasenmayer/Wunsch, Birkenfeld: 15. Heclau, Göppingen: 8, 9b, 11, 13b, 20, 21, 24. Hell, Reutlingen: 4. Kreuz, Schwäbisch Gmünd: 7, 12, 23b, 27, 28a. Krauter, Stuttgart: 22a, 22b. Kühnel, Reutlingen: 6, 14. Löhle, Stuttgart: 10, 13c. Mathias, Reutlingen: 29. Matz, Eggenburg: 5. Gebr. Metz, Tübingen: 9a, 23a. Rosgarten-Museum, Konstanz: 17b. Schreiber, Heidenheim: 13a. Schrem, Heldenfingen: 26a, 26b, 26c. Wellhöfer/Schurr, Göppingen: 28b. Württ. Landesmuseum, Stuttgart: 18.

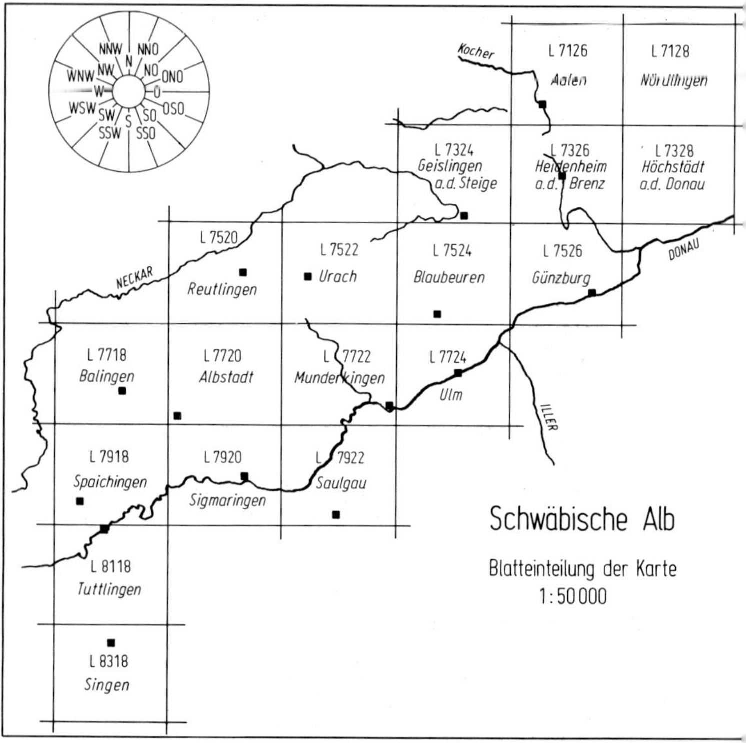

Verwendete Abkürzungen

(vergleiche auch das Schrifttumsverzeichnis)
Himmelsrichtungen, z. B. N = Norden, nördlich von

AP	= Aussichtspunkt	l/s	= Liter pro Sekunde (von vielen Quellen liegen nur ungenaue Angaben vor)
B	= Breite		
B 31	= Bundesstraße 31		
Bl.	= Blatt	m/h	= Meter pro Stunde
D	= Durchmesser	m NN	= Meter über Normalnull
EB	= Eingangsbreite	P.	= Punkt (Höhenpunkt z. B. P. 512)
EH	= Eingangshöhe	Pw	= Pumpwerk
G	= Gefälle	QM	= mittlere Schüttung
H	= Höhe	QMax	= Maximalschüttung
L	= Länge	QMin	= Minimalschüttung